教育部哲学社会科学研究重大课题攻关项目“信息技术支持下的教育教学模式研究”（编号：14JZD044）项目资助

信息技术支持下的教育系统变革
杨宗凯　杨　浩　主编

信息技术与教育创新

〔美〕杨　浩　等◎著

科 学 出 版 社
北　京

内 容 简 介

本书依托2014年度教育部哲学社会科学研究重大课题攻关项目“信息技术支持下的教育教学模式研究”，从学习空间、学习方式、学习者三个方面系统探讨了信息技术引发的教育创新。本书既对前期研究与实践进行了总体性的回顾与分析，又对最新研究进展、现状和挑战进行了具体深入的论述，并且结合丰富的实践案例，为大众理解和认识信息技术与教育教学深度融合的过去、现在与未来，把握信息时代教育创新发展的内在逻辑与外部动力，理解信息技术与教育变革的关系提供了新思路。

本书可供各级各类学科教师、教学研究人员、教育信息化从业人员和教育技术工作者阅读。

图书在版编目（CIP）数据

信息技术与教育创新 /（美）杨浩等著. —北京：科学出版社，2021.10
（信息技术支持下的教育系统变革 / 杨宗凯，杨浩主编）
ISBN 978-7-03-069247-4

Ⅰ. ①信…　Ⅱ. ①杨…　Ⅲ. ①信息技术-应用-教育改革-研究
Ⅳ. ①G511

中国版本图书馆 CIP 数据核字（2021）第 119907 号

责任编辑：卢　森 / 责任校对：杨　然
责任印制：吴兆东 / 封面设计：润一文化

科学出版社 出版
北京东黄城根北街 16 号
邮政编码：100717
http://www.sciencep.com
北京中石油彩色印刷有限责任公司印刷
科学出版社发行　各地新华书店经销
*
2021 年 10 月第　一　版　开本：720×1000　1/16
2025 年 1 月第四次印刷　印张：15
字数：280 000

定价：99.00 元

丛书编委会

丛书主编 杨宗凯　杨　浩

编　　委（按姓氏拼音排序）

陈明选　程建钢　郭元祥　韩锡斌　李　龙

刘三女牙　刘雍潜　尚俊杰　王继新　王珠珠

吴　砥　谢幼如　杨　浩　杨九民　杨宗凯

余胜泉　张剑平　郑旭东　周宗奎　左明章

PREFACE 丛 书 序

21 世纪被称为信息社会，信息技术代表着当今最先进生产力的发展方向，给社会的方方面面带来了一系列深刻的变化，这使得我们不得不思考：信息技术是如何支持现有教育系统的变革的？未来的教育将如何变革？我们该如何学习才能应对未来信息技术引领下的社会变革？

作为教育技术领域内的学者，我们试图通过本套丛书，从信息技术支持下教育变革的过程和特点，以及学习科学、学习环境、技术应用、对数字时代学习者要求的变迁等多个角度，为大众理解和认识信息技术与教育教学深度融合的过去、现在与未来，把握信息时代教育创新发展的内在逻辑与外部动力，理解信息技术与教育变革的关系提供新思路。

信息技术支持下的教育变革是持续性过程。教育相关领域的发展、应用和演进方向等无一不在持续、动态发展中，从未间断，并长期不断深入。比如“新兴”的学习科学，其实也是在变革的道路上一路走来没有停顿。学习科学的历史从最初研究动物学习，发展到研究机器学习和人的学习，具有内在的发展逻辑。当前基于设计的研究、会话分析、知识建构与认知导师、多媒体学习、电脑支持的协作学习以及教育大数据与数据分析等，无一不是学习科学演进过程中学习研究之方法论和研究方法上的变化与创新。

信息技术支持下的教育变革是系统性创新。教育系统中的主要组成部分无一不在发生显著性变革，比如学习环境、教与学的方式和学习者等学习系统的要素，都在发生变革。学习环境从传统的物理学习空间发展到网络学习空间、BYOD（自带设备），以及虚实结合的混合学习空间。学校教育从过去单纯的以知识为中心的培育转向对人的情感、个性、德性、智慧等的培育。这些转变使得教与学的方式从传统的集体授课、小组学习和个别化学习，发展为目前的数字化学习、非正式学习、场馆学习以及活动建构等。对学习者的能力的要求也从原来的3R（reading，读；writing，写；arithmetic，算）发展到21世纪技能的4C（communication，沟通；collaboration，协作；critical thinking，批判性思维；creativity，创新）能力框架。

信息技术支持下的教育变革是实践性的体现。教育是一门实践性、应用性很强的学科，这一特点在它的变革中显得十分突出。比如，开放教育与在线学习的变革是具体而实用的，其围绕教学进行分析、设计、开发、实施和评估。再如，随着MOOC平台建设和应用的普及，对在线开放课程的相关内容的研究成为必然。新时代的"互联网+课程""互联网+教学""互联网+教学管理"理论方法与创新路径，促使我国"互联网+教育教学"的发展成为研究的热点问题。随着在线教学的普及与深入，在线视频课程中的教师呈现也成为广大教育工作者关注的问题，比如教师教学中的角色设定、形象呈现以及教师对手势与目光等肢体语言的使用。研究和掌握其特征与技巧，对增强视频教学效果、加强优质资源建设、促进教育信息化发展具有十分积极的意义。

信息技术支持下的教育变革是层次性推进的。尽管教育系统的变革从整体上是全面、全方位的，但其不是一蹴而就、同时发生的。随着时代的变迁和技术的扩散，它的变革重点在不断发生变化，带有鲜明的时代特征，比如进入信息时代后引人关注的学习者信息素养等。信息素养是信息时代公民的基本素养，是学习者应对未来信息化环境下的生活、学习、工作要求所必须具备的核心素养之一，对于提升我国教育的国际竞争力、促进创新人才培养具有重要意义。深入分析信息素养的内涵与信息素养评价的意义与价值、指标与方法，结合我国实际情况，探究影响我国义务教育阶段学生信息素养水平的关键因素，构建一套全面、科学、系统的义务教育阶段学生信息素养的评价指标体系，是21世纪人才培养质量的重要保证。

本丛书依托2014年度教育部哲学社会科学研究重大课题攻关项目“信息技术支持下的教育教学模式研究”，聚焦信息技术支持下教育系统的一系列变革，围绕教育教学改革发展中遇到的重大问题，以有效机制的构建为引领，引导环境与资源优化配置，促进应用模式创新，使信息技术成为促进教育公平、提升教育质量的有效手段，特别是成为推动教学模式变革的有力支撑，并对信息技术支持教育教学模式创新的一系列基本理论问题和重大现实课题进行了探索，取得了一系列重要成果。本丛书试图体现教育发展与变革的主要特征，既有全景俯瞰，又有纵深聚焦，以给广大学科教师、教学研究人员、教学管理人员、教育信息化从业者和教育技术工作者提供一个相对清晰的变革图景，为大家开展研究与实践抛砖引玉。

杨宗凯　杨　浩

2020年3月

FOREWORD 前　　言

科技与教育都是人类社会繁衍和进步的重要社会活动，二者相互影响、相互促进。随着信息社会的到来，教育教学在信息技术支持下进入了一个新的高速发展的变革阶段，可谓“苟日新，日日新，又日新”。2010 年 7 月，中共中央、国务院印发了《国家中长期教育改革和发展规划纲要（2010—2020 年）》，其中明确指出：“信息技术对教育发展具有革命性影响，必须予以高度重视。”机缘巧合，同年十月底，我应邀回国参加由清华大学承办的教育技术国际论坛和北京大学承办的北京论坛，跟国内外学者汇报交流正在兴起日趋活跃的数字化学习。利用两个论坛之间隙，我奔赴武汉拜访了国家数字化学习工程技术研究中心，从而与华中师范大学结下了不解之缘。自此，我有幸见证了教育部《教育信息化十年发展规划（2011—2020 年）》的制订和实施过程，也亲身经历了该规划中提出的“以教育信息化带动教育现代化”，利用信息技术促进教育教学创新的点点滴滴。时值《国家中长期教育改革和发展规划纲要（2010—2020 年）》和《教育信息化十年发展规划（2011—2020 年）》完美收官之际，笔者试图对国内外信息技术与当代教育深度融合的理论与实践加以概括和总结，“温故而知新”，便有了这本《信息技术与教育创新》。

全书分为绪论、学习空间、学习方式、学习者四个部分。绪论介绍了信息技术与信息社会，信息社会催生下的教育变革，以及变革重构下的教育创新。

第一篇——学习空间。包括第 2、3、4 章，介绍了在信息技术的推动下学习空间的演变。具体包括由技术内引引发的传统学习空间向主动学习空间、智慧教室的发展，由自携设备所联结的个性化学习空间的转变，由人工智能、移动互联网、富媒体、虚拟现实等技术所外联形成的网络学习空间，以及向支持混合式学习方式的混合学习空间的拓展。

第二篇——学习方式。包括第 5、6、7 章，介绍了信息时代的学习方式。具体包括信息时代学习场域的拓宽及学习方式的转型、正规与非正规学习中的数字化学习、非正式学习中的数字化学习等。

第三篇——学习者。包括第 8、9、10 章，介绍了信息时代对学习者技能与素养要求的革新。具体包括数字原住民向数字公民演变的相关研究、以消除数字鸿沟为契机的数字公民教育，以及以 21 世纪学习者技能培养为目标的教育改革路径。

本书中部分内容来自笔者以及所指导的博士生这些年的研究成果。感谢华中师范大学石映辉博士、朱莎博士，黄冈师范学院的徐顺博士为本书的前期信息搜集工作提供的帮助。在书稿写作期间，正值一批访问学者先后到美国与我合作交流，他们参与了本书的研讨过程以及内容的进一步编写工作。他们是国防科技大学葛军博士（第 8、9、10 章），湖北第二师范学院杨鹤博士（第 2、3、4 章），湖南第一师范学院何向阳博士（第 1、9 章），贵州民族大学伍顺比博士（第 5、6、7 章），首都师范大学王晓晨博士（第 1、5、6、7 章），湖北第二师范学院蔡进博士（第 8、9 章）。在书稿完成的后期阶段，王晓晨博士和蔡进博士还负责了全书的文字整理工作，他们都是本书的共同作者。此外陆凯莉、龚药等在读博士生对本书的图文、参考文献等部分审校、修改和完善做了大量的工作。科学出版社对本书的出版给予了大力支持，感谢教育与心理分社付艳分社长、卢淼编辑的辛勤付出！

信息技术与教育创新是一个动态发展又充满挑战的领域，这些年我们在《国家中长期教育改革和发展规划纲要（2010—2020 年）》《教育信息化十年发展规划（2011—2020 年）》的指引下探索实践，既有耕耘又有收获。十年后的现在，一场始料未及的新型冠状病毒肺炎暴发并席卷全球，为广大教育者工作者，特别是教育信息化、教学科研人员带来新的挑战，平添了几分紧迫感和使命感。鲁迅先生曾言："不革新，是生存也为难的。"信息技术与教育教学的深度融合何曾不是如此？基于此，本书无意也不可能穷尽这一领域的理论和实践，而是希望借此加强与教育工作者和参与者的交流，为后续相关研究起抛砖引玉之用。不足之处肯定难免，请大家不吝赐教。

杨　浩

2020 年 12 月 3 日

CONTENTS 目　录

第二篇 学 习 方 式

第三篇　学　习　者

ABBREVIATION 缩略语表

3R reading、writing、arithmetic 读、写、算

4A anywhere、anytime、anybody、anyway 任何地点、任何时间、任何人、任何方式

4C communication，collaboration，critical thinking，creativity 沟通、协作、批判性思维、创新

ACT American college testing 美国大学考试

AI artificial intelligence 人工智能

ALC active learning classroom 主动学习课堂（教室）

AR augmented reality 增强现实

ARS audience response systems 教学应答系统

AYP adequate yearly progress 适当年度进步计划

BYOD bring your own device 自携设备

CAI computer aided instruction 计算机辅助教学

CCSS common core standard system 共同核心标准体系

CIL computer and information literacy 计算机与信息素养

CoDiLE context diagram of learning experience 学习体验的情境图示方法

ESEA Elementary and Secondary Education Act 《初等和中等教育法案》

ESSA Every Student Succeed Act 《每个学生都成功法案》

GBL game-based learning 基于游戏的学习

ICILS International Computer and Information Literacy Level Study 首届国际计算机与数字素养水平研究

ICT　information，communication and technology　信息通信技术

LMS　learning management system　学习管理系统

MBL　microcomputer-based laboratories　微机实验室

MOOC　massive open online course　大规模开放式在线课程

NCLB　No Child Left Behind Act　《不让一个孩子掉队法案》

OML　the one minute lecture　1 分钟课程

PBL　project-based learning　基于项目的学习

PISA　Programmer for International Student Assessment　国际学生评价项目

PmBL　problem-based learning　以问题为导向的学习

SCALE-UP　student-centered active learning environment with upside-down pedagogies　学生为中心的主动学习环境

SPOC　small private online courses　小规模限制性在线课程

STEAM　science，technology，engineering，math，arts　融合艺术的 stem 教育

STEM　science，technology，engineering，math　科学、技术、工程、数学

STREAM　science，technology，robotics，engineering，math，arts　融入机器人的 STEM 或 STEAM 教育

TEAL　technology-enabled active learning　技术支持的主动学习

TEC　technology enhanced classroom　技术增强型教室

TILE　transform，interact，learn，engage　转变、互动、学习、参与

UNESCO　United Nations Educational，Scientific and Cultural Organization　联合国教科文组织

UNESCO TTT　training the trainers in information literacy workshop　面向教师的媒体和信息素养课程

USENET　unix users network　因特网用户的新闻组

VR　virtual reality　虚拟现实

第1章
绪　论

在人类历史演进的过程中，有关科学（science）、技术（technology）、社会（society）的不断研究和深入探讨，揭示了三者之间双向作用和互相影响的复杂关系，以及科学、技术对社会产生的正、负效应。教育作为人类重要的社会活动，不可避免地受到飞速发展的信息技术的冲击和影响，人类所持有的价值取向也决定和制约了信息技术在教育中的应用与发展。两者的相互作用引发了教育环境、内容、方法、手段、评价以及教学理念等方方面面的变革与创新，也促进了信息技术与教育的融合，主要体现在在哪学、怎么学、学什么等问题上。

1.1 信息技术与信息社会

1.1.1 信息技术的概念

信息是指音讯、消息、通信系统传输和处理的对象，是创建一切宇宙万物的最基本万能单位。维纳认为，信息是适应外部世界、控制外部世界的过程中同外部世界交换的内容的名称。[①]我国的《情报与文献工作词汇基本术语》中提出，信息是物质存在的一种方式、形态或运动形态，也是事物的一种普遍属性。

技术（technology）是商品生产、服务或实现目标过程中使用的技术、技巧、方法和过程的总和。技术可以是技能（techniques）、过程等方面的知识，也可以嵌入机器中以允许在不详细了解其工作原理的情况下进行操作。[②]世界知识产权组织在1977年版的《供发展中国家使用的许可证贸易手册》中，给技术下的定义是：技术是制造一种产品的系列知识，所采用的一种工艺或提供的一项服务，不论这种知识是否反映在一项发明、一项外形设计、一项实用型或者一种植物新品种，或者反映在技术情报或技能中，或者反映在专家为设计、安装、开办、维修、管理一个工商企业而提供的服务或协助等方面。[③]一项技术是关于某一领域有效的科学（理论和研究方法）的全部，以及在该领域为实现公共或个体目标而解决设计问题的规则的全部，最简单的技术形式是基本工具的开发和使用。

信息技术是信息和技术两个概念的组合，是与信息相关的技术。信息技术是在信息获取、加工和传递等过程中所采用的技术手段和方法的总和。从狭义上讲，信息技术是在商业或其他企业的环境中使用计算机来存储、检索、传输和操纵数据或信息的方法；广义而言，信息技术是能够完成信息的获取、传递、加工、再

---

① N. 维纳. 1985. 控制论：或关于在动物和机器中控制和通讯的科学. 郝季仁，译. 北京：科学出版社.

② Borgmann A. 2006. Technology as a cultural force for Alena and Griffin. The Canadian Journal of Sociology，31（3）：351-360.

③ 姜大源. 2016. 技术与技能辨. 高等工程教育研究，（4）：71-82.

生和施用等功能的一类技术，是感测技术、通信技术、计算机与智能技术以及控制技术的整体。

1.1.2 信息技术的发展

虽然现在我们把信息技术相关研究聚焦在以计算机和通信技术为中心的现代信息技术上，但是从信息技术的广义界定来看，所有与信息获取、传递、加工、再生和施用有关的技术都可以称之为信息技术，信息技术的发展可以追溯到人类文明发展的各个阶段。

语言的出现是信息技术的第一次革命。远古时代的声与光是自然状态下的信息技术，人类可以利用声音和光来传递信息、交流需求、预警危险，但是简单的声和光能表达的内容较少，信息传递较为复杂。例如，吼叫声能够通知他人危险来临，但是到底是何种危险，危险程度如何却不能够准确表达。语言的出现不仅为思维提供了新的工具，更为远古人类传递信息提供了便捷，人们利用语言可以传递更为复杂的信息，信息的传递更加准确，内容更加丰富，信息传递也变得更加快捷、有效。

文字、印刷术、数学和运算技术的发展是人类信息技术新的革命，文字的出现使得信息传播突破了口耳相传的限制，信息可以以字符的方式被保存，可以通过其他媒介传送到很远的地方，可以通过一定的方式被准确提取出来。信息传递可能突破传播者的时空限制，信息传递过程中内容更加准确一致。造纸术和印刷术的出现提高了信息资源的传播效率，造纸术使得价格更加低廉、使用和携带更加方便的纸张成为信息传播的新媒介，信息传递成本更加低廉。印刷术使得信息内容可以在短时间内进行大量复制，信息传播费用得到了进一步降低，信息大范围传播成为可能。数字和运算技术为信息加工提供了新的工具，人们可以利用数学和运算技术对自己所收集到的信息进行加工和处理，通过计算、分析等产生新的信息，人类开始真正具有信息加工与处理技术。

从19世纪中叶开始的近代电子技术实现了信息传播和处理手段的显著变化。电报是近代信息与传播技术的鼻祖，人们能够在较短的时间内利用电报将信息传播到数千公里之外，开创了人类信息传递速度新纪元。随后的电话、无线电广播技术的出现，使得信息传播的内容不仅有文字，还有语音，人们可以通过电话和无线电广播将声音实时传递给远方的个人和群体；电影和电视技术的出现使得信息传播的内容进一步扩大，视频和语音记录使得信息内容更加丰富，人们不仅可以看到千里之外的声音和图像，还可以通过技术手段化小为大，化快为慢，让人们有机会发现仅靠肉眼无法观察或难于观察的景象。随着上述技术的发展，大众传播媒体逐渐兴起与发展，信息传播方式更加多样，传播范围更加广泛，传播效率更加高效，传递内容更加丰富，声音、图片、视频动画等携带更多冗余信息的内容可以在大范围内高速传播，信息获取和加工更加便捷。

开始于20世纪中叶的计算机与通信技术的发展，使得信息传递内容更加丰富，信息加工更加高效，信息利用更加简单、快捷。利用计算机人类可以进行高度复杂的数据计算与分析技术，大数据分析和处理技术还能在如海的数据中发现隐藏的关系，机器学习能够让计算机自己找到最佳化的问题解决方案；各种传感器和效应器的发明更是使得信息的收集和施用更加高效，人们可以利用技术收集自身难以收集的信息，信息收集和处理可以全部交给信息系统完成，信息来源更加丰富多样；信息高速公路等通信网络工程的建设，个人移动网络与便携载具的进步，5G等移动网络技术的发展，使得信息传递速度更快、费用更低、效果更好，可以将大量信息及时发送给远方，随时随地的信息收集、处理与传递技术成为可能；VR、AR等相关技术的发展，各种服务和功能的实现，为人们提供了更加丰富多样的信息环境与服务，我们已经完全进入了一个全新的信息时代。

周利敏对信息技术发展角度下的超智能社会进行了分析，认为即将进入的超智能社会具有以下特点①：智慧公民支撑的超智能社会，智慧公民不仅是指能获得信息和知识的技术娴熟公民，也指在参与社会、经济、政治和社会行动时能做出明智选择的公民；科技创新推动，AI、机器人技术、再生医学和脑科学等新技术将会出现在各个领域，大大提高生产效率；认知与决策自动化，物联网、人工智能与机器人等最新技术为个人和社会提供了自动化与智能决策，有利于在其不断增长的社会需求和有限的资源之间进行高效协调并促进行动的有效开展；社会技术生态融合，生命物理维度和虚拟维度相互交织，人们的互动行为更多发生在机器上或由机器进行调解；“网络-物理”在线社区构建，通过智能服务系统管理在线社区活动，脱离了地域和时间的限制，能随时随地在线互动；生活智能化，通过物联网、机器人、人工智能及大数据等技术从衣、食、住、行各方面提升生活便捷性，最终建设一个富裕且充满活力的社会；数据驱动型，人工智能服务计算方法，以Web服务的体系结构为基础，以数据为基础的服务业兴起，将数据收集、储存及利用作为新附加价值的基础，同时规划与开发数据的再回馈，形成了一个创新数据驱动的服务型社会。

① 周利敏，钟海欣. 2019. 社会5.0、超智能社会及未来图景. 社会科学研究，（6）：1-9.

1.1.3 信息技术的构成

从技术的层次结构来看，信息技术包括基础技术、支撑技术、主体技术和应用技术，如图 1-1 所示。

信息技术体系中的基础技术处于信息技术体系的最底层，主要指新材料技术、新能量技术等，信息技术的发展与提高有赖于这两类技术的进步。如电子技术的发展经历了电子管、晶体管、集成电路、超大规模集成电路，计算机技术的发展历程就是半导体等新材料的开发和利用的历史，与材料技术发展密切相关。

信息技术体系中的支撑技术，主要是指机械技术、电子与微电子技术、激光技术和生物技术等，信息技术只有通过各种支撑技术才能实现。表征事物状态及其变化的信息都需要通过机械、电信号、光信号等物理参数表现出来，才能被人们识别、控制、处理和利用。同时电子技术等发展也需要利用到这些支撑技术。例如，在信息技术当中应用非常广泛的超大规模集成电路在一块芯片上集成的元件数就超过 10 万个，其加工过程就与激光技术、机械技术和电子技术密切相关。

支撑技术之上是主体技术，主要有感测技术、通信技术、计算机技术和控制技术四类。这四类技术中分别完成信息收集、信息通讯、信息处理和加工、信息施用等功能。

信息技术体系中的应用技术是针对各种实用目的、由主体技术繁衍而生的各种各样的应用技术群，如在农业、工业、交通运输、财政金融、图书情报、科学文化、教育卫生等区分出来的信息技术，它们构成了一个完整的应用技术体系。例如，信息技术在医疗领域中的应用叫医疗信息技术，在农业领域中的应用叫农业信息技术，在教育领域中的应用叫教育信息技术。

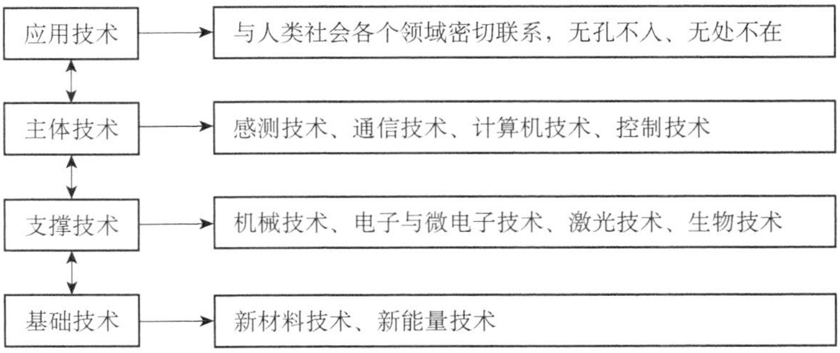

图 1-1　信息技术的层次结构

从系统的功能结构来看，信息技术的主体技术包括负责信息传递的通信技术、负责信息收集的感测技术、负责信息施用的控制技术、负责信息加工和再生的计算机与智能技术，如图 1-2 所示。

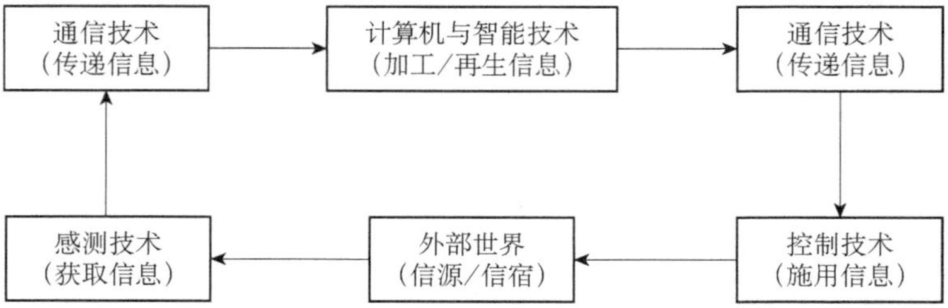

图 1-2　信息技术的功能结构

通信技术关注信息的传递和处理。通信技术的主要功能是实现信息快速、可靠、安全的转移，包括过滤、编码和解码等信号处理技术，信息交换与传递技术，通信安全与防护等技术。从原来的微波通信、有线宽带网络、无线移动网络、卫星通信网络，到现在热门的 5G 技术，都是通信技术的典型代表。

感测技术是从信源获取信息，并对之进行处理和识别的现代科学与工程技术。感测技术的作用是扩展人获取信息的感觉器官功能，涉及传感器、信息处理和识别的规划设计、开发、制/建造、测试、应用及评价改进等活动。大到应用于农业和导航等多个领域的遥感卫星技术，小到电子体温计和电子秤，都是感测技术的典型代表。

控制技术是应用计算机参与控制并借助一些辅助部件与被控对象相联系，以获得一定的控制目的。利用控制技术，通过有线或无线方式，将相关信息与指令发送到辅助部件上，实现有关数据与信息的应用技术。计算机显示器就是一种控制技术，相关技术还包括安防自动报警、自动化生产车床等。

计算机与智能技术实现对信息的编码、压缩、加密等操作，是实现信息技术应用的重要过程。计算机与智能技术包含的内容除了数学计算外，还包括信息存储和进一步的分析与处理，例如，将感测技术收集到的信号转换为其所代表的信息。除了信息存储之外，计算机与智能技术能够通过一定的规则和算法实现数据的整理与学习，发现数据之中蕴藏的秘密，如“深蓝”计算机利用机器学习技术对大量棋谱进行学习和分析，最终战胜人类国际象棋冠军。

1.1.4　信息社会的特点

人们通常根据每个时代最具代表性的生产工具对人类的文明史进行划分，并由此将人类文明的发展划分为石器时代、青铜时代、铁器时代、启蒙时代、蒸汽时代、电气时代等。[①]21世纪知识与信息在生产中占据着主导地位，信息技术发展是经济发展与社会进步的主要推动力量，是社会发展最重要的原动力，因此被称为信息时代。与前面的几个时代相比，信息时代的社会具有人才竞争化、服务智能化、管理精准化、信息呈现多元化和生活虚拟化等特征。

1.1.4.1 人才竞争化

信息技术的发展首先带来了信息技术人才的巨大需求，信息技术人才成为企业和国家发展的核心竞争力，人才竞争日趋激烈。软件开发、通信技术、自动化生产设备、智能机器人、芯片半导体、大数据与人工智能等与信息技术相关的软硬件人才，智慧教育、智能家居、智能医疗等应用型人才成为重要人力资源。信息技术人才主要从事信息化建设与规划，并承担信息技术应用，信息系统开发、维护、管理，信息资源开发、利用等工作。由于人才培养规模有限而市场需求不断扩大，信息技术人才竞争日趋激烈。2018年8月8日，华为与中国软件行业协会、信息技术工科产学研联盟在京联合发布《中国ICT人才生态白皮书》并指出，2017年信息技术产业人才总体需求缺口达765万。[②]由于信息技术发展迅猛，知识更新速度快，信息技术人才需要不断加强自己的专业学习，更新自己的知识体系，这进一步加剧了人才竞争，尤其是高端人才竞争。

除了信息技术人才的需求不断加大外，社会对具有较强创新能力与合作意识的人才需求也在不断增加，具有较强创新能力和批判思维能力，具有较强沟通与协作能力，具有自主学习能力和终身学习意识的人成为社会最缺乏的人才。在信息技术的支持下，简单的重复性劳动不断被机器设备所替代，社会对机器能够完成的简单重复工作的人才需求不断减少。但是受机器设备自身限制的影响，一些具有较高创新要求的工作无法被替代，这就要求社会所培养的人才具有能够从事创新与创造性工作的能力，即培养学生的创新思维能力和批判思维能力。随着社会发展和技术更新，工作任务越来越复杂，单个个体独立完成工作的概率越来越小，分工协作成为社会的必然选择，不具有沟通与协作能力的人将被社会抛弃。随着科学技术的快速发展和“知识爆炸”时代的到来，终身教育理念、自主学习能力和终身学习能力成为现代人才的必备能力。

---

① 陈水芬，吴诗启. 2011. 当前企业网络营销风险及其规避措施. 现代营销（学苑版），（6）：51-53.

② 赵超. 人民网.（2018-08-09）. 报告称中国信息技术人才需求缺口达765万. http://tc.people.com.cn/n1/2018/0809/c183008-30219264.html.

1.1.4.2 服务智能化

利用信息技术对用户提供个性化服务已经成为可能。依赖于广大的用户群，通过巨大的互联网平台服务模式，商家可以采集用户的行为数据进行分析，最终形成对用户的智能化推荐服务。智能服务通过捕捉用户的原始信息、后台积累的数据，构建需求结构模型，进行数据挖掘和商业智能分析，除了可以分析用户的习惯、喜好等显性需求外，还可以进一步挖掘与时空、身份、工作生活状态关联的隐性需求，主动给用户提供精准、高效的服务。例如电商平台可以根据用户的浏览和前期购买记录，为用户推荐最可能被接受的商品，并提醒用户拒绝不适合自己的商品。在学习平台中，可以通过建立学习者学习模型、收集学习者前期学习记录和学习风格，为学习者提供个性化学习路径推荐和学习资源推送。

要实现智能化服务，需要收集数据，并系统进行多维度、多层次的感知和主动、深入的辨识，数据成为重要的生产资料。用户的个人身份信息、用户的网络浏览与购买记录、学习者的学习记录，甚至日常生活中相关轨迹资料都是数据收集的重要来源。网络用户的数据来源不同，经常存在不同程度的缺失情况，利用数据交叉验证技术可以保证即使用户数据缺失，依然可以通过技术手段对用户进行较为全面的分析。在大量数据的基础上，可以通过数据挖掘和人工智能技术，对用户行为进行分析，对用户数据之间的关系进行学习，从大量数据中寻找其规律，揭示出隐含的、先前未知的并有潜在价值的信息。利用人工智能技术能系统正确解释外部数据，从这些数据中学习，并利用这些知识通过灵活使用实现特定目标和任务的能力。①利用人工智能能够建构跟人类类似甚至超卓的推理、知识、规划、学习、交流、感知、移物、使用工具和操控机械的能力等。②

1.1.4.3 管理精准化

利用信息技术可以从经验化管理发展到精准化管理。在传统管理模式中严重依赖于管理者的个人经验判断，常常缺乏科学的数据支持，难免会出现失误。利用信息技术大量收集相关数据，通过对组织内部各种数据进行量化分析与处理，全面准确地掌握组织发展动态数据，充分发挥组织人力、财力、物力等信息作用，节约管理成本，提高管理者的工作效率，实现管理目标。组织数字化管理还可以通过智慧管理云平台系统，对外界需求进行智能处理，为组织管理提供资源配置、数据集成、

---

① Kaplan A，Haenlein M. 2019. Siri，Siri，in my hand：Who's the fairest in the land? On the interpretations，illustrations，and implications of artificial intelligence. Business Horizons，62（1）：15-25.

② Luger G. 2005. Artificial intelligence：Structures and strategies for complex problem solving（5th Edition）. Harlow：Addison-Wesley：1.

信息管理、运行状态监控、质量监测等业务支持，通过图形化界面了解组织的运行状态，直观看到数据及其结构关系，将数据的各个属性值以多维数据的形式表示，实现智能决策、可视化管控、安全预警和远程督导，提升教育管理水平。

智慧管理利用大数据和云计算等技术，整合各种数据资源，进行科学统计与分析，借助数据挖掘工具从海量数据中获取核心关键信息，发现隐藏的关联规律，为管理人员和决策者提供及时、全面、准确的数据支持，提高管理与决策的科学性。在管理过程中，智慧管理系统会自动处理各种运行数据，提出结论和信息反馈。精准化管理避免了人为因素带来的管理漏洞与疏失，将管理者从繁重的重复性劳动中解放出来，同时发挥人在管理中的创新能力，提升管理水平，这是未来管理技术发展的必然趋势。

1.1.4.4　信息呈现多元化

信息技术带来多媒体技术的发展。利用计算机对文字、数据、图形、图像、动画、声音等多种媒体信息进行综合处理和管理，用户可以与计算机进行多种感官的实时信息交互。多媒体技术的出现和发展，使人们传递信息的方式不再局限于声音和文字，还包括视频和动画等丰富多样的信息；用户可以与计算机进行交互操作，计算机为用户提供了更加有效地控制和使用信息的手段。VR 技术利用计算机模拟产生三维虚拟世界，提供使用者关于视觉、听觉、触觉等感官的模拟，让使用者如同身历其境一般，可以及时、没有限制地观察三维空间内的事物。AR 技术将虚拟的信息应用到真实世界，真实环境和虚拟物体实时地叠加到了同一个画面或空间。这些技术的发展，为信息的呈现和人机交互提供了丰富的方法与手段。

信息呈现多元化，还体现在可视化技术的发展上。实验心理学家 Treicher 通过大量的实验证明，在人类接受到的信息中，通过视觉获得的占 83%。[①]视觉是人们接受信息的主要通道，是人们用以表征、理解和解释世界的重要方式，视觉经验在人们的学习与生活中占据了越来越重要的作用。利用可视化技术可以将抽象的事物或过程变成利于被人们接受和认知的图形图像，有利于知识的理解和传播。知识可视化是可视化研究中的重要内容，影响着知识内在内容的认知、理解和传播，甚至决定着内在内容的生存质量与发展方向。相关的技术包括：概念图、思维导图、因果图、语义网络、思维地图等。另外一种常见可视化技术是数据可视化，借助于图形化手段，清晰、有效地传达与沟通信息，让人们能够直观地观察与分析数据。

1.1.4.5　生活虚拟化

随着信息技术的发展，网络已经变成生活中最不可缺少的元素。网络改变了

---

① Treicher D G. 1967. Are you missing the boat in training aid? Film and AV Communication，1：14-16.

通信方式，除了利用手机进行通话外，即时通信软件的发展提供了文本、语音、视频通话等众多的交流方式；网络改变了消费方式，网络购物成为当前最便捷的购物方式；网络改变了出行方式，导航程序、网络订票、网上游记和攻略、虚拟博物馆等，都给我们的出行和旅游提供了极大的便捷；网络改变了交友方式，社交网络成为当前社会网络关系的重要内容，帮助人们扩大关系网络，形成更广泛的交流；网络还改变了工作方式，信息传递与管理等越来越离不开计算机和网络，无纸办公、网上办公、在家办公等新的工作理念不断得到发展与强化，信息化成为我们工作方式发展的主流趋势。

在人们充分利用信息技术的同时，虚拟社区成为重要的社会空间。虚拟社区是互联网用户交互后，由各式各样的网络社群所构成的一种社会群体。虚拟社区的形式包括了早期的电子布告栏、讨论区、多用户虚拟空间游戏、USENET、博客、维基百科等。虚拟社区体现了 Web 2.0 所强调的以用户为中心的概念，透过社群成员彼此的分享与共创，使得人人皆可在网络媒体发声。人们通过网络发表文章、网上日志、照片、录像，虚拟社区影响着现实生活中人们的思想、意识、文化等。虚拟社区与现实社区一样也是一个社会组织网络，也包含了一定的场所、一定的人群、相应的组织、社区成员参与和一些相同的兴趣、文化等特质。虚拟社区提供各种交流信息的手段，如讨论、通信、聊天等，使社区居民得以互动。虚拟社区的交往具有超时空性，人们之间的交流不受地域的限制，同一虚拟社区的人们可能从未谋面，通过网络彼此交流、沟通，分享信息与知识，形成了个人社区关系网络和共同的社区意识和社区文化。

1.2　信息社会催生下的教育变革

1.2.1　信息社会的教育变革历程①

工业社会的教育，强调的是“一刀切，齐步走”的标准化教学和以“教师、

① 本部分刊载于杨宗凯，杨浩，吴砥. 2014. 论信息技术与当代教育的深度融合. 教育研究，(3)：88-95. 略有删改.

教材、教室”为核心的讲授式课堂，具有明显的规模化教育特征。信息技术的兴起和发展，使得人类进入了信息社会。信息社会需要大量的个性化、创新型人才，更强调人才的差异化、多样性和创造性。而以培养知识、技能型人才为目标的传统教育体系难以支撑这一需要。如何充分理解和有效贯彻信息社会下的教育变革成为教育界高度关注的一个现实问题。我国的信息技术与教育教学融合发展过程主要分为以下四个阶段。

1.2.1.1 信息技术在教育领域发挥影响的“起步”阶段

在“起步”阶段，信息技术与教育教学融合的特点仍然是以教师为中心，信息技术只是作为一种辅助工具协助教师进行课堂教学，信息技术并没有在学校的教育教学和管理中被广泛接受和使用。例如，基本的计算机知识、办公软件操作、电子邮件使用等加入到教学内容中，教师的板书以PPT演示文稿代替，教育管理软件开始在学校初步应用等。目前，世界主要发达国家和部分发展中国家都已经度过了这一阶段，信息技术在教育教学和教学管理中的作用已经受到普遍重视，信息技术与教育教学的融合发展已经成为世界各国的普遍行动。我国大部分地区和学校已经基本度过这一阶段，信息技术对教育教学的重大影响已经得到较为广泛的认同，信息技术的引入已经成为一种较为普遍的、主动的行为。

1.2.1.2 信息技术逐步在教育中发挥作用的“应用”阶段

在“应用”阶段，信息技术与教育教学融合主要体现在教育教学和教学管理普遍使用信息技术来提升教学质量和提高管理效率，教师开始注重在引入信息技术的过程中改变教学方法，教育主管部门和学校开始采用信息技术来支持教师培训和专业发展。在这一阶段，教师体验到信息技术应用于教学的优势，但是此时却面临着信息基础设施和资源难以满足需求的障碍。发达国家大都已经度过了这一阶段，信息技术广泛应用于教育教学和教学管理工作中。我国大部分地区和各类学校依然处于这一阶段，学校虽然具备了基础设施条件，但因缺乏足够的优质资源，使得信息技术在教育中的应用面临“有路无车、有车无货”的尴尬境地。

1.2.1.3 信息技术与教育教学逐步融合的“整合”阶段

在“整合”阶段，信息技术与教育教学融合主要体现在促进教师的专业能力发展和基于信息化环境的教学方法的创新。在这一阶段，教师充分整合信息技术与课堂教学，组织和开展“以学生为主体”的学习活动，通过积极的引导和辅助，充分发挥学生的自主性和积极性，提升学习效果；同时，利用信息化教学及管理平台，开展基于互联网的教学和教研工作，管理自身的学习过程，提升教师自身信息技术应用能力。世界上部分教育信息化发展水平较高的发达国家正处于这一阶段，信息技术已经被深度引入教学过程，在促进教师专业能力发展中发挥了较大作用。在我国，中东部经济发达地区部分学校已经开始进入这一阶段，采用信息技术开展基于项目的协作学习和网络协同教研，已经成为越来越多学生和教师的选择。

1.2.1.4 信息技术全面融入教育教学并引发深刻变革的“创新”阶段

在“创新”阶段，信息技术全面融入教育教学主要体现在信息技术开始改变教学模式，学校和教育机构重构学校的组织结构。在本阶段，学生成为学习活动的中心，教学活动和教学内容的组织都是围绕着促进学生的学而进行，同时各级教育主管部门和学校管理效率不再是由信息技术的处理能力所决定，而是其内部管理结构和事务处理流程。世界少数教育信息化发展水平领先的发达国家（如美国）已经开始进入这一阶段，2010 年美国制定并颁布了最新一轮的《美国 2010 国家教育技术计划》（National Educational Technology Plan 2010，NETP 2010）中明确提出“变革美国教育——技术助力学习”，强调要进行由技术支持的重大结构性变革，而不是进化式的修修补补。可见，信息技术与教育教学的融合在美国已经逐步深入，以信息技术为支撑的教育变革已经不仅是一种远景设想，更是一种真切的现实。在我国，虽然信息技术对教育的影响已经受到普遍的关注，但绝大部分地区和学校离这一阶段还有很大的差距，技术与教学“两张皮”的情况还十分普遍，信息技术与教育教学的融合发展依然任重道远。

1.2.2 信息技术引领的教育变革表征①

在信息技术导入教育的初期阶段，主要发生改变的是教育的环境、内容、方法、评价等。随着信息技术融合于教育程度的提升，信息技术从影响教育发展的外生变量演变为变革教育系统结构的内生变量，教育的理念、文化、模式及评价方式也随之发生改变。

1.2.2.1 教育理念的变化：以人为本，多元开放

工业社会的集中式、大规模、班级授课制教育满足了教育的规模化需求，但

① 本部分刊载于杨宗凯，吴砥，陈敏. 2019. 新兴技术助力教育生态重构. 中国电化教育，(2)：1-5. 略有删改.

这是以相当大程度上忽略学习者的个性作为代价的。不同时代有不同的能力要求，信息化社会的人才理念更强调能力本位、素质本位而不是知识本位，更强调多样化而不是同质化。教育新形态下的教育理念顺应信息化社会的人才培养需求，注重以人为本、开放多元、全面发展；把智能技术的思维融入到教与学、管理与服务等过程，兼顾群体的教育需求和个体的差异化特征，提供大规模的个性化教育供给，实现学科知识、教学方法、智能技术的深度融合，以及知识、能力、素质的整体提升，支撑教育高位均衡，促进人的全面、自由、个性化发展。因此，必须顺应这一趋势，及时更新教育理念，调整发展思路。

1.2.2.2 教育文化的变化：通达与“连接”

信息社会，随着学习环境的改变、学校组织的变革、教育系统的重构，传统教育的物质文化、制度文化和心理文化都将发生重大转变，全新的教育文化将逐步建立，教育系统的内在品质将得到全面提升。教育新形态下的教育文化是一种通达、“连接”的文化，对于学生而言，学校不仅要注意学生与同伴的连接，而且要注意学生与教师、学生与管理者、学生与家长、学生与社会的连接。对于教师而言，要营造好促进未来教师成长发展的文化。通过“连接”，学校可更好引领教育发展，为教育改革创新提供基础平台支持，更好地营造出一种高位均衡、多元开放的发展文化。

1.2.2.3 教育模式的变化：以学生为中心的创新型

人才培养传统教育模式下，班级授课制是基本的制度架构，学习者在很大程度上被视为知识的容器，以课堂为中心、以教师为中心、以教材为中心是其鲜明特色。随着新时代创新型人才培养需求日益迫切，与之相适应的全新教育模式逐步形成，教师传授知识、学生被动识记的知识传递模式将向学生主动探究的能力培养模式转变，以教师为中心的传统教育模式将转变为以学生为中心的连接教育模式。学习者将成为联结者、合作者、创造者与建构者，教师应用全新的理念和教学模式设计与开展教学活动，培养信息化社会所需的创新型人才。

1.2.2.4 学习评价的变化：注重过程的多元化评价

大数据、人工智能等技术的发展使得基于数据的多元教学评价，尤其是过程性评价成为可能，新型的教学评价更注重学习者的学习过程与学习行为。利用智能技术，开发智能教育助理，建立智能、快速、全面的教育分析系统，实现专业教学活动全过程的评估监测与管理，覆盖教师和学生两个主体，以及课前、课中与课后三个环节；对教师的课前备课、课中教学、课后反思和学生的课前预习、课中学习、课后复习进行实时监测；利用基于数据驱动的过程化评价，对学生的线上、线下学习过程监督；通过智能分析与诊断，实时干预学生学习行为从而提升学习效果；提供在线评教功能让学生对教师的教学进行评价。

1.3 变革重构下的教育创新

研究教育，首先要回答“在哪学”、“怎么学”和“学什么”三个基本学习问题。①其中，“学什么”关注的是人才培养目标和学习内容；“怎么学”关注的是教与学的方式；“在哪学”关注的是学习环境。工业社会教育的典型特征是“双基”教学、班级授课制和封闭式校园，信息社会教育的典型特征是学习空间的拓展、学习方式的创新和面向数字公民的培养。

1.3.1 在哪学：拓展学习空间②

信息技术产生的网络学习空间，促使传统教学环境不断向网上拓展，形成全新的双空间一体化教学环境。它是一种人与人工智能等信息技术高度协同的“人·技”结合、以学习者为中心的新型教育环境，是物理空间和网络空间的高度融合。物理空间整合集成了智慧教室、终端设备、教具学具等，可实现物与物、物与人的泛在连接；网络空间整合集成了各种云端资源、学科工具以及教、学、研等资源，可根据学生所处情景的不同呈现个性化学习资源，并整合了虚拟学习社区、协作学习与协同工作平台、管理评价与服务平台等，基于大数据的过程性分析，依据人工智能技术实现一对一的智能化教学与交流。通过双空间的全面衔接，构建了线上线下连通、实体课堂虚拟课堂一体化、人人处处时时可学的混合式泛在教学环境。以此为依托，为学生提供智能化、个性化、泛在化的新型教与学环境，助

① 黄荣怀，刘德建，刘晓琳，等. 2017. 互联网促进教育变革的基本格局. 中国电化教育，(1)：7-16.

② 本部分刊载于杨宗凯，吴砥，陈敏. 2019. 新兴技术助力教育生态重构. 中国电化教育，(2)：1-5. 略有删改.

力实现学习主体可理解、学习服务可定制、教学情境可计算的因材施教的智能化教学。

1.3.1.1 传统学习空间

在畜牧文明和农业文明时代，社会对教育的基本需求是培养合格的统治者，社会培养的是精英人才，受教育人群较小，口耳相传的父传子、师带徒的方式承担着社会劳动力的培养任务。在这种情境下，无论是群体训导还是个别化教学，对于学习环境的要求都不是太高。在工业文明时代，企业需要掌握一定劳动技能并服从安排的优质人力资源，大众教育和以统一规格为特征的班级授课制成为主要教学组织形式，满足班级授课需求的黑板等物理材料成为学习空间的必备内容，技术主要用于学习空间的照明等物理环境因素的优化。标本、实物模型和挂图等传统信息技术，以广播、电影和电视为代表的电子信息技术也被应用到教学当中，为学习者提供更加直观、生动的信息和直观经验，以达到扩大教学规模，提高教学效率的目的，并由此带来了新型教学手段和教学方法。

随着以计算机和通信技术为代表的新的技术的发展，人们对教育提出了更高、更多的要求，教育从培养传统的3R能力发展到4C能力，信息技术也越来越多地用来丰富与完善物理学习空间环境。如何利用智能技术为学习者提供一个更加智能化的学习环境成为研究的重要内容，近三十年来高校掀起的将信息技术引入大型课堂的主动学习课堂（ALC）运动就是其中的一个显著代表。主动学习课堂基于建构主义思想，以学习者为中心，利用大数据、人工智能等信息技术丰富物理学习空间，重视学生主动参与学习活动，为学生提供意义学习和知识建构的机会，培养学习者的创新意识与批判思维能力。主动学习课堂通过解构与增强传统教室的功能，为学习者提供个性化学习环境与小组合作环境，提供主动学习活动所需的各种资源和协作软件平台环境，增强学习者的学习参与度与学习积极性。

随着信息技术的新成果不断渗透和应用于传统学习空间，向数字化、智能化的方向演变的、支持学生对学习体验持积极态度的主动学习空间应运而生。智慧教室就是由于信息技术应而使被动学习空间向主动学习空间转变而出现的典型案例。智慧教室充分集成云计算、传感网、无线网络、人工智能等新一代信息技术，支持情境创设、启发思考、信息获取、资源共享、多重交互、自主探究、协作学习等活动，可实现物与物、物与人的泛在连接。智慧教室的出现，突破了现有空间对课堂教学创新的物理限制，是物理空间和网络空间的高度融合。这种双空间一体化的智慧教室和终端设备以学习者为中心，为学生开展主动学习活动提供支持，有利于学习者获得更好的学业成绩和更多的学习收获。

在传统学习空间不断发展的同时，随着物联网和网络互联技术的发展，BYOD也在教育活动中得到推广和应用。BYOD使得用户能够携带自己的设备，如个人电脑、手机、平板等智能终端设备等到工作场所并与企业内部网络无缝连接。在教学过程中支持BYOD，教师和学生可以携带自己的终端设备进入学习环境，不仅可以减少教育投入，更可以避免设备的转换及带来的衔接与转移问题，提高学习和工作效率。而这一切依赖于学习空间对不同平台、不同类型终端的支持，使得教师和学生的设备能够无缝连接学习空间中的其他设备，这将引发课堂教学模式和师生互动模式的变革。

1.3.1.2 网络学习新空间

在畜牧文明和农业文明时代，受教育者有限，通常不需要对传统学习空间进行扩充。到了工业时代后，随着人们对学习需求的不断增强和学习质量要求的不断提高，传统物理学习空间已经不能完全满足学习者的需求，人们开始寻求利用技术手段提供更加丰富的学习空间。基于邮政系统的函授教育模式，基于电子代信息技术如广播、电影、电视的远程和开放教育系统为人们扩大教学规模，提供学习机会创造了基础。虽然这些系统扩大了教学规模，提供了更多的学习机会，但是却存在师生互动不足、信息传播效率低下、知识更新速度缓慢等问题。将远程与开放教育系统的信息传播功能交由网络承担，学习空间开始从物理学习空间向网络学习空间发展。

随着信息时代的到来和知识更新速度的加快，需要接受教育的人急剧增长，全民教育和终身教育已经成为时代的必然，传统的学习空间已经无法独立承担相关教学任务，学习空间的外延成为必然的选择。教学的过程是一个互动的过程，传统的远程与开放教育系统在互动上具有致命的缺陷，互联网的出现为远程教学中的互动提供了技术便利，将原本慢速、单向的远程学习转变为高速、双向交互的网络学习。将部分教学内容和活动外联于实体课堂之外的虚拟环境中，这种基于网络的学习空间被称为网络学习空间。网络学习空间能提供媲美物理学习空间的环境、资源和交互，能为学习者提供更为快捷和迅速的反馈功能，学习者学习自由度更好，资源推送更加便捷，学习者与教师之间的互动、学习者之间的交互也更加便捷。

根据是否支持师生实时学习，网络学习空间可以分为同步网络学习空间和异步网络学习空间两大类。在异步学习中学习者可以利用网络访问教师提供的各种信息资源，能够实现随时随地学习。学习者可以不受面对面授课的制约，根据自己的需要主动选择学习内容，根据自己的时间和节奏灵活地访问在线学习资源，可以通过网络与教师实施非实时的互动与交流，学习者在学习的过程中承担了更多的责任。异步网络学习空间中能够提供的学习资源种类丰富，但是最简单也最有效的方式是录播课堂，即将教师教学过程借助录播技术记录下来，供学习者下载或在线观看。

同步网络学习空间可以为处于不同地点的教师和学生提供同步交互的功能。与异步网络学习空间不同，在同步网络学习空间中学习者可以是一个个体，也可以是一个群体，教师和学习者在学习的过程中通过同步互动网络进行实时的交互，学习者可以向教师提问，取得类似于传统课堂的体验效果。教师不仅可以实时回答学生的问题，还可以依据学习者的反应实时调整自己的进度并采用对应的教学策略，使得学习效果可以达到最大化。利用同步网络学习空间，教师可以通过直播式课堂为农村和边远地区的学生授课，为基于网络的精准教育扶贫等服务提供技术基础。

1.3.1.3　传统与网络混合空间

网络数字学习和传统课堂教学各自有其优势。随着网络学习空间的发展，我们希望在学习过程中将二者结合起来，充分发挥数字学习和传统课堂教学的优势，混合学习应运而生。混合式学习是在“适当的”时间，通过应用“适当的”学习技术与“适当的”学习风格相契合，对“适当的”学习者传递“适当的”能力，从而取得最优化的学习效果的学习方式。[①]混合学习是人们对网络学习的一种反思，其主要思想是把面对面教学和在线学习两种学习模式进行整合，以达到降低成本，提高效益的目的。[②]混合式学习结合了传统学习方式和网络化学习的优势，一方面能发挥教师在教学过程中的引导、启发、监控等主导作用，另一方面在发挥学生的主动性、积极性与创造性方面具有潜力。[③]

在数字化学习出现之初，人们通常将其与传统教学方式作为对立的双方，混合式学习的提出从根本上解决了这一问题，指出数字化学习和传统教学可以实现有机结合，启迪人们可以依据教学的需要，灵活采用适合自己的学习方式，从而取得最佳的效果。混合式学习具有高度的灵活性，混合了各种基于事件的活动，包括面对面的课堂、在线学习和自定进度的学习[④]，因而有多种不同的混合模式。混合学习包括学习理论的混合、学习资源的混合、学习环境的混合和学习方式的

---

① Singh H，Reed C，Software C. 2001. A white paper：Achieving success with blended learning. Centra Software，1：1-11.

② 李克东，赵建华. 2004. 混合学习的原理与应用模式. 电化教育研究，（7）：1-6.

③ 何克抗. 2004. 从 Blending Learning 看教育技术理论的新发展（上）. 电化教育研究，（3）：1-6.

④ Singh H. 2003. Building effective blended learning programs. Educational Technology，43（6）：51-54.

混合。混合式课堂融合了实体和虚拟两种学习空间，因而能博采众长，具备以学生为中心、提高学习效率、扩大学习者范围、优化成本、提高灵活度等优势。

翻转课堂教学模式是混合式课堂的一种，属于混合式课堂中的轮转模式。翻转课堂教学模式，是学生按照自己的学习进度以及学习需求，在家中通过网络进行知识的学习，在学校课堂上老师和同学一起进行知识探索、问题解决的一种新型教学模式。在课前，教师通过微课的方式将学习内容发给学生，让学生进行个性化学习，对于不懂的问题可以重复观看视频以加深理解，在课堂上教师可以和学生一起进行知识应用、分析、综合等高阶思维工作，培养学生的高阶思维能力。因为这种教学模式将传统课堂中和家里学生所需要完成的工作正好颠倒了过来，所以被命名为翻转课堂。翻转课堂教学方式大大提升了学生的学习效果，是2011年度影响课堂教学的重大技术革新。①

1.3.2 怎么学：创新学习方式②

在资源多元化、数据规模化、计算智能化的背景下，人工智能等新兴技术蓄积了推进个性化教育的起步动能，翻转课堂、SPOC等新型教学方法不断涌现，教学方法将更加多样化。当前占据绝对主流的讲授式教学法在教学中的比例将下降，以学习者为中心，以综合素质发展为重点，以问题为导向的学习（PmBL）、混合式教学等新方法渐成主流。新型教学方法是个体智能发展与智能技术实践深度整合的跨学科开展的创新教育过程，把传统的课堂面授与基于网络的在线学习结合在一起，充分发挥两种教与学的模式的优势，规避二者的不足，实现了精准化的“教”和个性化的“学”，并在此基础上发展出了一系列混合式教学形式，包括线上与线下相结合、实体与虚拟相结合、正式学习与非正式学习相结合、课内教学与课外实践相结合、知识教学与能力培养和素养发展相结合等。

1.3.2.1 从个别化学习到数字化学习

在工业社会开始之前，因受教育群体数量的限制，通常采用口耳相传和启发式教学、个别化教学为主的学习方式，父传子、师带徒的知识传授方式是社会经验传承的重要途径。到了工业社会后，为了满足工业化生产的需要，班级授课制出现并成为学习的主流方式。班级授课制以统一规格为特征，具有效率高、评价

---

① 张金磊，王颖，张宝辉. 2012. 翻转课堂教学模式研究. 远程教育杂志，30（4）：46-51.

② 本部分刊载于杨宗凯，吴砥，陈敏. 2019. 新兴技术助力教育生态重构. 中国电化教育，（2）：1-5. 略有删改.

简单等优势，但是难以顾及学习者个性化学习需求。信息时代知识经济的发展使得学习者个性化学习需求得到前所未有的重视，一对一的个别化教学模式无疑有效但是难以实行，基于信息技术的数字化学习可以为学习者提供个性化学习方案，满足学习者个别化学习需求，在教育中得到越来越多的应用。

信息技术在增强学习空间的同时带来了学习方式的变化。以 e-Learning 为代表的数字化学习方式在技术环境下不断得到增强与优化。在 2000 年 6 月美国教育技术 CEO 论坛正式提出数字化学习的概念，即数字技术与课程教学内容的整合，解开了数字化学习发展的序幕。数字化学习 1.0（e-Learning 1.0）认为数字化学习指使用计算机网络技术，特别是通过互联网络进行学习；数字化学习 2.0（e-Learning 2.0）将数字化学习扩展到以学习者为中心、沉浸式学习、联结学习、基于游戏的学习、非正式学习和移动学习；数字化学习 3.0（e-Learning 3.0）再进一步将范围扩展到实现人类随时随地的连接和学习。

在数字化学习发展的过程中，出现了一些新的学习方式的概念，如通过借助网络资源，采用类似科学研究的方法，获得和运用知识的网络探究学习模式；无论何时何地，学习者都可以得到学习需求服务的即时学习；存在于新媒介生态系统中，基于微型内容和微型媒体的微型学习（microlearning）；利用无线移动通信网络技术，以无线移动通信设备（如智能手机、平板电脑、笔记本计算机）获取教育信息、教育资源和教育服务的移动学习（mobile learning）；将面对面教学、实时的 e-Learning 和自定步调的学习融合在一起的混合学习（blending learning）。

此外，随着技术的发展，为学习者提供各种服务的平台与理念也被提出。例如，基于知识建构理论，研究者开发出提供知识建构对话环境与分析工具的知识论坛（knowledge forum）学习平台；学习者在跨地区、跨学校，甚至跨文化的情况下开启的学习旅程的“跨域课堂”学习理念；将教育和游戏融合在一起，在游戏过程中融入教育理念和教学目标、教学策略等元素，重视寓教于乐的教育游戏与娱教技术（edutainment）；学生大规模参与基于网络开放式资源，将世界上最优质的教育资源，传播到地球上最偏远的角落的大规模开放式在线课程（MOOC）；为少数学习者提供有偿教育服务的小规模限制性在线课程（SPOC）。

1.3.2.2 学习型社会与非正式学习

知识经济和科技创新使得受教育人群大幅度增加，构建学习型社会成为国家、机构和社区的优先选择，许多国家相继开展了学习型社会创建活动。学习型社会具有相应的机制和手段来促进和保障全民学习和终身学习，其基本特征是善于不断学习，形成全民学习、终身学习、积极向上的社会风气。其核心内涵是全民学习和终身学习。而学习型社会的创建不仅要大力加强基础信息设施建设，更需要重视理念更新和观念的改变。

全民学习和终身学习不仅依赖于学习环境的建设，更有赖于学习理念的更新。当今科学技术已经渗透到社会的各个方面，在日常生活和工作中发挥着至关重要的作用，没有接受必要教育的人在日常生活中将无法生存。推动全民学习，向民众提供知识、技术、价值观和人生观，满足公民的基本教育要求，使他们能自尊、自立地生活，并充分利用科学技术改善自己的生活，这就是全民学习的意义。而知识和科技的快速发展决定了公民必须要不断学习，必须不断用新的知识、技能和观念来武装自己，人的一生必须不间断地接受教育和学习，不断地更新知识，保持应变能力，才能够跟上时代的步伐，这就是终身教育理念。终身教育不仅依赖于学校教育，家庭教育和社会教育也是终身教育的重要组成部分。

在学习理念发生变化的过程中，人们对学习的认识也在不断发生变化，不仅在教室中查阅资料、阅读与书写等行为称为学习，在其他时间进行的阅读、交流等行为也被认为是一种学习行为，并由此引发了正规学习和非正式学习的概念。正规学习是在专门为提供教育而设计的机构进行的结构化，按时间顺序排列和开展的活动，即我们传统意义上的学习概念；非正式学习是偶然的、特殊的，并且由偶然性驱动产生的学习行为，是个人从日常经验中获取价值、技能和知识的过程；非正规学习不是由教育或培训机构提供的，但是在学习目标、学习时间或学习支持方面是结构化的，其概念介于正规学习和非正式学习之间。在信息时代之前，正规学习和非正规学习的概念在学习研究中占据了非常重要的地位，但是随着学习型社会等相关概念的提出，全民学习和终身学习的理念受到研究者的重视，以场馆教育为代表的非正式学习越来越受到研究者重视，并在学习者高级思维能力发展方面具有更加重要的作用。

根据知识能否清晰地表述和有效地转移，可以把知识分为显性知识（explicit knowledge）和隐性知识（tacit knowledge）。显性知识是能明确表达的知识，可以通过语言、书籍、文字、数据库等编码方式传播，也容易被人们学习；隐性知识是无法被表述的知识，像我们在做某事的行动中所拥有的知识。隐性知识在问题解决等高级思维过程中具有决定性的作用，但是无法通过语言等方式进行传递与交换。研究表明，个体掌握的知识中大部分是通过非正式学习的方式习得的隐性知识，特别是信息社会需要的创新能力、批判思维和协作能力等，主要依赖于非正式学习所获得的隐性知识。研究非正式学习中隐性知识的建构，推动以场馆学习为代表的非正式学习，对促进个体的知识获取和能力提升具有十分重要的意义。

1.3.3 学什么：培养数字公民

随着教育信息化的逐步推进和移动终端设备的日益普及，线上资源日趋丰富，学习者可以利用网络获取各种学习资源，但是大部分学校仍然以“双基”教学为主，并未充分而有效地利用数字资源，其原因在于数字公民偏好的内容载体与“双基”教学需要的数字资源间存在鸿沟。数字公民是对信息时代公民所应具备的素养和技能的统称，不同的国家对其有不同的培养目标。早在 20 世纪 90 年代，许多国家就开始思考未来的学生需具备什么技能来应对时代的发展。美国联邦教育部于 2002 年成立了 21 世纪技能合作组织，制定了《21 世纪技能框架》。该框架对知识本身的习得关注较少，更多地强调学生 21 世纪素养和技能的发展所包含的学习与创新技能、生活与职业技能、信息媒体与技术技能等。我国也经历了从“双基”“三维目标”到“学生发展核心素养”的发展历程。实际上，无论是国际上关注较多的《21 世纪技能框架》，抑或是《中国学生发展核心素养》，都体现了各国政府对其人才培养目标的探索和阶段性认识，体现了对信息时代所需要的人力资源（数字公民）的战略性思考，而数字公民的培养离不开教育信息化的理念、手段和环境支撑。

1.3.3.1 信息社会对学习者的要求

在畜牧文明、农业文明时代到工业文明，学习过程对于学习者一直并没有太多的要求。从工业社会发展到后工业社会，即我们所谓的知识经济时代，简单的重复性工作逐渐被机器所取代，社会对具有创新性思维和批判性思维的人才需求不断扩大；由于社会分工的细化，许多工作只有通过人与人之间的协作才能完成，协作与交流能力也显得越来越重要；信息更新速度的加快，使得终身教育和及时教育（just-in-time learning）成为必然，这些给学习者带来了新的要求。以计算机与智能技术为代表的现代信息技术已经普及，人工智能与大数据等技术逐渐成熟，网络生活成为我们日常生活的重要组成部分。在虚拟学习环境中，用户需要能够认识到信息与信息技术的重要性，对信息有一定的敏感性和辨别力，具有运用信息技术的主动要求与意愿，掌握信息技术知识能力获取、分析、加工、利用等技能，掌握在信息社会中生存所需要的有关信息的道德、法律观念与社会责任。

传统教育重视读（reading）、写（writing）、算（arithmetic）等 3R 能力。但是随着全球经济一体化以及信息通信技术的发展，大量的无需天赋而经由训练即可掌握的重复性工作将被代替，强调沟通能力、解决问题能力以及信息调控能力的专业型以及脑力型服务需求将增加。[①]如果教育依然重视给予重复劳动的3R能力，忽视信息获取、沟通协作、创新创造等能力培养，所培养的人才无疑不能满足信息社会和劳动力市场对于劳动者能力的需求。随着对知识社会能力要求关注度的提升，世界各地的学校和教育系统都在对课程体系的核心进行重新定义，突出21世纪关键能力，让学习者具备必要的能力，并在新的全球知识经济、数字经济中取得成功，被谈及最多的当属4C能力，即批判性思维、沟通、协作和创新，并由此提出STEM教育和21世纪教学策略、21世纪学习环境等相关概念。如何突破工业社会中班级授课制等传统教育方式的限制，为社会培养更多的符合要求的4C人才，如何为学习者提供所需的教育服务而培养其特性，成为教育研究的重要内容。

1.3.3.2 学习者能力发展与差异

数字鸿沟是从经济领域所引入的一个概念，关注的是不同用户在获取数字资源之间存在的差异问题。信息技术的发展既可能通过网络共享来弥补不同阶层之间的教育机会等方面存在的问题，也有可能因为获取数字资源之间的差异而使得教育失衡问题更加严重，而数字鸿沟就是解决问题的关键。数字鸿沟既包括在拥有硬件接入网络机会方面的差异，更重要的是还包括不同用户在获取信息资源的过程中在意识与技能上所存在的差异，而后者与学习者的信息素养密切相关。随着信息技术的发展和硬件、网络设施的不断普及，数字鸿沟可及性差异必然会越来越小，因此使用性差异成为当前决定数字鸿沟的最重要的因素。如果不能有效解决数字鸿沟问题，数字鸿沟有可能成为发展不平衡的新根源，学习者的信息素养教育成为消弭数字鸿沟的最有效方法。

信息素养的概念起源并不晚，并且产生了大量的有关信息素养的标准。但是我们认为信息素养标准通常由信息意识、信息伦理道德、信息能力三部分构成，分别关注人们在信息活动中的认识、观念和需求；人们在利用信息技术时应当遵循的道德规范；人们有效利用信息设备和信息资源获取信息、加工处理信息以及创造新信息的能力。在信息时代，尤其在新媒体环境下，如果缺乏信息素养，有可能会产生如道德恐慌等消极现象。通过以信息素养作为主要教学内容的数字公民教育，提高学习者的信息素养，必然有利于避免道德恐慌等消极作用的出现。

数字公民教育致力于培养学生的三个方面：拥有合法合乎道德的行为准则、

---

① Reich R. 1992. The work of nations：Preparing ourselves for 21st-century capitalism. New York：Vintage Books：272-274.

拥有高效使用信息技术的能力、拥有充分参与数字世界的能力。数字公民教育关注作为信息时代的公民，数字公民如何有效利用数字技术，更好地参与社会事务，促进社会发展。发展数字公民教育还包括其他的意义，例如，培养学生的信息素养，避免使用数字鸿沟的加剧以真正实现教育公平；培养学习者的数字商务和数字法律意识，培养具有全球意识的合格数字公民；培养学习者数字权责意识和数字法律意识，适应新型知识经济的发展；适应微课、慕课、翻转课堂和创客等新型教学范式。

有一群学习者伴随着信息技术成长起来，他们在接受、采纳、使用及管理数字化技术方面存在诸多差异，被称为数字原住民；相应的不是伴随着信息技术而成长起来的，被称为数字移民。无论数字原住民和数字移民的划分依据是什么，我们更加关注他们在利用信息技术和获取加工信息上所存在的差异。与数字移民相比，数字原住民习惯于利用信息技术迅速地收集和处理信息，他们擅长多任务处理模式，倾向于随机阅读和微阅读方式，习惯于基于屏幕的数字化阅读方式。数字原住民的思维方式和处理信息的方式与数字移民截然不同，因此在利用传统的教学方法和教学内容进行数字移民教学时可能存在较大的问题，这也对教育产生了极大的挑战。

第一篇
学　习　空　间

第2章
技术内引：传统学习空间的演变

学习空间是学习活动的场所，它的布局和使用直接影响学习活动的过程与结果。从20世纪90年代开始，一方面从理论上，主动学习的教育思想得到了广泛认同；另一方面从技术上，信息技术为体现相关教育理念提供了有力支撑，从而推动了信息技术支持下的学习空间重构，传统学习空间随之也发生了变革。

2.1 传统学习空间

2.1.1 学习空间的概念

学习空间（learning space 或 learning setting）即“教”与“学”的地方。[①]狭义的学习空间通常也有一个更通俗的名字——“教室”。广义地看，任何发生学习活动的场所都可称之为学习空间，已经是远远超出了“实体”教学机构的范畴[②]，其样式、配置和位置也越来越多元化。学习空间通常可划分为三类：正式、非正式和虚拟学习空间。正式的学习空间包括传统的教室、图书馆等学习场所，非正式的学习空间涵盖的范围则大得多。随着信息技术的发展，在传统的学习空间之外，诞生了包括网络社区、在线学习平台等在内的虚拟学习空间。

学习空间表达了“教”与“学”的教育哲学形象。传统意义上的学习空间，多指的是其狭义的含义，即教室。标准的教室中，所有的座椅都面向讲台且固定，诠释的是本质主义的教育哲学，关注的是如何“向学生的大脑中注入知识”，即被动式学习。

2.1.2 传统学习空间的发展

早期的教育活动起源于人类自身生产、生活的需要，学习的内容主要是与生存相关的技能，教学方法以言传身教为主，没有固定的教师，没有固定的场所[③]，没有固定的学习内容，也就根本谈不上固定的学习空间。到了夏、商、周时期，我国进入奴隶社会，统治者为了加强中央集权，开始训练士兵，学习的

---

① Cook D-J. 2012. Learning setting-generalized activity models for smart spaces. IEEE Intelligent Systems，27（1）：32-38.

② Bentley T. 2012. Learning beyond the classroom：Education for a changing world. London：Routledge：112.

③ 徐士强. 2016. 教室空间演变与意蕴创新. 教育理论与实践，36（34）：14-18.

内容变得相对固定，主要是骑射和军事训练，教育机构主要有“庠、序、辟雍”。学习空间在形态上多表现为无墙，甚至无顶、露天、不固定的形式，简而言之就是茅草棚子。春秋时期，以孔子为代表的一批思想家开启了私人讲学的风气，随着教学内容由“习武”逐渐转变为“尚文”，讲学、诵读、问难逐渐成为常见的教学方法。学习活动中学生围绕教师，师生以不规则的模式聚集在一起，但依旧没有明显的教室界限。同一时期，古希腊也开始出现与孔子讲学类似的教学活动。

随着时间的推移，学习目的、学习内容和学习方式不断改变，学习空间也随之改变。中世纪时期，随着宗教的传播，传道、诵经成为主要的教学方式，因而催生了结构化的学习空间诞生。结构化的学习空间最初源于宗教中教徒做弥撒的模式，课桌以两条平行线的方式布置，教师站立于学生的前方，便于开展小规模的集体诵读活动。随着中世纪大学的发展，需要更大且专用的学习空间，这种规模较大且固定的学习空间被称为“教室”。随着学生规模的扩大，两条平行线的课桌布局方式开始扩充和延伸，逐渐形成了矩阵形式的布局。意大利画家 Laurentius de Voltolina 于 14 世纪创作的画作展示了博洛尼亚大学的一间教室，在这间教室中，书桌以 5×5 矩阵式布局，教师站在学生的前方，面向学生诵读教学内容。这样的学习空间设计，是为了与当时纸质书籍稀少，通过教师的朗读向学生传递知识的教学方式相适应。与此相对应的，在我国，从汉朝开始，官方设立官学、太学，私学则进一步发展为书馆、乡塾、精舍，学习空间逐渐固定在室内，且开始有了专设的讲台和学生座席。随着科举制度的建立，书院开始出现，教学空间呈现为房屋形态的固定场所，教师的讲台和学生使用的桌椅开始出现，构成了我国古代教室的雏形。

工业化时期，为适应教育从精英主义向大众化的转变，教室不断扩大，座位不断增多，以适应不断增长的招生需求，班级授课制正式形成。晚清时期，西方新式教育传入中国，我国的教室开始与国际接轨。教室按照科学管理的原则进行设计，以提高学习效率。大型的课堂教学因其能有效缓解优质师资匮乏、教学条件有限等一系列难题，多年来，在课程教学中，尤其是在高校公共基础课程教学中广泛采用。至今，在许多国家和地区的课堂中，仍然广泛采用这种布局。从无固定空间的私人讲学，到较大规模的固定授课教室，学习空间的演变如图 2-1 所示。

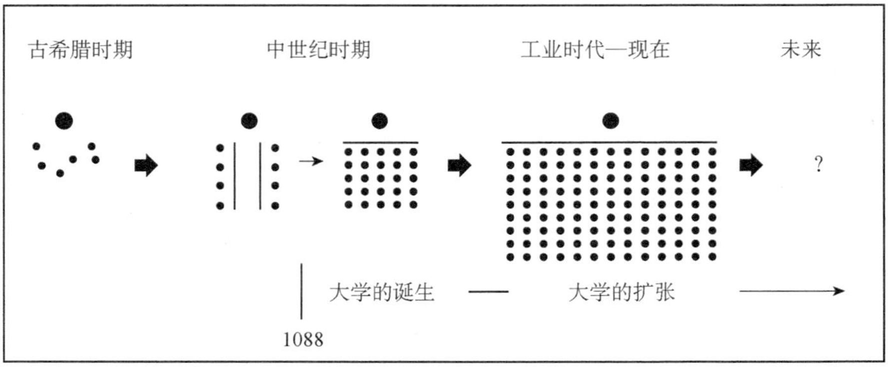

图 2-1 教室设计的历史变化图①

传统的教育强调培养以“读、写、算”为代表的 3R 能力，这些能力可以通过教师课堂讲授、学生课上听讲、课下练习的方式获得。工业化时代，教室的规模不断扩大，为更多人接受教育、获得 3R 能力创造了条件，大量有知识、有文化的生产者为工业社会的发展注入了活力。随着工业化的推进，生产力水平稳步提升，在高度机械化甚至智能化的生产条件下，只具备 3R 能力的生产者逐渐显得力不从心，尤其是进入信息时代后，新的生产方式对生产者提出了新的要求，学习与创新技能（即 4C 能力）成为信息时代人才培养的目标。4C 能力强调批判性思维、沟通、协作和创新，而这些能力必须通过学习者主动去思考、探究和交流才能获取，这意味着以教师为中心的被动学习必须向以学生为中心的主动学习转变。学习方式的转变主观上对学习空间提出了新的要求。而计算机技术、网络技术、虚拟现实技术和存储技术加速向学习空间渗透，客观上为学习空间的拓展创造了条件。

如何构建适应新时代需求的学习空间，成为教育界近二十年来研究的热点。2004 年 10 月，美国高等教育信息化协会发布了有关美国学习基础设施倡议的白皮书《引领从教室到学习空间的转变》（*Leading the Transition from Classrooms to Learning Spaces*）。在这份白皮书里，指出互联网改变了位置、时间和空间的概念，将学习空间的含义由物理空间拓展到虚拟空间。2006 年，Diana Oblinger 主编的《学习空间》（*Learning Spaces*）一书出版，这本书的面世迅速推动了学习空间研究的开展，具有里程碑式的意义。而 2011 年，北卡罗来纳大学创办学习空间杂志 *Journal of Learning Spaces*，则标志着学习空间已成为独立的研究领域。

① Park E-L，Choi B-K. 2014.Transformation of classroom spaces：Traditional versus active learning classroom in colleges. Higher Education，68（5）：749-771.

2.2　主动学习教室

从学习空间入手，借力信息技术推动大班教学模式创新，有两条路径："内引"和"外联"。"内引"指的是借助技术改良物理学习空间的设计，将主动学习融入大班教学中，优化学习环境和教学效果；"外联"的思路则是将部分教学内容和活动置于实体课堂之外的虚拟环境中，促进课外主动学习，提升大班教学绩效。"内引"措施中最显著的进展是近二十年来国外高校掀起的主动学习教室运动。

2.2.1　主动学习教室的概念界定

教学过程就其本质而言，应该是学生自我发展自我完善的过程。早在 20 世纪 40 年代，叶圣陶先生在《论中学国文课程的改订》一文中就曾说过："上课做什么呢？在学生是报告讨论，不再是一味听讲，在教师是指导和订正，不再是一味讲解。"要从根本上改变学生在教学过程中消极、被动的地位，就应把获取知识的主动权还给学生。从近几十年的教育改革来看，每一次的教改文件都指出要鼓励学生开展主动学习活动，这不仅仅是教育管理部门的要求，也是社会生产力发展对人才培养的内在需求。教学空间的改变、教师群体教学观念的变化以及当今技术支持下的多种开放式教学方式的出现，为学生提供了更多选择和学习动力。

主动学习指的是为学生提供机会，使他们有意义地围绕学习的主题、思想和内容，开展交谈、听、写、阅读和反思等各种学习活动。[①]主动学习理论认为，学习者应积极主动地参与到学习的过程中，并思考自己在学习的是什么。[②]主动学习的理论源自建构主义，其核心要素是学生主动对学习过程的参与，而不是被动地

---

① Meyers C，Jones T-B. 1993. Promoting active learning：Strategies for the college classroom. San Francisco：Jossey-Bass Inc.

② Bonwell C-C，Eison J-A. 1991. Active learning：Creating excitement in the classroom. George Washington University.

从教师那里获得信息，这也是主动学习与传统学习最显著的区别。[①]有研究表明，主动学习在促进概念理解上的效率是传统学习的两倍以上[②]，并能显著提高学习成绩，尤其是与 STEM 相关的学科，在主动学习课程中，学生的平均考试成绩提高了 6%左右。此外，主动学习更有助于学生的学业成功。有数据表明，参加传统学习的学生失败的可能性是主动学习学生的 1.5 倍。[③]

主动学习教室是基于建构主义思想，为契合主动学习的要求所设计的以学生为中心、技术含量很高的学习空间。它通常配备圆形或弯曲的桌子以及可移动的座椅，允许学生彼此面对面地开展小组学习。主动学习教室内通常配备了较多白板，以进行头脑风暴。在条件允许的情况下，每组的桌子会连接一块较大的 LCD 显示屏，便于学生可以将个人计算机屏幕投影到小组中进行讨论和讲解，而指导教师可以选择小组作品与全班同学共享。课堂通常还配备 Wi-Fi 接入端，便于学生检索资源和链接到内容管理系统中。根据房间的大小，可能还会配备台式麦克风，以便每个学生的声音都可以在房间内清晰地听到。主动学习教室提供这些设施的主旨是增强学生的学习参与度。

主动学习教室近十年间在欧美大学课堂中得到了广泛应用，为促进学生的主动学习活动，提升课堂教学中的交互和参与度提供了可能，其提升学生协作学习能力、促进教学实践的潜能受到了研究者们的关注，在 EDUCAUSE 的 2017、2018 和 2019 年“高等教育信息技术领导者调查”中被确定为 Top10 的战略技术，且连续三年位列前三。

2.2.2 主动学习教室的典型案例

正如在学习空间的发展中所述，传统的讲授式课堂教学因其受众广，对环境要求不高，长期以来一直占据统治地位。人类进入现代社会，工业和信息技术的发展对劳动者提出了新的要求，学习空间亟待从支持被动学习向支持主动学习转换，以适应新学习方式的需求。主动学习空间最早以工作坊的形式诞生于小班化的物理实验课中，从 20 世纪 90 年代中期开始，陆续向大班教学的理论课渗透，

---

① Prince M. 2004. Does active learning work? A review of the research. Journal of Engineering Education，93（3）：223-231.

② Hake R-R. 1998. Interactive-engagement versus traditional methods：A six-thousand-student survey of mechanics test data for introductory physics courses. American Journal of Physics，66（1）：64-74.

③ Freeman S，et al. 2014. Active learning increases student performance in science，engineering，and mathematics. Proceedings of the National Academy of Sciences，111（23）：8410-8415.

到目前为止，主动学习空间已经在北美和欧洲的很多地区普及。典型的代表包括以学生为中心的主动学习环境（SCALE-UP），技术支持的主动学习（TEAL），转变、互动、学习、参与的学习环境（TILE），主动学习教室（ALC）等。这些主动学习空间的典型案例，在最近二十年间集中爆发式出现，标志着学习方式由被动到主动的过渡以及伴随而来的学习空间的跨越式发展。

2.2.2.1　工作坊教室（Studio Classroom）

主动学习空间的诞生可以追溯到 20 世纪八九十年代，伦斯勒理工学院（Rensselaer Polytechnic Institute，RPI）的“工作坊教室（studio classroom）”的创建。“工作坊教室”的想法最初来源于 Priscilla Laws 和他的同事于 20 世纪 80 年代末和 90 年代初在迪金森学院（Dickinson College）创建的基于工作坊的物理教学改革——“Workshop Physics”。他们利用了 MBL 和 PBL 技术，完全用活动代替授课，激发了学生主动学习的积极性，收到了良好效果。不久，该方法就扩展到了化学和生物学等领域。

20 世纪 90 年代中期，Jack M. Wilson 担任教务长期间，将校内多间教室改造成了“工作坊教室”，是在整个学校范围内采用工作坊学习方法的第一例。[①]工作坊教室旨在将授课、讨论和实验室整合在一个空间中，以减少对讲授的依赖，提升课程与实验之间的关联，增加动手、减少讲授，扩充团队合作的学习经验。在伦斯勒理工学院的工作坊教室中，布置了不同尺寸、不同形状的桌子，包括六腿的长工作桌、T 形桌、郁金香形的桌子等，以实现 2—4 人的小组学习。因强调实操和教师的个性化指导，工作坊教室以小班化教学的形式出现，虽不能满足大班教学的需求，但可以说是现代主动学习教室的雏形。

2.2.2.2　北卡罗来纳州立大学 SCALE-UP 项目

在 1997 年至 2001 年之间，北卡罗来纳州立大学（NCSU）的物理学教授 Robert Beichner 和他的同事设计了一系列新的教室，以便在 100 人左右的本科生大课堂中推广小型工作坊的学习经验。这种扩大的工作坊式教室被称为大规模本科课程中以学生为中心的活动（student-centered activities for large enrollment undergraduate programs，SCALE-UP）。SCALE-UP 项目配置了可移动的 9 人圆桌，每张桌子上安排 3 个三人小组，每个学习小组均配备手提电脑、可展示和共享信息的大屏幕

---

① Beichner R-J. 2014. History and evolution of active learning spaces. New Directions for Teaching and Learning，(137)：9-16.

以及白板等设备。[①]SCALE-UP 教室的这种小组、圆桌的设计，既能够让三人学习小组充分讨论，又能满足圆桌大组的沟通需求，同时便于教师穿梭其中，与每个小组、每个学生交流，即使是在大班教学中，教师也可以关注到每个学生。围绕在教室周围的白板可作为公共思考空间，而手提电脑、共享大屏幕、投票器、麦克风等设备则为大班级交流提供了技术便利。图 2-2 以北卡罗来纳州立大学的 SCALE-UP 教室为例，展现了 SCALE-UP 学习空间的基本结构。

图 2-2　北卡罗来纳州立大学 SCALE-UP 教室

与小班教学的工作坊教室类似，适用于大班的 SCALE-UP 教室最早也是用于大学物理公共课教学，但这种新颖的教室很快就受到所有 STEM 领域师生的欢迎，并迅速影响到艺术、语言、文学等学科的教学。SCALE-UP 由最初的教学改革项目演变为一种新颖的主动学习空间设计模式，为了更准确地表达 SCALE-UP 的含义，设计者 Robert Beichner 教授在不改变缩写的前提下，将其名称更改为"student-centered active learning environment with upside-down pedagogies"，这一新的解读既包括教学空间的重新设计，又包括教学方法的改革，更准确地表达了 SCALE-UP 的内涵。SCALE-UP 教室的广泛应用，助推了学习方式的变革。

① Beichner R-J，Saul J-M，Abbott D-S，et al. 2007. The student-centered activities for large enrollment undergraduate programs（SCALE-UP）project. Research-based Reform of University Physics，1（1）：2-39.

2.2.2.3　麻省理工学院 TEAL 项目

2000 年，三位麻省理工学院（MIT）的教授 John Belcher、Peter Dourmashkin 和 David Litster，借鉴了“工作坊教室”和 SCALE-UP 项目的经验，引入可视化技术，创建了 TEAL 项目，TEAL 的名称表明了它与之前的主动学习教室最大的不同在于它的技术设备配置更丰富。TEAL 项目最初定位于在电磁学课程中创建吸引学生注意力、技术支持的主动学习环境，其目标是改善电磁学这门重要而又枯燥的专业基础课学生参与度不高、及格率低等现实问题，加强学生对电磁概念的理解。

TEAL 项目与 SCALE-UP 项目类似，也采取圆桌形式的教室布局。教室的中央设有一个教师工作站，四周围绕的是可容纳 9 名学生的圆桌，也是每 3 人一组，每桌三个小组。在学生的组织上，TEAL 项目更精心，为每组都混合了不同知识水平的学生，以促进同伴互助学习。TEAL 最突出的特征是在教室技术配置上的增强，以麻省理工学院的 TEAL 教室为例，3000 平方英尺[①]的教室可容纳 13 个圆桌，117 名学生，教室四周墙壁上配备了 13 个白板和 8 个投影仪，每个小组都配备了计算机，以便查看讲义和收集、处理实验数据，每组都配有答题器以便促进互动。

圆形课桌、实验设备、高科技的辅助教学设施和实时反馈系统共同构建了一个技术增强型的主动与协作学习空间，这使得 TEAL 教室可以轻松地支持讲授、讨论和动手实验。在 TEAL 课堂上，教师一般会讲授 20 分钟左右，讲授中结合可视化展示、笔头练习，并提出待讨论的问题，学生可以通过表决器及电子投票系统来讨论和回答。讲授结束后，学生在动画模拟等多种可视化手段的帮助下继续理解和消化概念，并在课堂上分组进行实验。教师则带着无线麦克风四处走动，随时帮助学生解决疑难问题，与学生沟通目前的进度，评估他们对知识的理解是否准确。

TEAL 教室的技术增强特性使得它能很好地支持虚拟仿真实验和可视化展示，因而受到工程教学的欢迎。目前，在美国，麻省理工学院（MIT）、伦斯勒理工学院（RPI）、北卡罗来纳州立大学（NCSU）以及耶鲁大学（Yale）等高校采用了这些技术增强的创新设计来改造学习空间。截至 2016 年，英国以及中国台湾地区等也兴建了 TEAL 教室。[②]如图 2-3 所示为麻省理工学院的 TEAL 教室布局。

---

① 1 平方英尺≈0. 092903 平方米。

② Information Technology Services.（2020-10-24）. TEAL Classrooms FAQ. https://www.uky.edu/its/customer-support-student-it-enablement/classroom-av-support-student-technology-services/teal.

图 2-3 麻省理工学院的 TEAL 教室

2.2.2.4 明尼苏达大学 ALC 项目

2007 年，明尼苏达大学在双子城校区（UMN）新建造的罗伯特·布鲁因克斯大楼（Robert H. Bruininks Hall）中设置了 10 个各种大小的 ALC 教室，使其成为美国此类学习空间的最大集合之一。①这些 ALC 教室向所有学科开放，新的教学方式对传统 STEM 学科之外的其他学科，如教育学、政治学等都产生了巨大的影响。明尼苏达大学于 2013 年对教室进行了翻新，创建了拥有 19 个圆桌，可在一个课堂容纳 171 名学生的最大的主动学习教室，如图 2-4 所示。如此庞大的 ALC 达成了 SCALE-UP 最早的目标之一——将协作和主动的学习方法扩展到大型课堂。据 2013 年的统计数据，该大学超过 36%的本科生都在主动学习教室上课，不管是在主动学习教室的单体规模、群体规模还是服务范围上，明尼苏达大学的 ALC 项目都将主动学习教室的应用推上了顶峰。大规模采用这些新教室，从根本上改变了基础课大型课堂普通教室的格局。可以说明尼苏达的 ALC 项目标志着主动学习教室的成熟。

---

① Brooks D-C. 2011. Space matters: The impact of formal learning environments on student learning. British Journal of Educational Technology，42（5）：719-726.

图 2-4　坐落于明尼苏达大学双子城校区最大的 ALC 教室

2.2.2.5　爱荷华大学 TILE 项目

同样是受 SCALE-UP 项目的启发，爱荷华大学（UI）于 2009 年启动了 TILE 项目。TILE 是“Transform，Interact，Learn，Engage”的缩写，指的是转换教师和学生的角色定位，促进教学活动的交互，促进学生主动学习。爱荷华大学目前建设有 16 个 TILE 教室，可容纳 24—81 名学生，这些教室有的配备了圆桌，有些则配备了方桌或 U 形桌，课桌的设计和布局更加灵活。教室的两面墙上安装有白板和 LCD 大屏幕，教室中提供一个中央控制台，可将教师或学生的电脑投屏到大屏幕上，以满足不同角度的学生观看的需求。教师可通过中央控制台控制室内的灯光、电源、笔记本电脑和投影，TILE 教室如图 2-5 所示。

图 2-5　爱荷华大学 TILE 教室[①]

① Van Horne S，Murniati C，Gaffney J-D，et al. 2012. Promoting active learning in technology-infused TILE classrooms at the university of Iowa. Journal of Learning Spaces，1（2）：2.

爱荷华大学 TILE 的项目因为开始得较晚，得以借鉴其他主动学习教室的设计经验，因此 TILE 教室在灵活性上优于其他项目。TILE 项目除标准配置的主动学习教室外，还衍生出 TILE-Flex 和 TILE-Lite 教室。TILE-Flex 教室提供更多的学生电脑，最高比例可达 1 ： 1，方便在个人和小组工作之间灵活切换。TILE-Lite 教室则不使用桌子，只提供椅子和平板电脑，方便随时移动，灵活构建学习空间。另一个突出的特点是，TILE 项目在改造教室之外，更关注教师教学方式转变。该项目开展十年来，共有 500 多名教师参加了 TILE 专业发展培训计划，一系列关注教师发展的教改培训，使得主动学习方式在该校迅速铺开，“TILE 教学法”成为很多系部课程中的标志性教学模式。

2.2.3 主动学习教室的设计

精心设计的学习空间，对学习者具有激励作用。从心理学角度看，主动学习本质上是对学习的各方面或者学习的整个过程主动做出调节和控制，它具有能动性、有效性和相对独立性等特征。[①]主动学习空间的设计必须契合主动学习的需求，在硬件和软件上为主动学习的开展提供便利。

2.2.3.1 设计原则

主动学习强调学习者应积极主动地参与到学习的过程中，主动学习教室应该能够激励学习者，促进学习活动的开展，支持实践和协作，提供个性化和包容性的学习环境，并面对不断变化的学习需求保持灵活性。具体体现为以下四项原则。

1）灵活性。主动学习教室的设计必须能适应主动学习活动的开展，室内家具和设施便于灵活拆分和组合，以适应独立学习和协作学习的需求。

2）前瞻性。与传统被动学习相对应，主动学习本身就是新的学习方式，因此在设计主动学习教室时，需考虑未来学习方式的进一步发展和变革的可能性，空间的设计和技术的应用应具有一定的前瞻性。

3）创造性。主动学习教室在设计和部署上应该能够调动学生主动探究新知识的积极性，刺激灵感迸发，激发学生的潜能和创新能力。

4）支持性。主动学习教室的设计应该不仅能为教学目标和学习活动提供软硬件支持，还能够为学生创新性思维提供展示和实现的条件。

---

① 庞维国. 2001. 论学生的自主学习. 华东师范大学学报（教育科学版），20（2）：78-83.

2.2.3.2　物理特点

学习空间的物理属性包括空间的面积、位置、温度、采光、通风等条件，以及内部的家具、陈设等。从学习空间的类别上看，主动学习教室亦属于实体学习空间，因而它的设计首先需要考虑物理属性。与传统教室相比，主动学习教室对空间的灵活性和适应性的需求更高，因而在诸多物理属性中对温度、通风、采光、视觉效果和室内家具的要求尤其严格，这也构成了主动学习教室在物理属性上的设计特点。

1）适宜的温度。有研究表明，在舒适的温度中学习者的学习热情和学习效率均达到最高。除注意力以外，温度对感知、思维、记忆均有显著影响。主动学习对学习者效率、积极性的要求均高于被动学习，因而温度的调控是主动学习教室设计中所必须要考虑的因素之一。教室温度受室温、空气流动、日光照射的影响，在主动学习教室中隔热窗户、通风管道以及空调系统是常采用的设计，技术增强型主动学习教室则配备自动温控感应系统。

2）良好的通风。学习空间的通风条件关系到室内空气质量，哈佛大学和雪城大学的最新研究表明，空气中的杂质会严重损害认知能力，挥发性有机化合物或二氧化碳浓度的增加，显著影响认知能力。①学习者的认知能力对开展主动学习活动至关重要，是有效学习的必备条件。主动学习教室通风的条件涉及门、窗、通风系统的设计，有些主动学习教室配备了空气质量监测仪，实时监控室内二氧化碳浓度。

3）自然的视觉效果。充满自然光的教室提供了轻松愉快的学习环境。主动学习教室在设计时，其室内遍布墙壁周围的白板、黑板、大屏幕和投影屏幕的摆放，需要遵循远距离观看的原则。

4）充足的采光。采光包括自然光和人造光。自然光对学生的学业成绩和学习行为能产生积极影响，反之则可能会影响阅读、观看演示材料甚至造成身体不适。而人造光的照明级别、类型和颜色都是不同学习风格和学习活动的重要组成部分。主动学习教室在设计上多借助固定或可调节的窗帘、遮阳帘、“智能玻璃”以及补充人造光源来调节室内照明条件。部分技术增强型主动学习教室安装了自动或手动形式的人造光调节系统，以提供最大的灵活性和满意度。

5）灵活的家具。传统的教室，学生的课桌和椅子成排排列，面向教室的正前

① Allen J-G，MacNaughton P，Satish U，et al. 2015. Associations of cognitive function scores with carbon dioxide，ventilation，and volatile organic compound exposures in office workers：A controlled exposure study of green and conventional office environments. Environmental Health Perspectives，124（6）：805-812.

方，甚至有些课桌椅常常固定在地板上。这是典型的支持被动学习和直接教学方法教室家具布局，显然不足以支持主动和以学生为中心的学习。主动学习，包括协作、小组活动和基于项目的学习，要求学生经常在同一教学时间内能够在教室内自由移动，因此需要配备完全不同的家具。而主动学习教室中，教师需要经常离开讲台进行互动，咨询和指导学生，他们所使用的家具设施也应该对移动性提供良好的支持。主动学习教室在家具的配置上需要与学习空间中的活动相协调，以使学习最有效，这也是主动学习教室在视觉效果上与传统教室最大的区别之所在。主动学习教室在家具的设计上多为“带有可移动座椅的圆形或弯曲桌子”。圆形或弯曲的桌子便于学生开展小组学习和研讨，而可移动的座椅则保证了师生在学习空间中自由移动、探讨、互助的便利性。

2.2.3.3 技术特点

主动学习教室中的软技术包括各种电子设备，如投影、显示屏、便携电脑、答题器等。同时也包括在教室中组织主动学习活动所需的各种软件和资源。这使得主动学习教室在技术的配备上具备以下特点。

1）支持协作学习。主动学习教室普遍按 1∶3 至 1∶1 的比例配备供学生分组使用的便携式电脑，以支撑课堂上的分组协作学习。

2）支持数据处理。大部分主动学习教室，尤其是技术增强型主动学习教室均配备工作站，能够将采集和处理后的实验数据链接到学生的便携电脑上。

3）支持模拟仿真。主动学习教室配备的软件工具、可视化模拟、课程讲座视频、习题集等工具和资源，通过便携电脑和互联网为学生提供可视化模拟和仿真，帮助学生建立直观的认识。

4）支持师生互动。主动学习教室配备的个人回应系统，能够激发学生与教师之间的互动。

5）支持人机交互。为课程学习开发的交互式小程序和可视化学习资源，将枯燥的概念转变为有趣的互动学习形态。这些支持人机互动的软件资源的应用，极大丰富了主动学习教室的功能。

2.2.4 主动学习教室的主要成果

学习空间的变革，突破了现有空间对课堂教学创新的物理限制。在主动学习环境中开展的不同研究表明，相比于在传统学习环境中学习，学生在主动学习环境中开展学习活动之后，在概念理解方面更为深入，知识留存率更高，能取得更好的学业成绩、更多的学习收获。[①]

2.2.4.1　学生学习成绩的提升

不同于传统的以教师为主导的学习活动，学生在主动学习教室中，占据主导地位。学生不仅要在学习过程中获取知识，还需要学会自我把控学习过程，这样的锻炼不仅能够提升学生对于概念知识的理解，更有助于培养批判性思维等各项高阶思维能力。[②]研究者们发现，在其他条件一致的情况下，在主动学习环境中开展学习活动的学生呈现出更好的学习结果。[③]此外，研究还表明，相比于传统课堂，学生在主动学习环境中开展学习活动时会获得更多的信心和更高的满意度，师生以及同伴间会发生更多的互动和讨论，同时学生的出勤率也更高[④]，也因为在主动学习环境中开展学习活动时，师生之间的交流与互动更为频繁，因而在主动学习环境中学习的学生善于与他人分享信息，同时也具有更好的创新能力。[⑤]

对参加北卡罗来纳州立大学 SCALE-UP 教室和在传统教室学习物理课程的近 16 000 名学生的实证研究表明，SCALE-UP 教室对学生学习有以下正向影响：①加强了学生对概念的理解；②在一定程度上提升了学生解决问题的能力；③学生的学习态度得到改善；④上课出勤率较高，通常大于 90%；⑤课程失败率大大降低（通常为 50%），尤其是对于女性和少数族裔而言更加显著；⑥学业高风险的学生在后续课程中的失败率减少了一半。[⑥]

对麻省理工学院 TEAL 项目的准实验研究表明，在 TEAL 教室中的学习，能帮助学生极大地提高对概念的理解，在针对概念的标准化测验中，实验组的失败率低于 5%，而对照组为 13%，TEAL 实验组的学生明显高于对照组。同时 TEAL 组的大多数学生会向同学推荐 TEAL 课程，原因是 TEAL 教室能够帮助学生更好开

① Shi Y，Yang H，MacLeod J，et al. 2020. College students' cognitive learning outcomes in technology-enabled active learning environments：A meta-analysis of the empirical literature. Journal of Educational Computing Research，58（4）：791-817.

② Fraser S-R，Deane E-M. 1999. Educating tomorrow's scientists：IT as a tool，not an educator. Teaching in Higher Education，4（1）：91-106.

③ Shi Y，Yang H，MacLeod J，et al. 2020. College students' cognitive learning outcomes in technology-enabled active learning environments：A meta-analysis of the empirical literature. Journal of Educational Computing Research，58（4）：791-817.

④ Shieh R-S，Chang W，Tang J. 2010. The impact of implementing technology-enabled active learning（TEAL）in university physics in Taiwan. Asia-Pacific Education Researcher，19（3）：401-415.

⑤ Park E-L，Choi B-K. 2014. Transformation of classroom spaces：Traditional versus active learning classroom in colleges. Higher Education，68（5）：749-771.

⑥ Beichner R-J，Saul J-M，Abbott D-S，et al. 2007. The student-centered activities for large enrollment undergraduate programs （SCALE-UP）project. Research-based Reform of University Physics，1（1），2-39.

展互动学习活动，且在信息技术支持下，对概念的可视化演示和分小组动手的实验，为学习带来了诸多益处。①

而明尼苏达大学的研究和评估团队从2007年以来，就一直对ALC学习空间进行持续的研究。其中一项针对生物学课程的研究将学生依据ACT分数分为两组，分在传统组的学生前测ACT平均分为502.2，而分在ALC组的学生前测ACT平均分为454.6。在ALC教室上课的学生原本的ACT分数明显低于传统环境中的学生。但经过在ALC教室学习后，该组的学生表现优于预期，后测传统组ACT平均分为499.3，而ALC组平均分则上升到484.4，成绩显著提高，表明ALC教室对学生的学习成绩有显著正向影响。另一项针对社会科学课程的研究数据表明，在将教学法从传统模式（以教师为中心，基于讲授的模式）转变为协作式主动学习模式后，在ALC教室采用主动学习方式的学生，在评估中的表现明显优于传统课堂中的学生。②

总的来说，近十年来多项研究的共同结论表明在主动学习教室学习的学生，其学业表现优于传统课堂；在主动学习教室中使用主动学习的方法，比在同一教室中使用讲授的方法，学习效果有显著提高。学生认为主动学习教室比一般学习空间更具启发性，特别是在积极参与课堂方面，注重学术成就的学生在主动学习教室中表现出更乐于分享信息和提出新想法的倾向。在传统的课堂环境中，只有具有较高平均绩点（grade point average，GPA）的学生才更有学习动机，而在主动学习环境中，普通学生的学习动机得到了激发。

2.2.4.2 教师能力素养的提升

主动学习教室为创新的教与学实践提供了环境上的支撑，也对教师提出了更高的要求。一方面，在主动学习环境中开展各项学习活动时，教师既要在学生讨论过程中合适的时间点进行一定程度的干预，又要针对学生的先验知识、学习兴趣和生活背景给予个性化的指导，这就要求教师自身需要具备更为全面的知识，才能更好地解决学生在学习过程中提出的各项问题，这使得教师主观上存在提高专业素养的动力。另一方面，很多学校已经意识到，主动学习的成功必须伴随着持续且有目的的教师发展计划。因而建设有主动学习教室的学校会组织教师培训，促进教师发展，提高教师应用主动学习教室开展教学改革的能力。主客观因素的合力助推，其结果是教师的教学能力和专业素养得以提升。

---

① Dori Y-J，Belcher J. 2005. How does technology-enabled active learning affect undergraduate students' understanding of electromagnetism concepts? The Journal of the Learning Sciences，14（2）：243-279.

② Brooks D-C. 2011. Space matters：The impact of formal learning environments on student learning. British Journal of Educational Technology，42（5）：719-726.

明尼苏达大学的试点研究调查显示，讲授同一门生物学课程的教师在两个教室的表现却大不相同，在传统教室中的讲授明显更多，而在 ALC 中则会进行更多讨论。考虑到传统教室的物理限制，教师在讲台上停留时间比在 ALC 时要多得多，而 ALC 在整个空间中提供了更大的移动自由度。与传统教室相比，在 ALC 中，教师与小组或学生的单独沟通比在传统课堂中多得多。更多的单独沟通意味着教师需要针对学生的个性化学习需求做出更充分的准备，掌握更全面的专业知识，提高自身专业素养。

而爱荷华大学最近的一项调查显示，许多教职员工都参加了 TILE 培训，很多教师尝试开展 TILE 教室中教学研究，并取得了一系列成果，如发表论文、出版书籍、受邀报告和获得教学奖项等。截至 2017 年秋季，共有 463 名教职员工参与了教师发展计划，以便在 TILE 课堂上授课，教学实践能力得到了很大程度的提升。①学习空间的变革和学校的支持，促进了教师教学改革的积极性，提高了教师的教学能力。

因而，主动学习教室所带来的，不仅是学生的学习主动性、学习效果得到明显改善，使用主动学习教室授课的教师，其教学能力和专业素养也有明显的提升。

2.3　智慧教室

与主动教室相类似，正在兴起的智慧教室亦是将信息技术内引至物理学习空间的产物。许多研究表明，智慧教室环境支持学生在真实和虚拟的组合学习环境下进行互动，与学习内容和学习对象进行交流，并给予学生个体关注。②这种开放、真实的智能学习环境使学生获得独特的学习体验，增进他们的学习兴趣和学习动机。

2.3.1　智慧教室的概念

智慧教室，也称为智能教室/未来教室，在英文文献中常用“smart classroom”、

① Morrone A，Flaming A，Birdwell T，et al. 2017. Creating active learning classrooms is not enough：Lessons from two case studies. EDUCAUSE Review.

② Li B，Kong S-C，Chen G. 2015. Development and validation of the smart classroom inventory. Smart Learning Environments，2（1）：3.

"intelligent classroom"、"classroom of future" 或 "technology enhanced classroom" 来指代。关于智慧教室的概念，目前并没有一个统一权威的定义，国内外的认识也存在一定差异。对于这种新的学习空间，国外经常从它的学习功能和协作进行阐明，因此很少提及"智慧教室"这个名称，他们认为，"智慧教室"就是将主动学习教室用各种可以增强学习环境的技术工具进行扩充，因此更习惯称这类教室为"技术增强型教室"（TEC）①。随着技术的发展，技术增强型主动学习教室中所配备的设备越来越多，较典型的代表包括苹果明日教室（apple classroom of tomorrow，ACOT），麻省理工学院的TEAL等。因此，国外学者Akshey Jawa等将智慧教室定义为能够方便地存储教学中产生的信息，对教学活动生成及时的教学反馈，对设备进行智能化控制，快速完成资料和信息查找的学习环境。②

国内更加重视学习空间的功能设计和智慧化，因而我们称这种集成了多种新技术的主动学习教室为"智慧教室"。国内学者何克抗认为，智慧教室集云计算、传感网、无线网络、人工智能等新一代信息技术的功能于一身，是未来课堂教学的重要工具与手段，它能够支持真实的情境创设、启发思考、信息获取、资源共享、多重交互、自主探究、协作学习等多方面要求的教与学方式的教学环境，即能支持新型教与学方式的教学环境。③黄荣怀等指出，智慧教室是一种能"优化教学内容呈现、便利学习资源获取、促进课堂交互开展，具有情境感知和环境管理功能"的新型教室。④

杨宗凯教授综合了国内外对智慧教室的理解后指出，人与人工智能等信息技术高度协同的"人·技"结合形成了以学习者为中心的新型教育环境，是物理空间和网络空间的高度融合。⑤这种双空间一体化的学习环境，在物理空间上表现为智慧教室、终端设备、教具学具等，可实现物与物、物与人的泛在连接。这一解读强调了智慧教室的技术性和对主动学习方式的支撑性，即"人·技"结合，同时解读了智慧教室的实现形式，即智慧教室本质上属于物理学习空间，但与一般物理学习空间的区别在于，信息技术的大量应用能实现学习者与学习环境的泛在连接。结合上述解读，本书认为智慧教室是一种人与信息技术高度协同的、以学

---

① Skipton C，Skipton C，Matulich E，et al. 2006. Moving from dumb to smart classroom：Technology options and implementation issues. Journal of College Teaching & Learning，3（6）：19-27.

② Jawa A，Datta S，Nanda S，et al. 2010. SMEO：A platform for smart classrooms with enhanced information access and operations automation//Balandin S I，Dunaytsev R，Koucheryary Y. Smart spaces and next generation wired/wireless networking. Heidelberg：Springer：23-134.

③ 何克抗. 2015. 智慧教室+课堂教学结构变革——实现教育信息化宏伟目标的根本途径. 教育研究，（11）：76-81.

④ 黄荣怀，胡永斌，杨俊锋，等. 2012. 智慧教室的概念及特征. 开放教育研究，18（2）：22-27.

⑤ 杨宗凯，吴砥，陈敏. 2019. 新兴技术助力教育生态重构. 中国电化教育，（2）：1-5.

习者为中心的物理学习空间。

2.3.2 智慧教室的特征

在智慧教室所呈现的特征上，国外学者认为，智慧教室应具备信息的便捷存储、及时的教学反馈、自动化的设备控制和功能识别，快速、个性化的信息检索等功能①；能使用泛在计算技术增强学生之间的协作学习②；能提供多种教学工具以方便教师教学，能激发学生的学习兴趣，促进学生开展体验学习，同时实现多维化交互方式。③

国内学者黄荣怀等认为智慧教室的“智慧性”特征概括为内容呈现（showing）、环境管理（manageable）、资源获取（accessible）、即时互动（real-time interactive）、情境感知（testing）五个维度，提出了在国内学者中广为接受的智慧教室的“SMART”模型（图2-6）。④

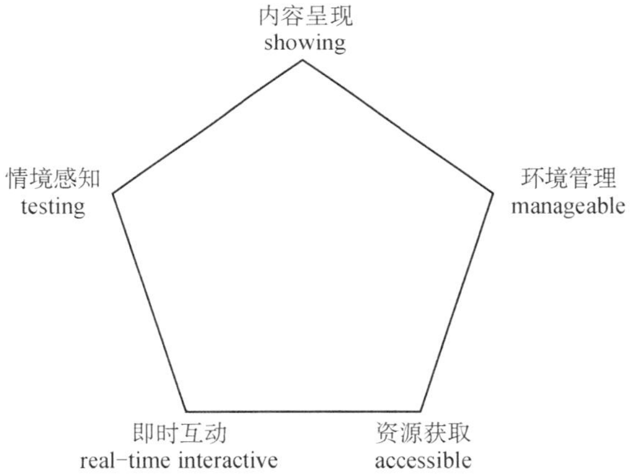

图2-6 智慧教室“SMART”模型

1）内容呈现。内容呈现包括视觉和听觉的呈现，主要表征智慧教室的教学信息呈现能力，不仅要求呈现的内容清晰可见，而且要求呈现内容的方式适合学习

---

① Jawa A，Datta S，Nanda S，et al. 2010. SMEO：A platform for smart classrooms with enhanced information access and operations automation//Balandin S I，Dunaytsev R，Koucheryary Y. Smart spaces and next generation wired/wireless networking. Heidelberg：Springer：23-134.

② Yau S-S，Gupta S-K，Karim F，et al. 2003. Smart classroom：Enhancing collaborative learning using pervasive computing technology. Proceedings of 2nd ASEE International Colloquium on Engineering Education，1-10.

③ Wong W. 2008. The case for smart classrooms. Community College Journal，79（2）：31-34.

④ 黄荣怀，胡永斌，杨俊锋，等. 2012. 智慧教室的概念及特征. 开放教育研究，18（2）：22-27.

者的认知特点，有助于增强学习者对学习材料的理解和加工。

2）环境管理。环境管理主要表征智慧教室布局的多样性和管理的便利性，即智慧教室的所有设备、系统、资源都应具有较强的可管理性，包括教师的布局管理、设备管理、物理环境管理、电气安全管理、网络管理五个方面。

3）资源获取。表征智慧教室中资源获取能力和设备接入的便利程度，涉及资源选择、内容分发和访问速度三个方面。在资源选择方面，智慧教室应能提供丰富的教学资源以灵活支持教学活动；在内容分发方面，所有与学生学习相关的学习资源及工具应能便利地分发到学习终端；在访问速度方面，资源的获取和终端的接入速度均应为高速接入，不影响教学活动。

4）即时互动。表征智慧教室支持教学互动和人机互动的能力，包括便利操作、流畅互动和互动跟踪三个方面。便利操作指的是智慧教室的所有互动设备及界面，具有操作简单、功能全面、导航清晰、符合学习者的操作习惯等特点；流畅互动指的是智慧教室中的硬件能满足多终端、大数据量的互动需求；互动跟踪指的是智慧教室能够记录并存储学习互动轨迹，为学习分析提供数据。

5）情境感知。表征智慧教室对物理环境和学习行为的感知能力。其中物理环境的感知主要指的是使用传感器技术实时检测和自动调节空气、温度、光线、声音、颜色、气味等物理环境因素。学习行为的感知指的是获取学习者的操作、情感等数据，分析学生的学习需求，提供适应性支持。

2.3.3 智慧教室的研究

我国对智慧教育环境的发展极为重视，《教育信息化十年发展规划（2011—2020年）》指出，要把“推进信息技术与教学融合，建设智能化教学环境”作为发展任务。[①]作为一种典型的智慧学习环境，智慧教室从根本上变革了教学系统各要素之间的关系，为教与学提供了一个开放、高效、互动的智能化体验环境。[②]智慧教室能有效支持主动学习活动的开展和评价，对学生与教师地位的转变起到了有效的支持与促进作用。业内对智慧教室的研究也主要集中在教学方式和学习评价这两个层面。

2.3.3.1 基于智慧教室的教学模式研究

智慧教室作为技术增强型主动学习空间，支持多种教学模式，包括演讲讲授、

① 中华人民共和国教育部.（2012-03-13）. 教育信息化十年发展规划（2011—2020年）. http://www.moe.gov.cn/publicfiles/business/htmlfiles/moe/s3342/201203/xxgk_133322.

② 王玉龙，蒋家傅. 2014. 以需求为导向的智慧教室系统构建. 现代教育技术，24（6）：99-105.

虚拟操作和小组协作三大类，这些教学方式充分利用了智能教室的架构特点，提倡并鼓励学生采用互动交流、讨论分享的参与方式，重点培养学生的探究思维能力和解决实际情境中问题的能力。[①]在智慧教室环境下，加拿大多伦多大学的学者 James D. Slotta 提出了知识社区与探究模式（knowledge community and inquiry）。通过异质分组，以合作学习任务为课程学习的主线，学生在知识社区相互积极交互，解决问题。充分体现了智慧教室空间设计与技术设计的特点，学生能自由、方便地交流和展示。该项研究的实验测试表明，知识社区与探究模式的应用提升了学生的学习成绩，提高了学生的协作能力、问题解决能力和信息技术运用能力。[②]当前我国关于智慧教室教学模式的研究还比较笼统，大多没有与具体学科相结合，为此，何克抗教授提出小学语文、英语和数学智慧课堂教学模式的建议，并认为，要将教学模式的变革真正落到实处，需要通过任课教师在课堂教学中最后真正涉及并实施。[③]

高度的互动性是智慧教室教学模式的典型特点，也是其智能型的体现。智慧教室中的教学交互工具包括课堂交互软件、课堂交互硬件设备和课堂交互系统平台。课堂交互软件包括各种可视化呈现工具，如教学动画、即时通信工具、应答系统等，可实现信息的呈现、教学过程的组织与调控以及课堂评价等。交互硬件设备则包括教学端呈现设备、教师端设备、学生端设备，包括电子白板、笔记本电脑、移动设备、交互桌等。而课堂交互系统平台则多基于学习管理平台实现，具备教学组织、模拟测试、即时互动等功能。[④]技术支持的教学交互可以促进学习者认知参与深度，提升学习者创新思维，并能显著提升学习者的深度学习水平。[⑤]例如，配备有全交互式智能课桌系统的智慧教室，在激励所有学生参与教学活动方面，其效果明显优于传统教室。而面向智慧教室的教学应答系统（ARS）则构建了互动教学课前、课中、课后一体化的互动反馈结构，在高中数学和历史课程中的教学应用证明了其有效性。[⑥]

2.3.3.2　基于智慧教室的学习效果评价

在智慧教室中，教师由课堂的主导者和知识的灌输者，转变为学生知识建构

---

① 胡卫星，田建林. 2011. 智能教室系统的构建与应用模式研究. 中国电化教育，(9)：127-132.

② 转引自：张亚珍，张宝辉，韩云霞. 2014. 国内外智慧教室研究评论及展望. 开放教育研究，20（1）：81-91.

③ 何克抗. 2015. 智慧教室+课堂教学结构变革——实现教育信息化宏伟目标的根本途径. 教育研究，36（11）：76-81，90.

④ 张美霞，沈蝴蝶. 2017. 面向智慧教室的课堂交互技术的分析与研究. 中国教育信息化，(16)：15-17.

⑤ 陈蓓蕾，张屹，杨兵，等. 2019. 技术支持的教学交互策略促进交互深度研究. 中国电化教育，(8)：99-107.

⑥ 李红美，张剑平. 2015. 面向智慧教室的 ARS 互动教学模式及其应用. 中国电化教育，(11)：103-109.

的帮助者。学生由知识灌输的对象和信息的被动接受者，转变为信息加工的主体、知识的主动建构者。这样的变革对学习效果有怎样的影响，是研究者关注的重点。

从智慧教室环境下的教学对学生学习情感动因影响方面，国内外学者分别从智慧教室对学生学习兴趣、注意力的影响，对学生情感投入的影响，对学生学习行为的影响以及对学生学业自我效能的影响等多个不同的角度开展了研究。多项实证研究表明，智慧教室充满了活力，能提高学生的学习兴趣、注意力；在智慧课堂教学由于其丰富的互动性和主动性，可提升学生的研究能力和元认知水平，有助于学生主体性的发挥，学生的情感投入更多，行为参与更加积极[①]；而针对智慧教室环境下学生的学业自我效能、学业压力和学习成效的调查研究表明，智慧教室环境下的交互式学习能有效提高学生的学业自我效能。[②]

除情感动因之外，学生的学习成绩是衡量学习智慧教室下的学习是否有效的重要指标。例如，一些学者的实证研究发现，智慧教室的课堂教学能显著提高学生的学业成绩[③④]，智慧教室整体上对学生学习成绩有正向影响。《智慧教室学习体验量表》与《智慧教室学习环境偏好量表》等测量工具的开发，则为智慧教室的评价提供了更多的视角。

2.4 自携设备

2.4.1 自携设备（BYOD）的概念

BYOD 最初由 Intel 公司提出，是指企业员工携带自己的设备，如个人电脑、

---

① 张屹，祝园，等. 2016. 智慧教室环境下小学数学课堂教学互动行为特征研究. 中国电化教育，(6)：43-48.

② Shi Y-H，Peng C，Yang H，et al. 2018. Examining interactive whiteboard-based instruction on the academic self-efficacy，academic press，and achievement of college students. The Journal of Open and Distance Learning，33（2）：115-130.

③ Anju P，Sharma H-L. 2016. Effectiveness of EDUCOMP smart classroom teaching on achievement in mathematics at elementary level. International Journal of Multidisciplinary Research and Development，2（6）：683-687.

④ Menon A. 2015. Effectiveness of smart classroom teaching on the achievement in chemistry of secondary school students. American International Journal of Research in Humanities，Arts and Social Sciences，9（2）：115-120.

手机、平板等智能终端设备等到工作场所并连接企业内部网络，以此提高工作效率，同时减少企业的资金投入。在 BYOD 模式下，企业不再为员工提供信息终端设备，而是为员工提供一种信息应用和分享的场景，允许员工利用自己的信息终端设备接入网络。因此，BYOD 也被认为是一种面向新型信息服务理念的资源整合以及综合信息服务模式。

由于 BYOD 具有快捷性和情境整合性等优势特性，其在教育领域也掀起了热潮。美国和欧洲的一些学校鼓励学生将私人移动设备，如手机、平板电脑等带入课堂作为学习工具，来获得广泛的学习资源，参与课堂教学与学习。[①]欧盟学校网发布的调查显示，截至 2015 年 7 月，平均有 75%的欧洲学校制定了 BYOD 策略，为了推进 BYOD 的有效应用，欧洲学校网还发布了《设计未来教师之自带设备——给学校领导的指南》为教育部门、校长及教师开展 BYOD 提供建议。[②]美国宾夕法尼亚州、犹他州、加利福尼亚州等多个州的学区也正在实施 BYOD 行动。此外，美国新媒体联盟发布的《地平线报告：2016 高等教育版》（*NMC Horizon Report: 2016 Higher Education Edition*）也将重新设计学习空间、转向深度学习途径作为高等教育发展的中期趋势，并将 BYOD 学习作为一年内广泛采用的技术。[③]由此可见，基于 BYOD 的学习正在成为教育教学中可以接受的一种终端解决模式。

学生自己携带的设备成为学习空间的重要组成部分，而这些设备具有灵活性、多样性和适应性等特征。自携的设备作为学习者与学习环境交互的接口，能方便将学习者“接入”学习空间，获取学习资源，因此 BYOD 是实体学习空间的拓展，且是个性化的拓展。在教育领域可以将 BYOD 定义为：教师和学习者通过个人终端设备，接入学校网络获取学习资源、开展教学活动。BYOD 是学习空间新的接入方式，带来了主动学习空间外延和扩展。

2.4.2　BYOD 的特征

BYOD 通过学习者自己携带的设备，将学习活动的主体接入学习环境。本质上 BYOD 可以看作是连接物理学习空间与虚拟学习空间的接口，承担着学习空间外联的重任。这种接口与教室或实验室中的固定设备不同，它可随学习者移动，有极大的时间和空间上的灵活性，是连接正规学习与非正规学习，支撑随时随地

① 汪丽，潘建斌，冯虎元. 2015. 基于 BYOD 的高校课堂新型教学模式研究. 现代教育技术，25（1）：39-45.

② 王萍，刘向永. 2016. 中小学 BYOD 实施国际进展述评. 中国信息技术教育，（17）：11-15.

③ Johnson L, Becker S-A, Cummins M, et al.（2020-10-22）. NMC Horizon Report: 2016 Higher Education Edition. https://www.learntechlib.org/p/171478/.

学习与终身学习的关键点。BYOD 受到广泛关注，与其用户驱动型、情境整合性、空间兼容性等特征密不可分。

1）用户驱动性。新一代的学习者大多是数字时代的原住民，伴随技术成长，习惯利用信息技术来获取信息并与同伴进行互动。这一代的学习者，对信息终端设备有自己的喜好和选择，就如同选择自己喜欢的笔和纸一样。BYOD 学习者利用他们自己偏好与常用的个人信息终端设备按照他们自己的需求主动获取、分享学习资源，有较强的熟悉感，情感上更易接受，操作上也更为熟练，学习过程呈现出用户主动激发与驱动的特性。

2）情境整合性。学习的效果受其所发生的情境的影响，BYOD 能做到学习环境的动态延展，在 BYOD 的连接下，教室、实验室、宿舍、家里、户外等任何地方都能成为学习场所，再现教学情境。同时，学习者也能借助自携设备从教室接入更广阔的互联网，借助搜索引擎和多媒体资源深入到真实情境中学习，做到理论知识与情境知识的结合。

3）空间兼容性。学习者用自己携带的设备接入学校学习资源，校内外使用同台设备，减轻了学习资源存储和转移的不便。自携设备所支持的随时随地学习，使学习空间得以延伸，实现了从课内到课外学习，从正规学习到非正规学习的无缝对接，具有高度的学习空间兼容性。

2.4.3 BYOD 的争议

作为新兴事物的 BYOD 在助推教学模式改革的同时，其普及伴随争议艰难前行。对于 BYOD 在教学中应用的种种担忧，从它进入教育领域的那一天起，就从未停止过。这种争议发生在十年前的欧美，同样发生在现在的中国。

1）经济负担转移之争。BYOD 引入教学领域，初衷之一就是节约成本，在部分地区教育财政预算紧张的条件下，鼓励学生自带设备进学校，可有效减轻学校教育成本，弥补因学校设备不足造成的信息技术应用不均衡的问题。然而从另一个角度看，由于设备需学生自行购买，而学生家庭经济状况参差不齐，所购置的终端设备性能各不相同，甚至有的家庭难以承担自购设备所带来的经济压力，这使得部分学生无法平等获取学习资源，产生新的信息鸿沟，引发新的教育不公平问题，甚至学生心理问题。因而，关于 BYOD 是否变相地将原本应由学校承担的经济压力转移到学生身上，一直存在争议。

2）便利与安全之争。BYOD 为学习者随时随地接入学校网络，访问学习资源提供了极大的便利，延伸了学习空间。但另一方面，大量自携设备接入校园网，相当于为校园网打开了众多入口，带来了潜在的不安全因素。外来设备使用 Wi-Fi 或有线网络接入校园网时，更容易被攻击、欺骗和破解，存在较高的信息泄露风险，甚至给校园整体网络环境带来较大冲击。网络病毒、信息泄露等安全问题也显得尤为突出。

3）干扰与促进之争。BYOD 教学模式中，自携设备能够最大程度减少学习者由于设备使用问题带来的学习干扰。学习者借助自带终端设备，通过文本、视频或音频等各种形式与教室外真实的情境结合，有助于延展课堂，促进探究式学习、讨论式学习等以学生为中心的学习活动的开展，达到提高学习效率和效果的目的。另一方面自携设备中所携带的各种游戏、娱乐视频以及其他应用程序，难免会影响学习者的注意力。BYOD 应用于教学到底是促进学习，还是干扰学习是一直争议不断的话题，因而部分学校和家长对 BYOD 应用于教学持保留态度。

2.4.4　BYOD 的研究

BYOD 进入教学领域是移动设备向日常生活和学习渗透带来的结果，这种新的学习空间接入方式，极大冲击了传统的学习模式。伴随诸多挑战和争议，BYOD 也成为教育领域热门的研究课题。基于 BYOD 的课堂学习模式、BYOD 应用于课堂教学的效果以及 BYOD 在推广和应用中待解决的问题，成为研究者们探讨的焦点。

2.4.4.1　基于 BYOD 的课堂学习模式

BYOD 与混合学习相结合，构成了 BYOD 支持的混合学习模式。BYOD 能够支持虚拟课堂与传统课堂的混合，学习者自携的终端设备延展了传统课堂学习空间，既便于访问虚拟空间学习资源，也便于课堂上将互动进行数字化呈现，实现将传统教学与虚拟教学的优势结合，构建师生学习共同体。相关实践研究表明，BYOD 支持的混合学习模式可有效提高学生的学习积极性、主动性。[①]BYOD 支持的正规与非正规混合学习模式，打破学习场所的局限，延展了学习时间，以学习者自己拥有的终端设备为媒介，摆脱“分钟课堂”和“教室围墙”的束缚，将学习纳入生活，使得学习者在任何地方、任何阶段都能进行学习。

BYOD 与探究学习相结合，构成了 BYOD 支持的探究学习模式。以课题研究为导向，学习者在以兴趣和需求为出发点，借助个人终端设备访问学校学习资源，

① 陈卓，何琳，王家林. 2018. 基于 BYOD 的混合课堂教学模式研究. 中国教育信息化，（18）：19-22.

开展主动学习、合作学习、基于项目的学习；增强学习者在网络环境下提出问题、分析问题和解决问题的能力。验证性研究结果显示，BYOD 支撑下的探究学习模式对学习者的信息搜索、问题解决、合作探究等 21 世纪必备学习能力的提高有促进作用。①

2.4.4.2 BYOD 应用于课堂教学的效果

国外关于 BYOD 的相关研究实践表明，基于 BYOD 的学习在很大程度上促进了学习的灵活性、适应性、交互性。②BYOD 在强化课堂内外教学互动、激发学生学习动机、支持学习资源即时获取、促进学习成果分享展示与评论交流、追踪课堂内外学生学习过程等方面具有独特优势，对主动学习活动的开展具有积极的促进作用。③

BYOD 一方面拓展了学习的时空，使得学生学习的时间从课上延展到课下，学习的地点从教室内扩展到教室外，保证学习可以随时随地发生；另一方面为课堂提供了对话机会，增加了学习过程中与教师、同伴之间的有效对话，促使学生积极地针对学习问题展开讨论交流、分析反思、同伴评价等活动，促进了学生对知识的主动建构。④

BYOD 在促进课堂教学中学生的社会性学习方面独具优势，主要表现在 BYOD 支持的期末作品同伴互评活动中学生之间互动频繁。此外，BYOD 支持的个体学习行为呈现一定的时间特性，主要表现在学生阅读学习资源的时间表现出一定的规律性。⑤实证研究的结果表明，教师和学生对 BYOD 的学习方式表示赞同和认可，BYOD 模式有助于调动学生的学习积极性，满足学生主动学习、个性化学习的需求。⑥

2.4.4.3 BYOD 在推广和应用中待解决的问题

正如前文所分析 BYOD 在教学中应用存在诸多争议，因而推广和应用中需建

---

① 唐翠兰，范福兰. 2017. 基于自带设备的高校“4S”教学模型的构建与应用. 现代教育技术，27（12）：38-43.

② Wu J-J，Zhang Y-X. 2010. Examining potentialities of handheld technology in students ’ academic attainments. Educational Media International，（1）：57-67.

③ Song Y，Siu C-K. 2017. Affordances and constraints of BYOD for learning and teaching in higher education: Teachers’perspectives. Internet & Higher Education，（32）：39-46.

④ 李葆萍，淮瑞英. 2017. 自带设备环境中的学习行为与学习效果研究——以“程序设计”课程为例. 现代教育技术，27（7）：26-32.

⑤ 张慕华，魏宁，李艳. 2019. 自带设备环境下学习者学习行为分析实证研究. 现代远距离教育，（3）：3-12.

⑥ 周丽，冯建平. 2016. 新媒体语境下自带设备（BYOD）在外语教学中的应用研究. 外语电化教学，（6）：64-67.

设教学环境，包括建设网络环境、硬件设备和教学资源，规范自携设备的标准。需加强教学制度建设，规范BYOD的合理应用。需加强信息安全防护，保障学校网络和自携设备的双向安全。最重要的是与教学过程结合，真正促进主动学习活动的开展。

1）学习环境建设。BYOD的应用虽节省了学校大规模购置终端设备的开支，但仍需建设和完善学校网络环境，大量的自带设备接入校园网将增大校园服务器的负担，学校需要扩容服务器，增加网络设备的投入，尤其是搭建支持学生自携设备的Wi-Fi环境。在软件环境方便，需要完善学校软件资源和教学信息资源的建设，引入或开发适合自携设备教学应用的APP 和学习平台，丰富可应用的教学资源。评估和制定自携设备的标准，规范设备的种类、型号等。

2）教学制度建设。自携设备多种多样，而且使用的主体是不同学习风格、不同学习需求的学生。为解决面临的各种各样的问题，学校应该制定相关的规章制度，规范BYOD的教学应用。例如，美国中小学在实行BYOD策略时，建立BYOD行动实施委员会来评价BYOD在学校环境下应用的优势与风险，为BYOD的教学应用制定有效的规划。①

3）信息安全防护措施。采取规范的安全管理模式，加强校园防火墙的建设，加强访问控制。明确师生的自携设备接入学校的信息系统时，其个人信息相对于内网管理者是透明的。加强师生的信息安全防范意识，确保师生用于接入数据的个人设备的安全性；确保数据的安全性与可靠性。

4）与教学过程结合。技术永远是为教学服务，信息化的实现并不在于要使用哪种尖端的信息化设施与设备，也不在于使用哪种技术或资源，而在于如何将信息技术与资源有效整合到教育教学过程中使其真正支持教师的教与学生的学，并能引起相应的变革，切实优化教育教学质量。BYOD与教学过程的结合是一种个性化的整合，是师生在信息化环境下对信息技术与教学所进行的主动整合，是一种真正有效的整合。②因而BYOD不一定适用于所有学校，不一定适用于所有课程，不一定适用于所有教师，也不一定适用于所有学生。是否应用自携设备，最终应考虑的是能否促进教与学。

---

① 赵慧臣，杜振良. 2015. 混合学习理念下“自带设备”（BYOD）教学应用的问题分析与对策建议. 中国电化教育，（12）：126-131.

② 李卢一，郑燕林. 2012. 美国中小学“自带设备”（BYOD）行动及启示. 现代远程教育研究，（6）：71-76.

第3章

技术外联：网络学习空间的发掘

在知识从传递到建构，学习方式从被动向主动转变的过程中，学习空间一直在动态变化与重构。主动学习教室等的出现使得主动学习模式得以在有限的物理空间实现，重新定义了传统意义上的课堂。而随着网络时代的来临，人工智能、移动互联网、富媒体、虚拟现实等技术的发展，则为学习进一步突破时空提供了技术条件。

3.1 网络学习空间

3.1.1 网络学习空间的概念

人类社会进入网络时代，学习空间向网络延伸，构成了网络学习空间。从教学的角度看待，网络学习空间是一种基于互联网的学习环境；从技术的角度看待，网络学习空间则更多被看作提供网络学习服务的应用系统。无论怎样定义，其前提均为传统学习空间的外延，其目标皆指向促进学习方式的变革。因而本书认为，网络学习空间是信息技术发展到一定阶段，传统学习空间在技术的推动下向外拓展的产物。一切以网络为媒介，在传统学习空间的基础上拓展的空间均是网络学习空间。

网络学习空间具有个性化、开放性、连通性的特征。[①]所谓个性化，既指网络学习空间功能个性化，能以网络学习社区、网络学习平台、网络教室等不同形式存在，满足多种学习需求；又指通过网络学习空间，学习者根据个人需求获取精准化的学习资源、差异化的学习指导，支持学生个性化的学习需求。开放性是网络的特性之一，网络学习空间继承了网络的开放性。与传统学习空间不同，网络学习空间打破了物理上的边界，学习者可以跨越空间访问学习资源、聆听教师授课、接受学习辅导、参与协作互动；学习资源和教师资源突破物理界限，面向更广大的学习者提供服务。连通性体现在物理学习空间通过网络相互连通、物理学习空间通过网络与虚拟学习空间连通、学习者与教师连通、学习者与学习资源连通、学习者之间通过网络的连通。正因为连通性，学习空间才得以延展。

3.1.2 网络学习空间的发展

技术是推动学习空间发展的动因，信息技术的应用程度决定了网络学习空间

① 毕家娟，杨现民. 2014. 联通主义视角下的个人学习空间构建. 中国电化教育，(8)：48-54.

发展的方向和速度。事实上，教学空间的延展并不是近几年才出现的新事物，教育界一直在尝试扩展物理学习空间，突破实体边界。早期的远程教育或远程学习，如函授、广播电视教学就是物理课堂的拓展和延伸，是学习空间突破时空限制的早期表现形式。但迫于传统邮件的时效性和广播电视的单向传播性，彼时的远程学习环境是当时技术条件下的产物，无论从数量上还是质量上，都不足以支撑主动学习。

直至 20 世纪 90 年代，伴随计算机的迅速普及和网络带宽的飞速提高，网络学习空间诞生。网络学习空间能提供媲美物理学习空间的环境、资源和交互，使远程学习发展到新的阶段，使基于网络空间的主动学习成为可能。归纳网络学习空间的发展，可以将其划分为四个阶段。①

（1）第一阶段（诞生萌芽）：20 世纪 90 年代

网络学习空间发展的第一阶段，技术上基于低速拨号调制解调器线路。受传输带宽的限制，早期在线学习课程多是基于文本的，并且严重依赖异步学习。主要的教学模式是高度互动的异步网络学习空间。这一时期，对低速网络学习空间最感兴趣的是那些原本使用广播电视开展远程教育的机构。宾夕法尼亚州立大学世界校区是这一时期的领导者。

（2）第二阶段（逐步推广）：2000—2007 年

到 21 世纪初，网络技术发展到 DSL 时代。随着带宽的增加，多媒体（图片、音频、视频）资源在网络学习空间的应用越来越广泛，同步网络学习空间成为可能。而社交媒体的出现，提供了新的网络空间互动方式。网络课堂不再仅仅被视为远程教育的工具，而是应用到主流教育中，取代或作为面对面课堂的补充，混合学习空间由此诞生。在这一阶段，欧美高校开始大规模推广线上、线下混合式课堂。学习管理系统（LMS）诸如 Blackboard、Desire2Learn 和 Moodle 开始流行，学习管理系统扮演了物理课堂中教学管理机构的角色，为师生提供了可独立存在或与物理课堂连接的虚拟学习空间。

（3）第三阶段（全面发展）：2008—2013 年

“慕课”（MOOC）是英文“massive open online course”的首字母缩写，音译为“慕课”，意译为“大规模开放式在线课程”。所谓大规模是指相对于传统的班级式授课来说，强调参与学习的学生规模之大，数量之多。开放是指相对于学校设置了入学门槛而言，慕课是面向所有人的。网络则是指接受课程的教学是在网

---

① Dziuban C，Picciano A-G. 2015. The Evolution Continues：Considerations for the Future of Research in Online and Blended Learning. https://library.educause.edu/resources/2015/6/the-evolution-continues-considerations-for-the-future-of-research-in-online-and-blended-learning.

络上进行的。[①]它是一种先进的教学理念，实现了以内容共享为中心的学习资源向以学习为中心的开放课程的跨越。"慕课"一词由 Dave Cormier 和 Bryan Alexander 于 2008 年创造，斯坦福大学、哈佛大学和麻省理工学院等知名高校迅速注意到这一新事物，Udacity、Coursera 和 edX 三大 MOOC 平台相继出现。在我国，学堂在线、中国大学 MOOC 等产品迅速跟进，网络学习空间在这一时期得到迅速扩张。

（4）第四阶段（融合创新）：2014 年至今

2014 年，融合创新阶段来临。混合式学习空间让学生与教师进行更广泛的互动，MOOC 的发展为混合学习提供了大量优质资源。而智能手机的广泛普及则迅速将网络学习空间拓展到移动端。这一阶段，网络学习空间衍生出各种形式的学习工具，学习分析、适应性学习、基于能力的教学、开放的资源、游戏化和多用户虚拟环境等新环境、新方法得以蓬勃发展。网络学习空间在移动互联网、移动终端、MOOC、混合式学习等多种技术、资源和方法的推动下进入融合创新阶段。

值得注意的是，网络学习空间在演进的过程中并不总是一帆风顺，对虚拟学习空间的探索伴随着对学习规律的探究，呈螺旋式上升。从早期的函授、广播电视教学演进为当今的异步和同步网络课堂，从早期的网络精品课程演进到当前的大规模在线开放课程，伴随着学习方式的改变，虚拟学习空间的布局也随之改变，而虚拟学习空间的改变，同样会带来新一轮学习方式的变革。变革和演进交替上升的道路曲折且未知，曾经风靡一时的网络虚拟社区"第二人生"（Second Life）[②]就是一个典型的例子。在"第二人生"流行的年代，大学也曾经试图以一种虚拟世界的形式拥抱在线教育，鼎盛时期全球至少有 300 所大学在第二人生虚拟平台开设课程或进行研究，但短短几年间，这些虚拟大学校园已全部被遗弃。尽管探索的过程艰难甚至伴随失败，但网络学习空间的发掘是信息技术外驱力和学习方式内驱力共同作用的结果，是学习空间拓展的必经之路。

3.1.3　网络学习空间的类别

网络学习空间通常分为异步网络学习空间和同步网络学习空间两大类。两者

---

① 陈淼，燕良轼. 2019. "慕课"的知识传播模式及其发展. 湖南师范大学教育科学学报，18（2）：106-111.

② Second Life 是一个免费的 3D 虚拟世界，用户可以在其中创建自己的虚拟角色，探索世界，与世界各地的其他居民会面，社交，参与个人和团体活动，在彼此之间建立、创造、购买和交易虚拟的财产和服务。网址：https://secondlife.com/.

的差异在于是否支持师生进行实时的网络学习。不管是哪种类别的网络学习空间，最初都来源于有迹可循的远程学习方式，只是互联网的出现为学习中的交互提供了技术上的便利，将原本慢速、单向的远程学习转变为高速、双向交互的网络学习，如表 3-1 所示。

表 3-1　从远程学习到网络学习

类别	异步（非实时）	同步（实时）
单向（非交互）	函授	广播电视教学
双向（交互）	异步（非实时）网络学习	同步（实时）网络学习

异步网络学习的起源可以追溯到 19 世纪末开始盛行的、基于邮件的函授教学和 20 世纪初基于录像带录制音频和视频的培训。异步网络学习始于 20 世纪 80 年代初期，得益于当时欧美发达国家在计算机技术上的大量投资和学习软件的开发。随着计算机和互联网的普及，异步网络学习空间开始形成。异步网络学习空间的出现极大地提高了学习的灵活性，且对硬件、带宽和终端设备要求并不苛刻，因此大多数网络学习都是通过异步网络学习空间开展的。然而完成度低、辍学率高是绝大多数异步网络学习的弊端。

网络传输速率的提高、视频压缩技术的发展和流媒体技术的诞生，使同步的网络学习成为可能。同步网络学习来源于早期广播电视同步教学的实践经验，依托现代网络通信技术，早期的单向同步传输变为当今的双向同步互动。在同步网络学习中，教师与所有学习者都同时“出席”，实时互动，利于教师指导，这使得同步网络学习更接近传统面对面课堂的组织方式。

3.2　异步网络学习空间

3.2.1　异步学习和异步网络学习空间

异步学习（asynchronous learning）是一种基于建构主义的学习方式，它使用网络技术和在线学习资源帮助学习者实现随时随地学习，强调以学生为中心和点对点的非实时交互。异步网络学习空间也称为非实时网络学习空间，是将自学技术与异步交互功能相结合，为支持异步学习而创建的虚拟学习空间。异步网络学习空间包括在线讨论区、社交媒体、课程管理系统、MOOC 平台及虚拟教室等。网络即时通信工具、电子邮箱也是异步网络学习空间中支持互动的常用组件。

异步网络学习空间将学习由物理环境迁移到虚拟环境，学习方法由以教师为中心的学习转变为以学生为中心的学习，这意味着在异步网络学习空间中，教师不仅仅是知识的传递者，更是教学的设计者、协助者和评估者。作为教学的设计者，教师重点放在如何在网络环境中，设计和组织能够有效传递知识的课程内容、教学方法和学习资源上。一旦课程的设计完成并上传后，教师就转变为学习的指导者。其重点转为借助网络媒介与学习者沟通、互动并指导学习。

对学习者来说，异步网络学习空间以学生为中心的本质特征要求学生积极参与并为自己的学习承担更多责任。异步网络学习空间客观上为学习者提供了主动学习的环境，学习者可以根据自己的时间和节奏灵活地访问在线学习资源，不受面对面授课的制约。除了正常的学习职责外，学习者还必须掌握学习网络课程所需的技术、适应与同伴和指导者使用新的沟通方式、通过与学习同伴的协作加强彼此的依赖性。

3.2.2 异步网络学习空间的特征

异步网络学习空间全天候开放，学习者可以随时使用多种终端设备访问远程学习资源，以便在家中、工作场所或他们选择的任何地方学习[①]，不受时间和空间的限制，具有高度的灵活性。得益于数据库技术、网络存储技术的发展，异步网络学习空间中学习资源和学习记录可回溯、追踪和分析，为反复学习、提升效果提供了便利。多种网络通信工具为高度的异步交互奠定了基础，而个体化的学习方式则满足了不同学习者差异化的学习需求。

（1）灵活性

在异步网络学习空间中，学习者在决定自己的学习地点、学习时间、学习进度上有相当大的自主权。在全天候开放的学习空间中，学习者可以自由选择学习开始的时间、学习持续的时长，不用过多考虑学习地点的选择，不需要和教师保

① Mayadas F. 1997. Asynchronous learning networks：A Sloan Foundation perspective. Journal of Asynchronous Learning Networks，1（1）：1-16.

持同步，学习者的个体差异和个性化需求得到了极大的尊重。从教学的角度看，教师在异步网络学习空间中，同样可以不受时空限制地上传课程资源，设计学习活动，这使得教师组织教学更加方便，学习活动开展的形式也更加灵活。从传统的在校学生，到在职学习者都可以从异步网络学习中获益。

（2）回溯性

异步网络学习空间通常为学习资源的存放开辟了专用的空间，资源可以长期保存。同时日志技术和数据备份技术的应用，使得异步网络学习空间几乎可以记录学习的全过程，从电子邮件到留言互动都可以电子存档。这为学习者随时返回并查看课程资料以及交互记录提供了便利。这种可回溯性带来的好处是，学习者在学习过程中，如果前面的知识点没有思考清楚，可以退回到该知识点进行再次学习，也可以查看教师、其他学习者的互动记录，查缺补漏、释疑解惑，有助于不同起点和进度的学习者对知识点的全面把握。

（3）异步交互性

当学习从传统物理空间拓展到异步网络学习空间，面对面的实时交互变得难以实现，但以网络为载体的新的交互方式的出现，为异步交互提供了技术基础。异步交互可以通过电子邮件、留言板、网络论坛甚至即时通信工具等技术手段实现。对部分学习者来说，这样的交互方式反而让他们感觉更加方便和随意，网络交流的平等性打消了面对教师的羞涩和拘谨。从另一个角度来看，在异步的交互中，考虑到异步网络学习空间的可回溯性，学习者向教师提出的问题往往经过自己一定深度的思考，而教师一般也不会轻易地回答，在这种交流过程中，师生双方都采取相对认真和严谨的态度，交互的质量和效率相对较高。

（4）个体化

异步网络学习空间中教师和学习者通常不是同时在线，因而无法实现实时的互动，客观上创造了相对独立和个体化的学习环境。学习者可以按照自己的节奏完成每一部分的学习内容，并有充足的时间独立思考和尝试解决在学习过程中遇到的问题，这使得学习者的自主性得到了充分的发挥。而教师为学习者提供的指导也是非实时和一对一的，这使得教师不仅有时间充分剖析学习者的个性化学习需求，而且能够为学习者提供有针对性的指导和帮助，实现了学习者学习的个体化。

3.2.3 异步网络学习空间的实例——录播式课堂

异步网络学习空间中提供的学习资源通常包括文字、图片、音频和视频等。

音视频以其直观性、可视化的特点，是网络学习空间中不可或缺的组成部分。其中大量的音视频资源是以录播式课堂的形式存在的。录播式课堂借助录播技术记录授课内容,能反复异步播放,是实现异步网络学习空间的典型方式之一,如图 3-1 所示。

图 3-1 录播式课堂场景

3.2.3.1 录播式课堂的模式

网络录播是将影像及声音记录成标准的网络格式并进行发布，信息的传播具有延时性和持久性。经济差异、教学模式的多样性都要求录播课堂具有良好的适应性，因而录播环境既有专门的录播教室，也有大量存在的、最普通的日常授课教室；既可以网络化规模应用，也可以单点应用。

录播课堂录制的模式包括传统录播模式、全自动录播模式、移动式录播模式、复合式录播模式四种。传统的录播模式是指现场录制加上后期编辑的录播模式。拍摄人员需要把摄像机、话筒等设备搬到现场，再通过视频线、音频线、控制线连接组成一套现场录制系统，然后通过后期的非线性编辑系统把录像素材进行选择和剪接，对片头和字幕进行一定的艺术设计，并把演示文稿的画面插入到主音视频中,最终制作成一部连贯流畅、主题明确并具有一定艺术效果的教学录像片。全自动录播模式适应精品视频公开课教学录像大量制作的需求，主要依托录播系统中的自动跟踪技术、远程自动控制技术和自动导播平台，实现无人值守情况下的自动录制和播出。移动式录播模式支持多路高清视频输入和一路高清视频 VGA 信号输入，是将计算机网络、视频采集与传输、音视频编辑、视频文件的发布等全部功能集中于一体，通过浏览器直接管理的一款功能齐全、简单易用的高清录播模式。复合式录播是集全自动录播和移动式录播进行多方交互的一种录播模式，其特点是录制的场景更为生动、全面，以及师生的互动友好。①

根据录播课堂的不同用途，录制好的课堂视频在后期制作时依据不同标准分为三种类型：专题制作类、录屏合成类、课堂实录类。专题制作类教学视频除了满足教学需要外，还具有较高的艺术水准，画面优美、制作精良。这一类教学视频通常需要专业的制作团队运用专业的摄录编设备进行专业级，甚至是广播级的制作，制作成本高且周期长。录屏合成类教学视频是通过录屏软件，将课程讲义、演示或演算过程以及讲解旁白所合成的视频格式的教学课件。这类教学视频制作成本低，个人即可完成，但适用范围有限，品质也难以保证。课堂实录类教学视频通过在教学现场多机位（通常为三机位）的拍摄，并经过后期的编辑加工，真实地记录了课堂教学的全过程，包括教师讲授、板书书写、课件演示、学生反应等。这一类教学视频具有较强的临场感，可以增强学习者的代入感。②在异步网络学习空间中，各种不同模式的录播课堂均存在。

3.2.3.2 录播式课堂的优势

作为实现异步网络学习空间的典型方式之一，录播式课堂继承了异步网络学习空间方便、灵活、高度异步交互的特征，在技术实现、易用性上都具有明显优势。

（1）学习灵活、指导充分

在录播式课堂中，学和教自成系统，是由学的个体化和指导的异步化决定的。学的系统和教的系统既能结合又能分开，教为学服务，学是教存在的基础，学决定教。教的实质是指导、组织、帮助和影响学生学习，只有实现了学生学习的个体化，教师才能实现指导的异步化。录播式课堂作为异步网络学习空间的实现形式之一，在为学生提供充分的自学时间和空间的同时，也为教师提供了进行异步指导的时间和空间。③

---

① 黄了非，韦军，郭淑华，等. 2014. 精品视频公开课录播模式分析与比较研究. 实验技术与管理，31（8）：185-187，199.

② 宋述强，钟晓流，李海霞，等. 2014. 面向 MOOCs 的云录播教学环境的设计与实现. 实验技术与管理，31（8）：177-180.

③ 黎世法. 2013. 异步教学法研究与实践 30 年. 课程 • 教材 • 教法，33（9）：3-10.

（2）录制方便、传播广泛

录播式课堂的录制地点不受限制，可以在专门的录播教室，也可以在普通教室，甚至是在图书馆、户外等场所进行录制。便携的录播设备，对录制环境要求不高，可以快速实现部署并进行录制。录播式课堂不需要实时传输，因而对网络设备和带宽的要求远低于直播课堂，适合多样化的网络环境，尤其适合网络条件不佳的学习者。

（3）形式多样、成本较低

录播课堂的制作过程灵活多样，通过录播课堂进行学习的方式同样灵活多变，可由学习者自主选择不同的方式进行观看。与直播课堂相比，录播课堂所需的录制设备、传输设备、接收设备技术要求都相对较低，加之录制后的视频既可独立作为教学单元，也可作为学习平台的构成资源，可以多次使用，且传播范围广、受众多，因而制作成本相对较低，经济实用。

（4）精雕细琢、保证品质

录播课堂由于不是实时传输，教师可事先做好细致准备再进行录制，在录制过程中，如果有新的教学思路，还可以重新录制。后期可以对录制内容进行剪辑，加入动画、文字、音频等素材，使课程视频更具表现力，获得高品质的课程。

3.2.3.3 录播课堂面临的挑战

录播课堂继承了异步网络学习即时性差的缺点，且随着人工智能、大数据、虚拟现实技术等新技术的出现，录播课堂面临以下挑战。

（1）临场感低、辍学率高

录播课堂为学习者提供了时间上和地点上的灵活选择，但是教师与学生的互动存在时延，教师不能及时发现学生的问题，导致学生在学习过程中遇到的问题无法及时得到解决，降低了学生的临场感。辍学率高已成为录播课堂乃至整个异步网络学习中最突出的问题。

（2）制作时间长、更新慢

尽管有不断更新的录播设备，但高质量的录播视频从制作到完成需要经过策划、拍摄、编辑和压缩上传等四个主要环节，每课时课堂实录的最少制作时间为2小时，需要消耗大量的人力、物力和时间，这些因素直接影响了录播课堂的更新效率。①而教学中反馈的问题，如果需要在录播课堂中进行调整和更新，又需要相

① 叶惠文，杜炫杰. 2009. 精品课程录播系统方案的设计与实施. 中国电化教育，（9）：111-114.

对漫长的制作时间，不利于教学的及时改进。

3.3　同步网络学习空间

异步网络学习空间方便、灵活、易实现的特点使其占据了网络学习空间的大部分份额，但与此同时，即时感差、临场感低、辍学率高是异步网络学习空间难以绕开的弊端。高速的网络通信技术、视频压缩技术和流媒体技术，为同步网络学习空间的出现奠定了技术基础。同步网络学习空间模拟传统实体课堂的情景和功能，提供了一个可以在互联网上进行同步教学和学习的平台，教师与不同地点的学生同时参与在线课程，打破了传统课堂对实体空间的限制，克服了异步网络学习空间即时感差的问题。

3.3.1　同步学习和同步网络学习空间

同步学习（synchronous learning）指的是教师和不同地点的学习者借助网络技术，同时参与学习。同步学习强调的是实时在线和即时互动。同步网络学习空间也称为实时网络学习空间，是开展同步互动网络学习所需的物理学习空间、虚拟学习空间的集合。

在同步网络学习空间中，学习者以个体、小组或整班的形式通过终端设备、互联网和音视频通信软件，实现与教师和其他学习者的同步交流。与传统学习空间相比，同步网络学习空间中，只是学习环境发生了部分变化，学生的个人学习风格和体验并没有太大改变，尤其是在整班参与的同步学习中，这一点体现得更为明显。

在同步网络学习空间中，教师和学习者利用网络技术建立沟通纽带，创建社会存在，协商课堂内容。教师可以给予学习者及时的反馈和评价，能实现师生间实时的语言和非语言互动。同步网络学习空间为学习者提供了更真实、更具有代入感的学习体验，与异步的、学习者自主控制进度学习空间相比，能支撑更高的学习水平。[1]在同步网络学习空间中，学生的即时性行为更加的突出，当学生承担更多的责任时，教师的角色就从知识的传授者变成了学习的促进者。

教师需充分了解并不是所有课程都适合在同步网络学习空间中开展教学，而且在教学设计上需更多地考虑远程实时互动的实际情况，例如，尽量采用较简单的课堂设计、称呼学生的姓名等方式拉近距离感，利用交互式电子白板等工具促进远程实时互动，合理设计等待时间以有效处理师生交互中的时延等。

3.3.2 同步网络学习空间的特征

与传统课堂和异步网络学习空间相比，实时网络学习空间具有鲜明的实时性、交互性、共享性、开放性和新颖性等特征。学习资源可以随时发布，师生之间实时互动，从而能够保证给学习者最真实的体验。

（1）实时性

在同步网络学习空间中学习，教师授课的图像、声音、文字等信息通过网络实时传输，学生和教师之间的交流也是实时的，这使得学习者能够随时向教师询问问题，及时地纠正自己的错误，提高学习动机和学习效率。

（2）交互性

同步网络学习空间所创造的网络面对面环境能够实现师生间的有效沟通，为学生创造了更多的参与机会，有助于发挥学生的主动性和创造性。同步交互的功能使得网络学习空间不仅是课程的展示平台，还是教师与学生、学生与学生之间的互动平台；不仅是传统教学的必要延伸，更是增进师生相互了解、因材施教、进行个性化教育的绝佳途径。[2]

（3）共享性

网络学习空间不受地域的限制，可以最大限度地在全球范围内实现资源共享。教师、学习者可以轻松地访问学习资源，开展网络面对面的交流，相互启迪。[3]同步传输技术将教师授课所在的物理空间以网络传播的形式共享给异地学习者，实现了更高层面的共享。

（4）开放性

网络学习空间的出现，为任何可以上网的用户提供了公平的学习的机会，而

---

① Hastie M，Chen N-S，Kuo Y-H. 2007. Instructional design for best practice in the synchronous cyber classroom. Journal of Educational Technology & Society，10（4）：281-294.

② 康琳娜. 2013. 关于创建高校国际法网络课堂的思考. 教育探索，（11）：92-93.

③ 蒋丽清. 2004. “个性化阅读”在网络课堂中的实现. 中国电化教育，（3）：33-34.

同步网络学习空间则能为远在异地的学习者提供与本地学习者同步学习的机会。异地学习者同步学习、实时交互，体现了同步网络学习空间的开放性。

（5）新颖性

同步网络学习空间的出现解决了传统课堂教学结束后无法再进行知识更新的问题。教师可以在实时授课结束后，借助于网络教学平台，及时地更新知识内容，与学生分享课程相关的最新信息，体现出信息时代知识快速更新的特征。

实时是一把双刃剑，在提升学习效果的同时，也在一定程度上降低了网络学习空间的灵活性。同步网络学习空间要求所有学习者和教师同步在线，课程学习有严格的时间表，给兼职学习者带来不小的挑战。此外，同步网络学习空间的核心要素是技术环境，这要求教师具备一定的技术素养，受设备和带宽的限制，使得学习者对学习场地的选择有一定局限性。而在学习评价方面，尽管同步网络学习空间已经十分接近面对面课堂，但是它仍面临如何避免在线同步评估中的作弊问题。

3.3.3　同步网络学习空间的实例——直播式课堂

网络直播式课堂是以通信为纽带，以同步互动为特征的网络学习空间实例。直播式课堂有多种组织形式，包含教学者和学习者都处在自己所熟悉的学习环境中，其中教学者包括主场主讲教师和客场辅助教师，学习者则为两个不同环境下的学生。直播式课堂在我国基础教育中有着重要的应用场景，这种学习空间的营造方式通过实时网络连接的方式使欠发达地区的学生能与发达地区学生在同一时间共同上课，一定程度上改善了我国教育发展不均衡的问题，缩小了城乡间、地区间的教育差距。

3.3.3.1　直播式课堂的模式

我国城乡在教育资源上存在显著差异，尤其是在师资力量上，差距明显。而直播式课堂能实现虚拟空间中的实时互动学习，通过城、乡学校互联互通，能够实现资源共享，为城乡中小学架起均衡发展的桥梁，因而是实现优质教育资源共享的重要形式，是促进教育均衡发展的有力手段。这种课堂因其能对身处异地的班级同步开展教学的特性，又被称为“同步异地课堂”。

目前我国使用的网络直播课堂大多是基于实时授课系统实现的，通常有基于视频会议系统的网络直播课堂、基于语音实时交互平台的网络直播课堂以及基于“视频+语音”实时交互平台的网络直播课堂。[①]直播课堂教学模式有多种形式，

① 吴鹏泽. 2007. 网络直播课堂应用策略. 电化教育研究，(7)：41-43.

如双师直播课堂、专递课堂等。其中，双师直播课堂是指一名教师在本地直播教室授课，另一名辅导老师在异地接收端教室管理教学现场，而学生通过屏幕观看直播教学的方式。双师直播课堂让不同地区的学生公平地享有同等水平的教学。专递课堂则考虑到不同地区学生间的差异，由拥有相对丰富教育资源的学校安排授课教师，通过现代化的教育设备，专门给几个教学点的学生进行异地网络教学，使授课内容和难度更贴近教育欠发达地区学生的实际需求。①

不管是哪种形式的直播式课堂，课程内容均由直播端教师讲授，接收端教师辅助，直播端教室和接收端教室之间师师、师生、生生可以进行实时互动。连接有多个接收端教室的直播式课堂，同步直播上课的学生就不仅局限于一个教室，使得接受优质教育资源的人数更加广泛。直播式课堂的教学场景如图 3-2 所示。

图 3-2 直播式课堂场景②

在直播式课堂中，课堂教学可以在本地直播教室和各个异地同步教室中同步开展，构成不同地点师生间、生生间的双向互动，真正实现实时全交互的课堂教学远程教育模式。本地直播主讲教室设备由操作终端、音视频采集设备、电子白板、实物投影仪、投影显示设备、音视频播放设备等构成。各异地同步教室由通信接收系统、辅导教师终端、音视频播放设备、音视频发言采集设备等组成，同步教室通过网络接收主讲教室传来的各种实时授课视频和各种学习资源。③

---

① 林晓凡，刘思琪. 2019. 面向高阶思维能力培养的直播教学策略. 现代教育技术，29（3）：99-105.

② 船尾一卷书.（2018-05-31）. 同步课堂共发展 名校带动助均衡——堂邑镇中心小学名校带动之与于庄小学和斗西小学进行同步课堂互动. https://www.meipian.cn/1crbsfiy.

③ 王成端，顾玉林. 2006. 同步课堂教学模式探讨. 西南科技大学学报（哲学社会科学版），（2）：97-100.

3.3.3.2 直播式课堂的优势

与录播式课堂相比，直播课堂的优势主要体现在即时性、互动性、仪式感、公平性等几个方面。[①]

（1）即时性

网络直播课堂是由教师实时传送的，教师不仅仅是单纯的讲授知识，还可以在学生有需求的时候，及时为学生答疑解惑，学习中的问题可以得到实时的反馈。在这种强实时性学习环境中，几乎没有滞后学习的情况发生，对学生而言，约束力显著高于异步网络学习环境，因而学生的参与感、课程完成度更高。同时，教师需要直播授课、实时答疑，面对更多的学生和更多的问题，也会感受到更强的约束力。在这种约束力下，教师能更加关注自己授课的态度和方法。

（2）互动性

直播课堂是在网络上进行直播教学，但并不是只有教师掌握主动权，在学习过程中学生和教师可以实现双向的即时交流，它像真实课堂教学一样还原线下教学场景，虽然隔着屏幕，但学生和教师、学生和学生可以通过麦克风、网络通信工具、弹幕等方式进行及时便捷的互动。在以班级为单位的直播课堂教学中，教师和学生可以通过摄像头看到对方，有助于教学中互动情感的传递，增强学生的临场感和投入度。

（3）仪式感

区别于传统课堂，直播课堂是一种新型的教学模式，它的出现给教师和学生带来了很多新鲜感，在这种新颖的教学模式下，教师和学生的参与感得到很大的提高。教师将会更加注重教学方式的创新，更加关注学生兴趣的激发，对课堂教学更具有责任感和使命感。而学生作为信息时代的原住民，在他们熟悉的网络学习环境下学习，有助于增强学生的仪式感，提高学生的学习动机和完成学业的效率。

（4）公平性

直播课堂可以打破时空限制，提高信息传递的速度与效度，师生不用走出校门，就可以实现交流、互动、优质教育资源共享，是提高偏远地区薄弱学校办学水平的一种重要形式。优秀学校帮助薄弱学校，强学科帮助弱学科，有利于提高课堂教学质量，缩小城乡教育差距，促进城乡学校协同发展、实现教育均衡发展。

---

① 倪俊杰，丁书林. 2017. O2O 直播课堂教学模式及其实践研究. 中国电化教育，（11）：114-118.

3.3.3.3 直播式课堂面临的挑战及对策

尽管直播式课堂在整合优质教学资源，促进教育资源均衡分布中已经起到了重要作用，但这种基于同步网络学习空间的学习模式要想被广泛应用，切实提高教育质量，还面临诸多挑战。

（1）增强有效互动

直播式课堂师生距离远，学生数量多。一个主场教室可能同时连接多个客场教室，学生数量是传统课堂的好几倍，学生多，出现的问题和状况也会相应增多，教师没有足够的时间解决每个学生的问题。设想中的频繁互动在实际实施中难以实现，异地学生与主讲教师间的有效互动远不能满足学生的需求，因而大大影响了学生的参与意识。很多远端课堂采用了多种措施弥补课堂交互，包括辅导教师在直播课堂上的插空提问、增加个性化交互处理，以及注重辅导课与课间的辅导答疑，但仍然无法完全弥补直播教学中缺乏有效交互的问题。[①]

（2）提升师生课堂情感交流

传统的教学模式中，教师不仅是知识的传播者，同时也是情感态度与价值观的培养者。虽然在技术上可以实现直播课堂的“网络面对面”，师生通过屏幕互相“看见”，然而实际上由于师生的分离性，教师很难像在传统课堂一样兼顾到每个学生的感受，也不容易捕捉到学生对提问的情感反应。[②]远程的学生也很难有机会与屏幕另一端的教师进行表情和肢体语言沟通，这一问题在一对多的直播式课堂中尤其明显。

（3）提高设备和技术保障能力

网络直播课堂是实时进行传输的，所以对网络的要求以及硬件的要求都比较高，需要相关的网络技术人员支持。在直播式课堂中，通常安排有大量技术支持人员帮助教师处理在直播课堂中所出现的任何网络问题。但在现有网络环境设备条件下，课堂直播中往往还是出现掉线、画面延迟或失真等技术问题。提高直播课堂的教学效果，给学习者更好的学习体验，硬件设备和技术保障能力还需进一步提高。

（4）调动异地学生积极性

由于存在师生有效互动不足、情感交流缺乏等问题，直播式课堂中，如何调动异地端学生的积极性是不容忽视的问题之一。此外城乡学生起点不均衡造成了

---

① 李爽，王磊，白滨. 2009. 基于卫星的远程直播教学模式评价研究——以成都七中网校为例. 开放教育研究，15（4）：86-92.

② 张志卓. 2019. 网络同步课堂中师生有效互动的探究. 基础教育研究，（5）：32-34.

发达地区直播课堂难以在欠发达地区直接复制。发达地区学生起点高、教学内容难度大，而在欠发达地区，尤其是农村学校学生普遍基础较弱，若直播课堂直接同步移植，难免“水土不服”“消化不良”。[①]“专递课堂”等新型的组织形式，为直播课堂的发展提供了新思路，但效果究竟如何还有待更多实际应用案例的检验。

① 周玉霞，朱云东，刘洁，等. 2015. 同步直播课堂解决教育均衡问题的研究. 电化教育研究，36（3）：52-57.

第 4 章
空间拓展：混合式学习空间的诞生

随着信息技术与教育教学融合的不断深入，混合式学习等新型教学模式应运而生，相应的学习空间创新也接踵而至。混合式学习空间强调充分利用信息技术，通盘考虑虚拟空间与物理空间，将分散的不同学习场所有机地相连，因地制宜地合理分布和优化组合，从而取得更佳的教学效果。

4.1 混合式学习与混合式学习空间

4.1.1 混合式学习的概念

混合式学习的概念最早来源于20世纪60年代的企业培训，为了提高培训效率，节省师资，采用了教师指导和计算机辅助培训相结合的方式。但直到20世纪90年代后期，才有教育机构用正式的术语来描述它。混合式学习是“在‘适当的’时间，通过应用‘适当的’学习技术与‘适当的’学习风格相契合，对‘适当的’学习者传递‘适当的’能力，从而取得最优化的学习效果的学习方式”①。这一定义由Singh和Reed于2001年提出，并被教育技术学界广为接受。从形式上看，混合式学习就是面对面学习和在线学习的结合，但其更深层次的含义包含了基于不同学习理论的学习方式的混合、教师主导的学习和以学生为中心的学习的混合、不同教学媒体的混合等②，因此混合式学习在内涵上包括四种混合维度。③

（1）学习理论的混合

混合式学习需要多种学习理论的指导，包括建构主义学习理论、人本主义学习理论、教育传播理论、活动理论、虚实交融理论、情境认知理论等，以适应不同的学习者，不同类型的学习目标，不同学习环境和不同学习资源的要求。倡导以学习者为中心，主动探索式的学习。

（2）学习资源的混合

混合式学习将线上和线下资源整合到一起，包括精心开发的在线课程、生动有趣的教师面授、同事的经验分享、全面的资料积累等。将资源尽可能多地整合到一个平台上，实现隐性知识显性化、显性知识体系化、体系知识数字化、数字知识内在化，则是学习资源混合的目标。

---

① Singh H，Reed C，Software C. 2001. A white paper：Achieving success with blended learning. Centra Software，1：1-11.

② 转引自：李克东，赵建华. 2004. 混合学习的原理与应用模式. 电化教育研究，(7)：1-6.

③ 黄荣怀，周跃良，王迎. 2006. 混合式学习的理论与实践. 北京：高等教育出版社：8-12.

（3）学习环境的混合

英国前首相 Winston Churchill 曾经说过，“我随时准备学习，但我不想总是被教导”。一个理想的混合式学习模式综合了多种功能，能够使学习者参与多个正式、非正式学习活动。它是建立在完全以学习者为中心的环境中，从信息到教学内容，从技能评估到支持工具，从训练到协作环境，一切围绕学习者展开。

（4）学习方式的混合

充分利用网络的力量，将网络学习与课堂面授有机结合。有实时与非实时、同步与异步的教师讲授，可进行讨论学习、协作学习，基于“合作”理念的小组学习，还有传统的和围绕网络开展的自主学习。

总之，混合式学习既要发挥实体空间里教师引导、启发、监控教学过程的主导作用，又要充分体现网络空间里学生作为学习过程主体的主动性、积极性与创造性。①

4.1.2　混合式学习的类别

混合式学习具有高度的灵活性。按实现方式可以将混合式学习划分为轮转模式、弹性模式、自我调节模式和增强虚拟模式四种，每种模式又可细分为更多的组织方式②，如图 4-1 所示。

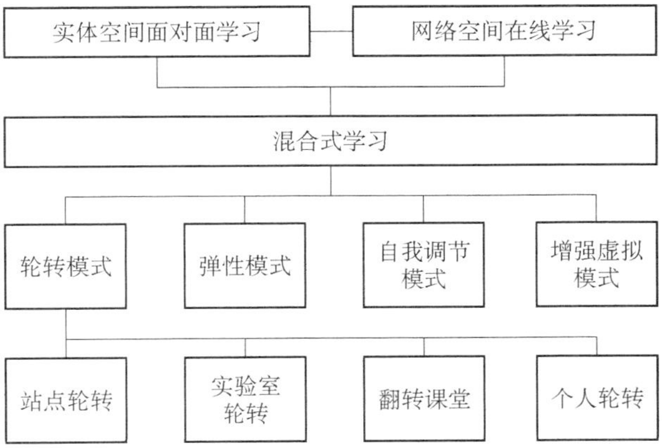

图 4-1　混合式学习的实现方式

① 何克抗. 2004. 从 Blending Learning 看教育技术理论的新发展（上）. 电化教育研究，(3)：1-6.

② Staker H，Horn M-B. 2012. Classifying K-12 blended learning. Innosight Institute.

4.1.2.1 轮转模式

在轮转模式（rotation model）中，学生在面对面课堂和网络学习这两种不同的学习方式中交替适应。这一模式指的是，在给定的课程或科目中，学生按照固定的时间表进行轮换学习，或者由教师自行决定采用哪些学习方式，但其中至少有一种是在线学习。其他方式包括小组或全班教学、小组项目、个人辅导、作业之类的活动。轮转模式中又包含四种实现形式。

1）站点轮转（station-rotation model）。在站点轮转模式中，学生按照固定的时间表或者按照教师的安排在课堂的学习中轮转。轮转的站点包括小组学习、全班授课、小组项目、个别辅导、书面作业等，但所有站点中，至少有一个在线学习站点。

2）实验室轮转（lab-rotation model）。在这种模式中，学生按照固定的时间表或教师的安排在实体校园的各个地点中轮转。这些地点中至少有一个是在线学习的实验室，而其他地点则可以是传统的教室。实验室轮转与站点轮转不同的是，站点轮转实际上是在同一间教室中完成一门课程或一个主题的教学，站点指的是教师在同一教室中安排的各个学习环节。而实验室轮转需要学生到校园的不同教室和网络实验室中去。

3）翻转课堂（flipped classroom model）。在指定的课程或科目中，学生每个工作日按固定的时间表在学校面对面的教师指导课堂和在线学习之间轮转。也就是说学生每天放学后要在家里通过互联网完成绝大部分学习，上学时则在学校接受教师面对面的指导和参与同学面对面的讨论。翻转课堂的学习主要是在线完成的，面对面的课堂用于讨论和答疑，以及辅助在线学习，这使得它与仅在晚上在线完成家庭作业是不同的。

4）个人轮转（individual-rotation model）。在这种轮转中，学生以个体为单位，按照个性化定制的固定时间表轮换学习方式，其中至少有一种是在线学习。与其他轮转方式不同的是，学生是以个人为单位进行轮转学习的，学习是个性化的。而且不是每个学生都必须要轮转到所有站点学习。

4.1.2.2 弹性模式

在弹性模式（flex model）中，主要通过互联网提供内容和指导，学生按照为个人定制的、灵活的时间表进行学习。教师提供现场授课，教师或辅导教师根据学生的需求，以多种不同的方式提供面对面支持，例如小组指导、小组项目、个人辅导等。在弹性模式中，有些项目可能每天都有教师提供面对面的学习指导，而有些则较少提供，所以这种模式弹性较大。

4.1.2.3　自我调节模式

自我调节模式（self-blend model）要求学生自己选择额外的一门或多门在线课程，来补充学校课程缺少的部分，以获得学位或认证。在这种模式下，教师是在线的，学生可以在实体校园或其他地方学习在线课程。在这种模式中，除了学生选择的在线课程外，其他课程是在实体校园中与面对面的教师一起完成的。

4.1.2.4　增强虚拟模式

增强虚拟模式（enriched virtual model）是整个学校一起参加在线课程。在每个课程中（例如数学课），学生的一部分时间是到实体学校学习，另一部分时间则是在线学习。因为这种模式是全校性的行为，所以学生并不是每个工作日都到实体学校上学，这一点与翻转课堂很不一样。又因为它不是学生以个人为单位学习几门在线课程，而是全校集体性参与，因此与自我调节模式也不同。

4.1.3　混合式学习空间的构成

混合式学习空间是为支持混合式学习方式而构建的物理学习空间和网络学习空间的集合。在混合式学习空间中，教室虽然是学习的主要场所之一，但绝不是学习空间的唯一形式，信息技术以非常自然的形式融入学习活动中。对于信息时代的学习者而言，网络学习空间和物理学习空间一样是学习空间的自然组成部分，两者可以无缝切换，没有任何障碍。而空间的混合使得学习可能不一定按照传统的顺序进行，有可能课堂会被“翻转”，交互和协作在学习中所占的份额越来越大，最终，学习者获得的是知识的主动建构，而不是学习内容的被动接受。

混合式学习空间的构成如图 4-2 所示，教室作为正式的学习场所是物理学习空间中最重要的构成部分，除此之外宿舍或家中是私人的物理学习空间，图书馆、休息室则构成了物理上的社会学习空间。一般来说，这些物理空间之间有明显的边界，道路和走廊是连接物理空间的接口。网络学习空间的主体是学习平台，它构成了公共的网络学习空间，电子邮件、个人即时通信工具则成为未经授权无法进入的私人网络学习空间，网络社交媒体或讨论区的功能类似于物理空间的休息区或图书馆，是网络学习空间中的社交空间。与物理学习空间不同的是，不同功能分区的网络学习空间能方便地互联互通甚至组合在一起，例如，某些学习平台既提供正式的网络教室，也提供社交空间，还为学习者提供私人网络空间。

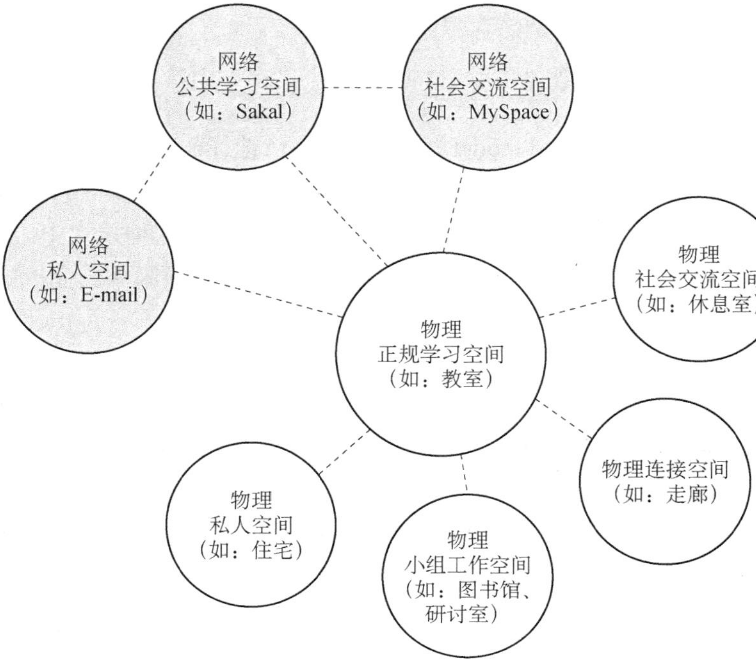

图 4-2　混合式学习空间的构成①

在混合式学习空间的设计中，最重要的是学习者与学习空间之间的接口。泛在计算将技术嵌入物理学习环境中，创造了人机连接的前提条件，但物理学习空间的构成同样会影响网络学习空间的访问，使用网络学习空间的体验将会根据学习者所处物理环境的不同而产生差异。

4.1.4　混合式学习空间的特点

混合式学习空间并不是物理和网络两种学习空间的简单相加，而是通过学习空间的重新设计让两者的优势都得到最大化发挥。因此，混合式学习空间具有以下四个特点。

（1）支持以学习者为中心的主动学习

技术的增强与辅助使以学生为中心的学习方式变得更容易实现。正如技术能在很多领域实现大规模定制以满足不同人群多样化需求一样，网络学习空间让学习者可以随时随地以各种途径和进度开展学习，而面对面的物理学习空间

① Oblinger D. 2006. Learning spaces. Boulder：EDUCAUSE：114.

则让教师与学习者之间、学习者与学习者之间进行更广泛和深入的互动，促进协作学习的发生。两者的混合有助于降低面对面讲授的时间成本并提升在线学习的质量。因此，混合式学习空间为学习者采用不同途径迈向同一目标提供了一个简便的方式，同时解放了教师，促进了以学习者为中心主动学习活动的产生和普及。①

（2）支持知识的多种表现形式

混合式学习空间因其兼具物理和网络两种学习空间的特征，因而在学习活动中可以针对学习者的接受水平和学习的不同阶段设计不同的知识表现形式。尤其是可视化工具的应用，可以实现知识的多元化表征，丰富的外显形式不仅能吸引学习者的注意，更能够引发新形式的讨论和参与，丰富和拓展学习者的思路与观点，多视角的理解对于深层次、发散性的思维训练至关重要。提供多样化而非单一的观点、资源和表征能够加深个体对知识的理解和建构。

（3）提高了学习参与度和灵活度

单一的学习空间不可避免地会限制以某种方式的学习者的范围。尤其是传统学习空间，容积、设备、师资等条件都很大程度上将学习者限定在特定的人群，而混合式学习自引入网络空间后，实际上扩大了学习者的范围。而相比单一的网络学习空间，混合式学习空间为教师和学习者都提供了更大的灵活度，可以用较少的课堂时间达到同等或更好的学习效果，让学习者在不同的地点和时间完成更多课程的学习，从而更好地适应学习者的时间安排。同样，教师能在更大范围的学习空间中施展才华，使用新的、多样化的教学方式，而不再局限于传统意义上的讲课，师生双方在课程理解上都能获得更多的及时反馈，这使得学习者的即时感和参与感提升、辍学率大幅下降。

（4）优化了成本并提高了学习效率

混合式学习空间能平衡和优化学习平台、学习资源的开发部署成本和时间。百分百在线的网络课堂，如果要达到资源足够丰富和个性化，制作成本将很高，而组织单一的面对面的课堂又必须付出高昂的人力和空间成本，但是将两者结合起来，则能够在两方面达到平衡，节约成本。根据美国教育部门的报告显示，虽然混合式学习空间的应用节约了成本，但它所支持的在线学习和面对面元素的混合所取得的效果，并没有缩水，反而比两种学习方式任一种单一进行的效果要更好，田纳西大学和斯坦福大学的最新研究也提供了这方面的证据。②

---

① 王晶心. 2019. 以学习者为中心的混合式学习环境：理论基础与教学策略. 中国教育信息化，（21）：1-6.

② Singh H，Reed C，Software C. 2001. A white paper：Achieving success with blended learning. Centra Software，1：1-11.

4.2 混合式学习空间的应用：翻转课堂

4.2.1 翻转课堂的概念

翻转课堂（flipped classroom）是为了将以教师为中心的学习转变为以学生为中心的学习而重新定义课内外时间安排的一种学习模式。翻转课堂通过混合式学习空间得以实现。学生按照自己的进度在家中登录网络学习空间，完成绝大部分课程内容，物理学习空间则被用来答疑解惑、组织讨论和协作学习，这使得翻转课堂的实现形式与传统课堂大不相同，课堂好像是被“颠倒”过来了一样。混合式的学习空间是翻转课堂得以实现的物质基础，而以学生为中心的主动学习方式则是翻转课堂的核心。

翻转课堂是混合式学习的实现方式之一，从类别上看，属于轮转模式。轮转模式指的是学生在面对面课堂和网络学习这两种不同的学习方式中交替进行，在翻转课堂中，这种轮转是以学生在家进行网络学习，在校进行面对面的讨论和协作的模式来实现的。在多种不同的混合式学习实现方式中，翻转课堂取得了令人瞩目的成功，可以说是最受关注的一种混合式学习实现方式。

Jon Bergmann（翻转课堂的创始人之一）是美国的一名高中化学教师，他为了帮助因为参加课外活动和比赛而错过大量课程的学生，将所有的课程内容都预先录制好视频发给学生，让学生先在家观看视频作为“家庭作业”，课堂上的时间则用来帮助学生解决没有弄懂的难题，令人意外的是，这种方式的教学大大提升了学生的学习效果。[①]他们将这种“授课”和“作业”的完成空间颠倒过来的学习方式称为翻转课堂。这种学习方式很快成为教育者关注的热点，并被美国许多中小学接受和采纳。2011 年，翻转课堂被加拿大的《环球邮报》评为 2011 年度影响课堂教学的重大技术革新。[②]2014 年和 2015 年，翻转课堂分别被美国新媒体联盟发

---

① Bergmann J，Sams A. 2012. Flip your classroom：Reach every student in every class every day. Alexandria：The Association for Supervision and Curriculum Development：82-83.

② 张金磊，王颖，张宝辉. 2012. 翻转课堂教学模式研究. 远程教育杂志，30（4）：46-51.

布的《地平线报告》基础教育版和高等教育版列为 1—2 年内将会广泛应用的关键学习技术。

4.2.2　翻转课堂的特征

与传统课堂相比，在翻转课堂中学习方式发生了极大的颠覆。课前，教师通过微课程设计，录制视频发给学生或者让学生观看学习平台上的教学视频，学生根据自己的学习进度进行个性化学习，对于不懂的问题可以重复观看以加深对知识点的印象和理解。在课堂上，学生通过小组协作的形式讨论问题，对于不能解决的难题，由教师进行针对性指导。并且可以通过现代教育技术在课中就对教学效果进行反馈性评价，学生对知识点的掌握情况可以一目了然，教师可以及时地调整教学步骤以便学生能够达到更好的学习效果。因此，翻转课堂与传统课堂相比，具有完全不同的特征。

（1）突破了时空的局限

传统课堂的时间地点总是固定的，学习者如果因为各种原因而错过了上课，则很难将课程补回来。更重要的是，同一个课堂的学习者存在个体差异，很难达到统一的进度，同样的知识点，有些学习者很快就能掌握，而另一些则需要花费数倍的时间和精力。然而在翻转课堂中，每个学习者都可以根据自身的节奏自主学习，这不仅为受时间地点限制的学习者带来了极大的便利，同时也为学习者提供了差异化的学习条件。

（2）重新分配了课堂时间

在翻转课堂中，原本在传统课堂上讲授的内容由学习者在家访问网络空间完成学习，而原本是在课外完成的家庭作业被迁移到课堂上，因此课堂时间得以重新分配。学习新知识的任务放在传统课堂以外完成，使得学习者有更充裕的时间完成知识的内化和建构，而课堂上开展的交互和协作则加深了学习者对知识的理解。由于在课后做了充分的准备，课堂上的交互会更加高效和有针对性。

（3）构建了新型师生关系

在传统课堂中，以教师为中心的教学结构占据主要形式，在课堂上，教师主要以讲授的方式向学生灌输知识点，被动的教学方式不利于学习者主动性的发挥和创新思维的发展。翻转课堂则是支持主动学习的教学模式，无论是课后自主的网络学习，还是在课堂上和伙伴讨论进行协作学习，都是围绕着以学生为中心的形式展开的。因而翻转课堂教学模式极大地改变了传统的师生关系，构建了一种新型的和谐师生关系。[①]

（4）有利于深度学习的开展

传统的教学模式是先教后学，而翻转课堂则是先学后教，学生在课前自主学习的过程就是一个知识内化的过程，知识内化是学生是否深度学习的一个重要的体现。通过知识的深化、拓展、巩固和总结等教学环节，促进学生的认知水平朝着高水平发展。[②]

4.2.3 翻转课堂的应用研究

翻转课堂自 2007 年提出，至今已有十余年，从热烈追捧到理性对待，再到应用和创新，一线教师和研究者围绕翻转课堂中的学习模式设计、翻转课堂与其他学习模式的结合应用、翻转课堂的适用范围及其在各科教学中的应用效果展开了激烈的探讨和深入的探索。

（1）翻转课堂中的学习模式设计

翻转课堂最基本的学习模式是新知识的学习在课前通过网络学习空间完成，作业、答疑、讨论和互动在传统的物理课堂空间完成。但某种新的学习模式从提出理念到付诸实施，仅有基本的框架远远不够，需要具体可实施的模式设计。Robert Talbert 提出的学习模式由课前和课中两个环节构成，学生在课前观看教学视频，然后进行课前练习，之后学生进行线下课堂，首先完成少量的测试，对概念性知识点进行巩固，促进对知识的理解和吸收，最后教师根据答题情况进行反馈。[③]由于加入了课前和课中的练习环节，有利于知识的巩固，并且也有利于教师了解学生知识点的掌握情况。张金磊等在 Talbert 的基础上又进一步拓展了翻转课堂的学习环节。在课中，为了创建个性化的学习环境，对线下教学活动进行了更为具体的设计，包括确定问题、创建环境、独立探索、协作学习、成果交流、反馈评价六个部分[④]。该模式以信息技术为依托，强调了交流平台和活动学习的作用。杨玉芹结合我国翻转课堂实践发展问题，提出了启发性挫败的翻转课堂实施模式，该模式下的学习任务与活动设计包括建模/创新和巩固/整合两个步骤。建模阶段，学生对新颖复杂的问题进行建模，为学生提供探究多重问题表征方式与解决问题优

---

① 何克抗. 2014. 从“翻转课堂”的本质，看“翻转课堂”在我国的未来发展. 电化教育研究，35（7）：5-16.

② 乐会进，蔡亮文. 2019. 促进深度学习的翻转课堂研究：认知负荷理论的视角. 教学与管理，（12）：92-95.

③ Talbert R.（2015-12-20）. Inverting the Linear Algebra Classroom. http://prezi.com/dz0rbkpy6tam/inverting-the-linear-algebra-classroom.

④ 张金磊. 2013. “翻转课堂”教学模式的关键因素探析. 中国远程教育，（10）：59-64.

势与局限的机会。在巩固阶段，学生根据问题表征与解决方案进行对比，从而整合成正统的问题表征与解决方案。这种翻转课堂模式促进了学生问题解决和创新学习能力的发展与提高。[①]郭建鹏提出的 O-PIRTAS 翻转课堂模式将翻转课堂划分为准备阶段和实施阶段，在准备阶段中，增加了形成性评价、线上评价和小组评价，强调了评价的诊断和调节教学的作用；在实施阶段，该翻转课堂模式涵盖了包括目标、准备、教学视频、回顾、测试、活动和总结七个环节。[②]

（2）翻转课堂的学科应用

任何新事物都有其适用的领域和范围，翻转课堂作为颠覆传统学习方式的新模式也不例外。根据国内外相关文献分析，翻转课堂主要应用在高校大班教学的基础类课程中，如大学英语、计算机基础等公共基础课。这类课程一般学生人数众多，传统课堂教学难以取得令人满意的效果，且课程内容主要涉及专业基础知识，在学习方法上注重理解和记忆，且课程内容的延展性强。实证研究结果表明，此类课程在翻转课堂中的教学效果非常明显，由于课程入门相对简单，学习者通过前期网络课程的自主学习完全可掌握基本知识体系和框架；而课程的延展性又需要通过学生之间、学生与教师之间协作来共同完成，课堂上的答疑和互动恰好能满足这一需求[③]；班级人数众多使得这类课程在传统课堂教学上教师难以照顾到每个学生的个性化需求，翻转课堂作为混合式学习空间的实践案例，将学习空间延伸到课后和网络上，使有限的课堂时间得以拉长，空间得以放大，面对面的时间得以充分利用，每个学生的学习情况能够被最大范围地关注到，因此翻转课堂在此类课程中取得显著的绩效。对于逻辑推理过程较为复杂、专业性较强的课程，如能根据课程内容和学生需求精心设计，翻转课堂的应用也能取得较好的效果。例如，翻转课堂在数据结构课程中的应用就在一定程度上缓解了课堂讲授时间长、内容多、学生认知超负荷、个性化需求得不到满足等问题，在采用翻转课堂模式教学后，学生课堂自主活动时间得以保障，批判、探究、创新性思维有所加强，初步的实验研究结果表明，采用翻转课堂教学的实验班比对照班期末平均成绩提高了 10%。[④]翻转课堂在美国一些中小学有较多的应用经验。翻转课堂发源地的林地公园高中在外语、数学、科学、语文与社会科学、体育等课程中应用了翻转课堂教学，师生对此都给予了较高评价。密歇根州的克林顿戴尔高中 2010 年在新生

---

① 杨玉芹. 2014. 启发性挫败的设计研究——翻转课堂的实施策略. 中国电化教育，(11)：111-115.

② 郭建鹏. 2019. 翻转课堂教学模式：变式与统一. 中国高教研究，(6)：8-14.

③ 翟雪松，林莉兰. 2014. 翻转课堂的学习者满意度影响因子分析——基于大学英语教学的实证研究. 中国电化教育，(4)：104-109，136.

④ 刘小晶，钟琦，张剑平. 2014. 翻转课堂模式在“数据结构”课程教学中的应用研究. 中国电化教育，(8)：105-110.

班级试用翻转课堂模式，一个学期后，学生学业成绩有大幅提升。①明尼苏达州的拜伦高中从 2010 年开始在数学学科采用微视频与翻转课堂形式教学，经过一年的努力，学生的学习兴趣得以极大提升，学习动机明显增强，学生学习水平得以提升。②与国外翻转课堂相对广泛地应用于中小学不同，我国翻转课堂的主要阵地是大学课堂，这与不同国家的基础教育体系有一定关联。尽管如此，在少数中小学的试点研究表明，教师、学生、学校管理者对翻转课堂均给予了正面评价，认为这种新颖的学习模式确实对学生自主学习有促进作用，但受硬件环境、教师素养、社会观念的限制，翻转课堂在我国中小学的应用还有很大的探索空间。

（3）翻转课堂与其他学习模式的结合

翻转课堂的实施效果主要取决于课前知识的学习和课中课堂活动的组织。最初，供课前学习的网络空间学习资源均为授课教师收集制作，课程视频是否对学生自主学习有足够的吸引力，知识讲解是否透彻，是否便于观看都直接影响课前学习的效果，这要求教师在专业知识和教学能力之外，还要具备较高的信息技术应用技能。教师负担重，信息技术应用能力不达标在一定程度上制约了翻转课堂的应用。将 MOOC 和翻转课堂结合，用高质量的 MOOC 资源部分替代教师自制资源，一方面解放了教师的劳动力，另一方面也提高了学生课前学习的效率和质量。MOOC 与翻转课堂均是混合式学习空间的具体应用，两者具有较高的同一性、互补性与耦合性。MOOC 是依托名校完成课程教学过程，完整的课程结构、一流的名师主讲、专业的开发团队保证了教学资源的设计与制作质量，而这些优质的“名校+名师+名课”资源正是翻转课堂学生课前学习与课内训练所需的。此外，MOOC 是免费开放的网络课程，通常依托完备的网络学习平台上线，是成熟易用的网络学习空间，具有使用上的便利性。翻转课堂与 MOOC 相结合，可根据课程需要将课前学习资源完全或部分用 MOOC 资源替代，也可以在 MOOC 资源上进行二次课程开发，两者的结合实现了学习资源的整合与充分利用。③SPOC 是 MOOC 与传统课程相融合的产物，规模和开放性的限制以及融入授课教师二次开发的网络学习资源，都使 SPOC 比 MOOC 更适合作为翻转课堂的课前和课后支撑。④项目式教学所包含的教学内容往往比传统课堂讲授式教学多得多，因而课堂

① Alvarez B. 2012. Flipping the classroom：Homework in class，lessons at home. The Education Digest，77（8）：18.

② Fulton K. 2012. The flipped classroom：Transforming education at Byron High School. Digital Schools，（4）：18-21.

③ 曾明星，周清平，蔡国民，等. 2015. 基于 MOOC 的翻转课堂教学模式研究. 中国电化教育，（4）：102-108.

④ 薛云，郑丽. 2016. 基于 SPOC 翻转课堂教学模式的探索与反思. 中国电化教育，（5）：137-142.

时间往往不够用，翻转课堂与项目式学习方式的结合则有效缓解了课堂时间紧张的问题，学生可以在课前通过对学习资源的自主学习完成知识和技能的学习，为课堂上参与项目实践预留出充足的时间，以此弥补项目式教学中课堂教学时间紧张的缺陷；同时，课前学习中视频化的实操讲解，在一定程度上解决了项目式教学中实践情境难以模仿的问题，对项目式教学产生积极的影响。[①]

4.2.4　翻转课堂优势和挑战

4.2.4.1　翻转课堂的优势

翻转课堂学习模式是一种基于混合式学习空间的，以学生为中心的主动学习模式，因而兼有混合式学习和主动学习的优势。

（1）兼具灵活性和直观性

翻转课堂是混合式学习空间的典型应用，在本质上是面对面的实体课堂学习与网络学习的有机结合。课前和课后基于网络空间的学习是实体课堂在时间和空间上的延展，不限地点、不限时间的网络学习具有高度的灵活性。课中在实体课堂的学习则沿袭了面对面课堂的直观性和交互性。

（2）兼具知识的传递与建构功能

传统课堂教学的主要特征就是以教师的直接讲授、单向传递为主，缺乏师生互动，忽视学生的自主学习与自主探究。翻转课堂将讲授与知识的单向传递从实体课堂迁移到网络课堂，将面对面的课堂时间解放出来，用于教师与学生之间的互动、学生与学生之间的互动以及基于问题、基于资源的自主学习与协作探究，实现知识的主动建构。

（3）促进学习者 4C 能力培养

21 世纪人才应具有的批判性思维、沟通能力、协作以及创新能力（即 4C 能力），无法像传统的读、写、算技能一样通过传统课堂的讲授和训练获得，只能通过主动的探究和知识的建构获取，以学生为中心的主动学习模式使学生在学习过程中拥有更多的自主权，可以专注于个人需求。[②]在翻转课堂中，独立的线上学习能够培养学生的自主学习能力，而面对面的讨论和释疑则能够培养协作交流能力，在此过程中创新思维能力得以发展，问题解决能力得以提升。

---

① 宋朝霞，俞启定. 2014. 基于翻转课堂的项目式教学模式研究. 远程教育杂志，32（1）：96-104.

② Roshan S. 2015. The flipped Classroom：Touch enabled，academically proven. Switzerland：Springer International Publishing：215-222.

（4）促进学习资源的有效利用与研发

从学习资源利用与研发角度来看，翻转课堂既是促进学习资源利用的理想平台，又是推动学习资源进一步研究与发展的强大动力。精心设计的学习资源通过课前、课后网络学习空间得以广泛、长期传播，课上的释疑和探讨使资源能被学习者充分理解并完成知识的建构。网络空间资源的开放性促进了学习资源的优胜劣汰，更多优质资源得以研发并广泛传播。

4.2.4.2 翻转课堂面临的挑战

翻转课堂对师生双方的综合素质要求较高，长期的传统课堂使教师和学生的思维模式在一定程度上被固化，在很大程度上制约了翻转课堂的应用与拓展。部分翻转课堂在应用中遇到一些现实的问题，可归纳为以下几点挑战。

（1）对教师专业能力与信息技术应用能力的挑战

课堂的翻转给予了学生更大的自主空间，同时对教师的专业能力和掌控能力提出了挑战。网络和物理两个学习空间的并存，意味着教师需要跨越双空间更严密地设计教学。课堂从教师主导转变为学生主导，对教师的专业能力提出了更高的要求，教师如果不能高效地利用面对面的课堂活动时间，那么翻转课堂将会流于形式。而网络学习空间的设计和资源的开发则对教师的信息技术应用能力提出了挑战。

（2）对学生自主学习能力与信息素养的挑战

翻转课堂能提高学习效率、提升学习效果是建立在学生具有良好的自主学习能力和信息素养的基础上的。学生在翻转课堂学习模式下具有高度的自主性，只有具备较高的自主学习能力才能保质保量地完成课前学习；只有具备良好的信息素养，才能在网络空间检索资源、沟通交流。两者兼备才能在翻转的课堂上提出疑问，参与互动，成为学习的主导者。对于习惯了传统的被动学习方式的学生来说，在翻转课堂中的学习是巨大的挑战。

（3）对教学管理创新思维的挑战

迫于升学的压力，翻转课堂在我国基础教育中的应用并不广泛，很多学校仍以被动学习模式帮助学生提高应试成绩。翻转课堂是需要学生在课后花费大量时间的学习模式，需要学校在教学时间安排上予以支持。而作为一种新兴学习方式，翻转课堂如何融入现有的教学体系，对教育管理部门来说，是创新思维和勇气的挑战。

（4）对公众接受能力的挑战

翻转课堂作为新兴的一种学习模式，其发展相对还不成熟，在实施过程中饱受社会争议。受长期以来应试教育的禁锢，很多家长认为这种学习模式与他们所经历的传统的学习模式背道而驰，因此并不放心让孩子在这种学习模式下学习，众多因素造成了翻转课堂在我国，尤其是在中小学的应用和推广中遇到较多困难。这一新的学习模式要被包括学生家长在内的公众所接受，仍有很长的路要走。

尽管如此，代表传统物理学习空间与网络学习空间融合产物的翻转课堂，是学习方式变革和学习空间演进的必然结果。学习变革时代已经来临，学习者和教育者改变固有思维，拥抱新技术、新方法是应对挑战的最佳选择。

第二篇
学　习　方　式

第5章
信息时代的学习方式转型

学习是人类与生俱来并伴随其一生的本能。学习不仅是一种生活方式，更是一种信仰和享受，学习还是人类不断进步的阶梯和人类探索自身永恒的主题。正是由于人类所具有的区别于其他动物的学习能力，才使得人类成为具有复杂思维能力和创新能力的高级智慧生物。从古至今，人类在改造社会的过程中创造了许多不同的学习方式，并且随着时代的发展，云计算、大数据、5G网络等新技术应用于教育，学习方式也随之发生着变革。信息时代采用什么样的学习方式更有利于人类的学习，是教育研究理论和实践关注的热点。

5.1 学习方式的内涵

5.1.1 学习方式的概念

教育学和心理学领域的专家学者对学习方式的理解不尽相同。教育学视角下的学习方式，侧重于学习过程中所采用的途径、形式和手段。例如，谢新观主编的《远距离开放教育词典》认为，“学习方式是指学习者在学习知识和技能时所采用的途径、形式和手段”①。桑新民认为，学习方式是指学习者在学习活动中所采取的手段、措施或策略，是学习活动的基本形式。学习方式揭示了不同时代学习内容与形式的特点，有助于人们从总体上认识和把握人类学习活动的特点和发展规律。②Pashler 等学者认为，“学习方式的概念由于每个人选择最有效的教学和学习模式不同而具有个体差异。学习方式评估的支持者认为，优化教学需要依据个体的学习方式来相应地调整教学内容”③。

心理学视角下的学习方式，侧重于个体获取或处理信息的方式。例如，James 等认为，“学习方式是个体在学习过程中自然或习惯性地获取和处理信息的模式，其核心概念是个体如何学习的差异性”④。庞维国认为，从学习心理学的角度看，“学习方式泛指学习者在各种学习情境中所采用的具有不同动机取向、心智加工水平和学习效果的一切学习方法和形式”⑤。朱京曦归纳了学习方式的三种观点：“第一，从学生的行为结构出发，学习方式是学生的学习模式，也就是学习的组织方式和所采用的方法。第二，从学生的认知倾向性出发，学习方式就是学习风格，是指人们在学习时所具有或偏爱的方式，即学习者在研究解决其学习任务时

---

① 谢新观. 1999. 远距离开放教育词典. 北京：中央广播电视大学出版社：253.

② 桑新民. 2004. 学习科学与技术——信息时代大学生学习能力培养. 北京：高等教育出版社：24-26.

③ Pashler H，McDaniel M，Rohrer D，et al. 2009. Learning styles：Concepts and evidence. Psychological Science in the Public Interest，9（3）：105-119.

④ James W-B，Gardner D-L. 1995. Learning styles：Implications for distance learning. New Directions for Adult and Continuing Education，（67）：19-31.

⑤ 庞维国. 2010. 论学习方式. 课程・教材・教法，（5）：13-19.

所表现出来的具有个人特色的方式。学习方式是学习者持续一贯表现出来的学习策略和学习倾向的总和。第三，从学习的社会性出发，学习方式是指学生在学习过程中所表现出的精神状态和交往方式。”①

尽管学习方式的涵义众说纷纭，但它有以下几个方面的共同特点。②

第一，社会历史性。即不同的学习方式反映了不同的社会条件和人才要求。这是学习方式最本质的特点。学习方式不是静止的、普适的模式，也不是纯粹的逻辑分类，而是发展和变化的。学习是人们适应环境的手段，而环境（包括社会环境）是变化的，环境变化的特点决定了学习方式的变化。

第二，整体性、抽象性、概括性。学习方式不是具体的方法策略，也不是各种分散方法的汇总，而是具有一定共同特征的有关的方法的总体。例如，合作学习是一种学习方式，它是由与合作有关的一类方法或技能组成，包括分组的方法、分工的方法、参与的方法、讨论的方法和沟通的方法等。

第三，价值判断性。由于学习方式是随着历史的发展而变化着的，历史发展到什么阶段，人们的学习方式相应地也要发展，与之适应。如果人们的学习方式能够适应社会的变化，则这种方式就是合理的、恰当的，否则就是不恰当的、落后的。正是因为学习方式具有一定的价值判断，所以，那些不能够适应社会发展变化的学习方式，就需要变革。

第四，多样性、差异性、可选择性。多样性是学习方式的内在特点，这种多样性既有同时的多样性，即一个时期有多种方式；也有历时的多样性，即把不同时期的方式加起来就显示出多种方式。不同的学习方式有不同的特点，有它的优势和弱势，适合于不同的学习目的和任务，也适合于不同风格的学生。学习方式的多样性为学生根据任务和需要、自身的学习风格去选择学习方式提供了基础。

5.1.2　学习方式的变革

所谓变革，是指事物本质的改变。变革的过程应遵循“量变质变规律”，量变是质变的前提和基础，质变既是某一阶段量变的终结，也是下一阶段量变的开始。学习方式变革是学习方式本质的改变，其变革的过程同样体现“质变量变规律”。学习源于人类对未知事物的探索，人类学习的目的是更好地认识事物，探索未知世界，从而提高人类认识和改造客观世界的能力。学习方式变革是学习活动中的

① 朱京曦. 2003. 试论教育技术视野中的学习方式变革. 中国电化教育，（8）：10-13.

② 钟祖荣. 2005. 论学习方式及其变革的规律. 北京教育学院学报，（2）：33-40.

手段、措施或策略的根本性转变，它既指学习者群体的学习方式变革，也指学习者个体的学习方式变革；既能促进学习变革和教育变革，也能促进人才培养方式的变革。判断学习方式变革的标准是学习活动中学习理念、学习环境、学习工具、学习媒体、学习材料是否发生了根本性的变革，这种变革既可以是单方面的，也可以是多方面的。学习方式变革与教学方式变革、教育变革密切相关，相辅相成，学习方式和教学方式的变革必将引发教育变革，促进教育创新。

影响学习方式变革的原因主要有学习者自身原因、学习者外在原因和学习方式自组织。学习者自身原因包括变革学习方式的意识、动机和能力，以及固定的学习习惯等。学习者如果具有强烈的变革学习方式的意识、动机和能力，则有利于变革学习方式。学习者如果具有较强的场独立性，学习习惯较固定，则不利于变革学习方式。学习方式变革的外在原因包括学习环境、政策、新媒体、新技术、新理念、新理论等。丰富的学习内容和教学资源，个性化、多样化、灵活化的教学方式，科学化、智能化的学习评价，丰富的校园文化，良好的学习氛围等所构成的学习环境有利于学习方式的变革。各类政策如教育政策、教育现代化政策、教育信息化政策、信息技术教育政策、网络教育政策等，对促进学习方式变革起着引领和规范的作用。新媒体和新技术的出现使得学习工具发生了根本性变革，从而促使学习方式发生变革。慕课、翻转课堂、微课等新理念和学习理论、教学理论及创新理论等新理论，为学习方式变革提供了理念和理论支持。①

5.1.2.1 由单一转变为多元

随着信息技术的不断发展，传统的单一线下学习逐渐发展为与在线学习、混合式学习并存共生的多元化发展态势。自 20 世纪 90 年代开始，在线学习在教育领域得到了迅速应用与发展。2000 年，美国教育部向国会提交的《教育技术白皮书》中提到：在线学习能很好地实现部分教育目标，但是无法代替传统的课堂教学；在线教育虽然不会取代学校教育，但是能够极大地改变课堂教学的目的和功能。②上述观点为混合式学习方式的提出奠定了重要基础。混合式学习既不盲从于在线学习，也不拘泥于传统面授教学。混合式学习整合了在线学习与传统课堂学习的双重体验，让教师能够因材施教，对学生实行分级教学。

国内学者何克抗认为，混合式学习“就是要把传统学习方式的优势和 e-Learning 的优势结合起来；也就是说，既要发挥教师引导、启发、监控教学过程

① 王运武，朱明月. 2015. 学习方式何以变革：标准与路径. 现代远程教育研究，(3)：27-35

② 转引自：何克抗. 2002. E-learning 与高校教学的深化改革（上）. 中国电化教育，(2)：8-12.

的主导作用，又要充分体现学生作为学习过程主体的主动性、积极性与创造性。”[①]混合式学习发展至今，大致经历了三个发展阶段：第一阶段（技术应用）关注技术视角，重点强调互联网技术在教与学中的核心作用；第二阶段（技术整合阶段）从教师视角关注“交互”，关注混合式学习环境给交互带来的变化以及相应的教学设计的改变；第三阶段（营造学习体验）更关注学生的视角，关注利用互联网、移动技术和面对面教学为学生创造一种真正高度参与的个性化学习体验。[②]

5.1.2.2　由被动转变为主动

新课程改革积极倡导学生由被动、单一、接受的学习方式，逐步向自主、合作和探究的学习方式转变。[③]自主学习是指学习者对学习过程的自我监控，学习者要具有高度的学习责任感和自我控制学习的能力。衡量自主学习的三个重要指标是：学习目标的建立、学习方法的掌握及学习评价的实现。合作学习是一种通过学生之间相互依赖、相互沟通，共同促进学生的主体性发展及社会化发展的过程，它强调学生之间合作性的人际互动，强调学生在教学过程中通过相互之间的合作来达到学习目标，完成学习任务。合作学习有积极互赖、面对面的相互性促进作用、个人责任、社交技能、小组处理等五个基本要素，其中积极互赖和个人责任为关键要素。[④]探究学习强调学生在主动参与的前提下，根据自己的猜想或假设，在科学理论指导下，运用科学的方法对问题进行研究，在研究过程中获得创新实践能力、获得思维发展，自主构建知识体系。

在传统课堂教学中，学生最常见的学习活动就是听讲、做笔记，像婴儿等待母亲哺乳般等待教师讲授，纯粹是教师讲授的聆听者。然而在强调自主、合作、探究的新型教学方式的引领下，“师讲生听”这种教学方式出现的比例已经大为减少。学习者要么在课前进行了周详的预习；要么在课上与同学讨论，碰撞出智慧的火花；要么在相关问题上发表颇有超越教师的真知灼见。总之，教师在课堂上不再是唯一的知识来源，学习者不再是等待教师填充的容器。学习者通过积极地参与课堂讨论，把自己的独到见解表达出来与同学、老师分享。信息时代，泛在

---

① 何克抗. 2005. 从 Blending Learning 看教育技术理论的新发展. 国家教育行政学院学报，(9)：37-48.

② 冯晓英，孙雨薇，曹洁婷. 2019. “互联网+”时代的混合式学习：学习理论与教法学基础. 中国远程教育，529（2）：11-20，96.

③ 张亚星. 2018. 自主·合作·探究：学生学习方式的转变. 华东师范大学学报（教育科学版），36（1）：22-28，160.

④ Johnson D-W，Johnson R-T. 2005. Cooperative learning，values，and culturally plural classrooms. London：Routledge：29-47.

的学习支持环境使学习者能够反哺课堂，“教学相长”被赋予更生动、更丰富的含义。“师道尊严”正在被“师生民主”所覆盖，教师与学习者的界限也开始变得模糊。

5.1.2.3 由封闭转变为开放

随着科学技术的迅速发展，信息与知识的急剧增长，知识更新的周期缩短，倡导终身学习、构建终身教育体系与建立学习化社会的实践热潮正在我国掀起。构建网络化、数字化、个性化、终身化的教育体系，建设“人人皆学、处处能学、时时可学”的学习型社会，培养大批创新人才，是人类共同面临的重大课题。[①]传统阶段性、封闭式的学校教育无法满足个人和社会生存发展的需要，更加灵活、开放的非正式学习引起学习者的普遍关注。非正式学习指在正规学校教育或继续教育之外，在工作、生活、社交等非正式学习时间和地点接受新知的学习方式，它占个体所学知识的 75%以上。非正式学习的时间、地点、内容、形式都由学习者自己选择，具有高度的灵活性。信息技术的飞速发展，特别是移动技术、人工智能技术、虚拟现实技术在学习中的应用，极大地扩宽和推动了非正式学习的发展。

5.2 信息技术催生数字化学习

20 世纪后期，信息技术将人类社会由传统的工业化时代推向信息化时代，多媒体技术和因特网日益普及，世界各国都在进行信息技术与教学相结合的尝试[②]，促使数字化进入人们的日常学习中，形成了数字化学习。1997 年，倡导“数字化生存”的尼古拉·尼葛洛庞蒂教授认为，“信息的 DNA 正在迅速取代原子成为人类生活中的基本交换物，传统上的大众传播方式正演变成个人间的双向交流。这意味着，我们的学习、工作、娱乐……总之，人类的生活方式在信息化”[③]。世界著名市场调研机构经济学人智库（Economist Intelligence Unit）和 IBM 商业价值研

---

① 范斯腾.（2015-05-23）. 习近平：建设“人人皆学、处处能学、时时可学”的学习型社会. https://china.huanqiu.com/article/9CaKrnJLjHn.

② 宋亦芳. 2013. 论我国社区数字化学习的形成与发展. 职教论坛，（9）：60-65.

③ 尼古拉•尼葛洛庞蒂. 1997. 数字化生存. 胡泳，范海燕，译. 海口：海南出版社：23.

究院主张“世界上每一个角落都需要数字化学习”①。为了适应信息化的发展趋势，我国也强调要加强信息技术与其他课程的整合，确定在中小学普及信息技术教育，培养新一代的数字化学习公民，旨在提高国家整体的竞争力。

事实上，信息技术应用到教育教学过程后，学习环境、学习资源、学习方式都发生了重大变化，随之形成了数字化的学习环境、数字化的学习资源和数字化的学习方式。②数字化学习改变了我们关于学校是学生和老师面对面交流的实体场所的观念。学习可以通过信息技术变得更灵活、更容易获得、更实惠、更以学习者为中心。

随着信息技术与教学不断地深入融合，我国教育现代化事业实现了前所未有的快速发展，数字化学习得到了广泛应用。根据中国互联网络信息中心发布的第 44 次《中国互联网络发展状况统计报告》显示：截至 2019 年 6 月，我国网民规模达 8.54 亿，较 2018 年底增长 2598 万，互联网普及率达 61.2%，较 2018 年底提升 1.6 个百分点；我国手机网民规模达 8.47 亿，较 2018 年底增长 2984 万，网民使用手机上网的比例达 99.1%，较 2018 年底提升 0.5 个百分点；我国在线教育用户规模达 2.32 亿，较 2018 年底增长 3122 万，占网民整体的 27.2%。③数据表明，在线教育发展之快，相对应的在线学习也非常受青睐。同时，从侧面也凸显了互联网时代，数字化学习正在崛起。

5.2.1　数字化学习的概念

数字化学习究竟是什么呢？其实，伴随着互联网技术的日新月异和多元化理论的不断涌现，数字化学习经历了十多年波澜不惊的成长，其概念也不断更新换代。国内外关于数字化学习的概念众说纷纭。在国外，2000 年 6 月美国教育技术 CEO 论坛（the CEO forum on educational technology，ET-CEO）在以“数字化学习的力量：整合数字化内容”为主题的第三次年会中正式提出了数字化学习的概念，即将数字技术与课程教学内容的整合方式称为数字化学习，并阐释了为将数字技术整合于课程中，要建立适应 21 世纪需要的数字化学习环境、资源和方法。④此时数字化学习又被称为 e-Learning 1.0，是数字化学习进化发展过程的第一阶段。

① 王佑镁. 2007. 全球数字化学习准备度排名报告探析. 比较教育研究，2007（10）：84-88.

② 李克东. 2001. 数字化学习（上）——信息技术与课程整合的核心. 电化教育研究，（8）：46-49.

③ 中国互联网络信息中心.（2019-08-30）. 第 44 次《中国互联网络发展状况统计报告》. http://www.cac.gov.cn/2019-08/30/c_1124938750.htm.

④ 李克东. 2001. 数字化学习（上）——信息技术与课程整合的核心. 电化教育研究，（8）：46-49.

2003 年 Elizabeth T. Welsh 等学者认为，"数字化学习指使用计算机网络技术，特别是通过互联网络进行学习"①。2005 年 Stephen Downes 正式提出了 e-Learning 2.0，他认为数字化学习 2.0 是指"学习者为中心、沉浸式学习、联结学习、基于游戏的学习、非正式学习和移动学习"②。e-Learning 2.0 是对 e-Learning1.0 的继承和发展。2006 年，学者 Bryn Holmes 和 John Gardner 指出，"数字化学习是一种基于网络环境，具备了从提供动态信息、获取教学资源，到允许学习者参与复杂的交互式虚拟教学活动等多种功能，通过创建不仅支持信息传递，而且支持经由信息的探索和应用以获取新知识的虚拟环境，为教育者和学习者提供了强化教学和学习经验的机会"③。2013 年，英国普利茅斯大学的教授 Wheeler 首次提出 e-Learning 3.0 的概念，揭开了教育界"数字化学习"新发展的面纱。④数字化学习 3.0 实现了人类随时随地的连接和学习。

2001 年 8 月，国内学者李克东率先从信息技术角度提出数字化学习。他认为，数字化学习是指学习者在数字化的学习环境中，利用数字化学习资源，以数字化方式进行学习的过程，它包含三个基本要素，即：数字化学习环境、数字化学习资源和数字化学习方式。⑤同年 11 月，学者何克抗在广州举行的以 e-Learning 数字化学习为主题的教育技术论坛研讨会上，以 e-Learning 与高校教学的深化改革为题做了报告，引发了学者们对 e-Learning 的广泛探讨。2002 年，他提出，"数字化学习是指通过互联网或其他数字化内容进行教学与学习的活动，它主要利用现代信息技术所提供的、具有全新沟通机制与丰富资源的学习环境，实现一种全新的学习方式，它将改变传统教学中教师的作用和师生之间的关系"⑥。2016 年有研究者指出：数字化学习 3.0 是在彻底变革传统学习模式的基础上，通过 Web 3.0 技术所提供的理想学习环境，将学习所关注的焦点从"学什么"转变为"怎么学"，为学习者随时随地的学习提供资源与智能解决方案，建构实现"人人可学、处处可学、时时可学、互补融合"的生态学习方式，促进技术向教育本质的回归，是一种更加开放的自组织学习。⑦

---

① Welsh E-T，Wanberg C-R，Brown K-G，et al. 2003. E-learning：Emerging uses，empirical results and future directions. International Journal of Training and Development，7（4）：245-258.

② Stephen Downes.（2020-10-21）. The Economy of E-learning. http://www.downes.ca/post/5.

③ Holmes B，Gardner J. 2006. E-learning：Concepts and practice. London：SAGE Publications：14-15.

④ Wheeler S. 2013. Learning 3. 0 and the smart eXtended web//Intelligent conference on intelligent computing &information systems（ICICIS）. Cairo，Egypt：EBSCOhost：31-34.

⑤ 李克东. 2001. 数字化学习（上）——信息技术与课程整合的核心. 电化教育研究，（8）：46-49.

⑥ 何克抗. 2002. E-learning 与高校教学的深化改革（上）. 中国电化教育，（2）：8-12.

⑦ 上超望，尹爱青，吴圆圆，等. 2016. E-learning 3. 0：内涵、挑战与生态框架. 现代教育技术，26（12）：18-23.

通过对比与分析不同研究者提出的概念，我们可以发现数字化学习是一种在信息化社会环境中，充分使用数字化资源（或现代信息技术），进行终身性、广泛性、开放性、多样性、动态性、非正式性与创新性的学习方式。它是教育走向现代化的重要一步。

5.2.2 数字化学习的优势

21 世纪，人类已经进入信息时代，各种新媒体和信息技术的发展和应用，使得人类的生产方式、生活方式、学习方式及思维方式都发生了极大的变化。信息技术的发展引起了人类社会全面的变革。在传统的农业社会，学习是单纯依靠自身经验的积累或是群族的口耳相传；在工业时代，统一和标准化的学习内容和学习方式培养了大量人才。信息技术的发展使我们从工业社会迈入了信息社会，知识总量以几何级数量激增。中国科学院的戴汝为院士认为，“在信息时代，人-机结合的思维将会取代我们个人为主的思维方式……人脑和计算机都是信息处理的工具，人脑通过经验积累与形象思维，擅长不精确的、定性的把握，而计算机则以极快的速度，擅长准确的、定量的计算，两者充分发挥各自的优势，又互相结合，既能达到集智慧之大成，又由于通过反馈的作用，来提高人的思维效率，从而增强人的智慧”①。北京师范大学的余胜泉教授强调：“当基本认知方式都发生改变的时候，在此基础上建立的教育大厦必然发生意义深远的改变。”②在这样的时代背景下，传统意义上以传授知识为主的在校学习已不能完全满足学习者对各种知识的需要。伴随着网络和信息技术在教学领域中的广泛应用，数字化学习随之产生。数字化学习能让学生以各种连接方式（Wi-Fi、4G/5G 等）和各种终端设备按需获取学习资源，颠覆了传统教育时代“固定地点、固定设备”的学习方式；学生可以在真实世界和虚拟现实技术构建的虚拟现实或增强现实的交互环境中进行学习；学生还可以突破了个体认知的局限性，以分布式认知和联通主义的知识协商和社会建构来学习。因此，未来的学习方式将发生根本性的变革：变被动学习为主动学习，变个体学习为协作学习，变机械学习为探究发现学习，变基于网络的学习为基于云的移动学习和泛在学习。因此，数字化学习与传统课堂学习的教学结构发生了以下几点改变。

---

① 戴汝为. 2007. 社会智能科学. 上海：上海交通大学出版社：33-34.

② 余胜泉. 2011. 技术何以革新教育——在第三届佛山教育博览会“智能教育与学习的革命”论坛上的演讲. 中国电化教育，(7)：7-12，31.

第一，改变了教师与学生的关系，提倡教师主导与学生主体并存的“双主”关系。数字化学习并没有取消教师这个职业，而是提倡在数字化学习的过程中，教师不仅仅起着传授知识的作用，更要以学生为中心，辅助、引导与支持学生在互联网络上的学习。①

第二，拥有了信息技术与学科课程融合的学习环境。通过信息技术与课程的有效融合，便可建构出一种理想的数字化学习环境，支持真实的情境创设，数字化资源融合在课程教学过程中。在这种环境中，具有高度多样性与共享性的学习资源，师生可依据自己的需要、能力和兴趣，选择所修学科的不同难度水平进行学习。

第三，多样的学习方式。数字化学习时代，学习者个性化发展，他们更喜欢自主、合作、探究、协商、游戏化、创新与实践等，因此，在以学生为主体的作用下便产生了多样的学习方式，如自主学习、研究性学习与合作式学习等。

第四，可借助多媒体与网络技术随时随地获取最新的学习资源。在数字化学习过程中，在多媒体和网络通信技术的支持下，学生可不受时空和传递呈现方式的限制，借助学习平台实现学习资源的随时随地获取、传送、接收、共享、组织和保存。更重要的是，数字化学习资源不同于传统的纸质资源，它是最新的、可长期保存与转载，甚至是免费获取的。

传统课堂学习与数字化学习有着很大的不同，具体的比较结果如表 5-1 所示。

表 5-1 传统课堂学习与数字化学习方式比较结果

比较项目	传统课堂学习	数字化学习
学习结果及形式	面向知识精加工，统一形式	面向知识联通，多种形式
学习任务	同质的	多样性的
学习方法	以听讲为主	混合式学习（在线学习+线下学习）
学习策略	讲授为主，兼顾提问和讨论	多种策略并用
学习支持	面对面答疑和辅导	在线交流与支持
学习评价	统一测验和考试	随时在线测试
学习社群及参与方式	小组和班级，学校安排	面向主题的虚拟学习群，申请加入
学习空间	固定物理空间	物理和虚拟空间
学习步调及时序	相对统一	相对灵活
学习目标	相对统一	多样性目标
学习资源及来源	纸质教材和辅导材料，教师安排	电子教材和网络资源，教师推荐
学习媒体	单一纸质媒体	纸质媒体+网络媒体

① 何克抗. 2002. E-learning 与高校教学的深化改革（上）. 中国电化教育，（2）：8-12.

5.2.3　数字化学习的理论基础

随着数字化学习概念的演变，人们开始对不同数字化学习环境下的学习进行较为深入且更加深远的思考，学习的功能被重新阐释，学习的原理解释需要借助新的理论。

起初，e-Learning 1.0 是建立在行为主义与认知主义学习理论的基础之上的，强调借助互联网技术代替面授的教学，学习是被动的，教学内容是单向传递的；随后到了 e-Learning 2.0 时代，建构主义学习理论、泛在学习理论等教育理论逐渐融入了数字化学习系统中，关注知识的共享性与传播性，强调学习的分享与创造。目前，随着 Web 3.0 理念的出现，数字化学习系统主动地吸收了弱连接理论、墙洞理论、联通主义理论等其他领域的理论，学习更加开放、个性化、智能化，融合性更强。接下来，将简要论述 e-Learning 各个时代的理论基础。

5.2.3.1　e–Learning1.0 的理论基础

1. 行为主义学习理论

在 20 世纪的前半个世纪，行为主义一直是占主导地位的学习理论。[①]行为主义把人的所有思维都看作是由“刺激—反应”间的联结形成的，其代表人物是美国的斯金纳。斯金纳创立了操作性条件作用学说和强化理论，并把它们应用于人类学习的研究，提出了程序教学的概念，总结了一系列的教学原则，如小步调教学原则、强化学习原则、及时反馈原则等，形成了程序教学理论。行为主义学习理论认为：“学习被看作是明显的行为改变的结果，是能够由选择性强化形成的。因此，在行为主义者看来，环境和条件，如刺激和影响行为的强化，是学习的两个重要的因素，学习等同于行为的结果。”[②]e-Learning1.0 时代，最初的 CAI 是数字化学习的代表。CAI 是以教为中心，尤其重视操作训练，主要的学习模式是操作练习与模拟演示，教学方法是呈现、刺激、反应和强化。

2. 认知主义学习理论

1957 年，在 Avram Noam Chomsky 尖锐地批评了斯金纳的《言语学习》之后，学习理论经历了一场科学的变革，认知主义学习理论登上了历史的舞台。在认知主义学习理论学派看来：学习个体本身作用于环境，人的大脑的活动过程可以转

① 闫寒冰，祝智庭. 2001. CAI 理论在信息化教育中的新发展. 外语电化教学，(2)：59-63.

② 余武. 2002. 教育技术：信息时代的教与学. 合肥：中国科学技术大学出版社：33.

化为具体的信息加工过程；学习并非“刺激—反应”的直接机械联结，而是通过学习者主观能动作用来实现的。[①]认知主义学习理论促进了经典CAI向智能教学系统的转化。此时的CAI以教为中心，尤其重视教授、辅导，其主要的教学方法是个别授导、智能导学等。

5.2.3.2 e–Learning2.0 的理论基础

1. 建构主义学习理论

虽然在半个世纪以前皮亚杰和维果茨基等学者奠定了建构主义的理论基础，但是这种理论在世界范围流行并产生日益扩大的影响是在20世纪90年代以后。而且建构主义学习理论的兴起与多媒体和网络技术的逐步普及密切相关。[②]当代建构主义学习理论的主要代表人物是David H. Jonassen。建构主义学习理论流派的学者认为，学习是以已有经验为基础，强调以学习者为中心、主动进行意义建构的过程，强调具体教学情境和环境对学习的建构作用，学习应处于真实情境中。建构主义学习理论认为情境、协作、会话和意义建构是学习的四大要素。在信息技术支持的教学环境下（如多媒体或网络技术的支持或两者兼有），通过建构主义理论的正确指导，可有效地培养青少年的创新精神、创新能力与合作精神。[③]

2. 泛在学习理论

1988年，Mark Weiser在担任施乐公司帕洛阿尔托研究中心（Xerox Palo Alto Research Center）的首席技术专家时提出了“泛在计算”（ubiquitous computing）。[④]泛在计算导致了泛在学习（U-learning），使个人的学习活动嵌入到日常生活之中。[⑤]国内学者余胜泉指出，泛在学习可在合适的时间、合适的地点、为合适的学习者、以合适的方式提供合适的知识，为学习者提供一种智能的、无缝的学习空间，符合人类终身化学习的需求，是一种典型的分布式情境认知学习范式。[⑥]的确，泛在学习理论是为克服e-Learning的限制而提出来，提倡的是时时处处都可以学习，[⑦]

---

① 胡小勇，祝智庭. 2005. 问题化教学研究纵揽：理论与流派. 中国电化教育，(2)：18-22.

② 何克抗. 2004. 关于建构主义的教育思想与哲学基础——对建构主义的再认识. 现代远程教育研究，(3)：12-16，71.

③ 何克抗. 2004. 从Blending Learning看教育技术理论的新发展. 中小学信息技术教育，(4)：21-31.

④ Weiser M. 1999. The computer for the 21st century. ACM SIGMOBILE Mobile Computing and Communications Review，3 (3)：3-11.

⑤ Bomsdorf B. 2005. Adaptation of learning spaces：Supporting ubiquitous learning in higher distance education//Mobile computing and ambient intelligence：The challenge of multimedia，Dagstuhl seminar proceedings：1-13.

⑥ 余胜泉，程罡，董京峰. 2009. e-Learning新解：网络教学范式的转换. 远程教育杂志，17 (3)：3-15.

⑦ 罗林，涂涛. 2009. 生态学视角下的泛在学习. 中国远程教育，(7)：47-50，80.

它是以学习者为中心，按需、即时、适量的学习。在 e-Learning 2.0 时代，随着泛在计算技术融入到我们的生活，教育教学活动拥有了新的认知环境，学习者与技术存在的生态化人机关系也已经建立，接触的任何事物实体都是学习的对象，学习因而变得无处不在。

5.2.3.3　e–Learning3.0 的理论基础

1. 弱连接优势理论

美国社会学家 Mark Granovetter 在 20 世纪 70 年代提出了弱连接优势理论，该理论被认为是现代社会学最有影响的理论之一。Granovetter 认为人际关系在网络有两种基本形式：强连接（strong ties）和弱连接（weak ties）。强连接指的是基于眼前的工作和生活环境，与自己频繁接触的熟悉的人群所形成的十分稳定的、传播范围非常有限的人际关系。弱连接则相反，指的是在接触范围远远超出周围直接和密切联系的环境、覆盖范畴相当广的外围领域中，构成广泛的人际关系网络。[①]Granovetter 的研究认为，与强连接相比，弱连接在人们与外界交流时能发挥关键的作用，是一个可以提供创新机会的管道。在数字化学习环境中，基于 QQ、微信、Facebook 等社会网络的学习为强连接，它们可靠而稳定，可以有更多机会对知识点进行较为深入的探讨；基于教师搭建的学习平台等学习社区的学习则为弱连接，它可提供刺激与创新，带来新信息，并为社区学习提供新鲜的精神食粮。

2. 墙洞理论

2007 年，Stephen Downes 提出了墙洞理论，即传统的数字化学习像“有围墙的花园”，而数字化学习则是在这些“有围墙的花园”的墙上，打上了很多可以自由进出的洞，就形成了“开放的花园”[②]。同时，Stephen Downes 认为，在“开放的花园”中，学习者必须保持自我导向、自我调节、自我激励，以维持高学习动机水平，确保学习的有效持续进行。[③]例如，在数字化学习环境中，学生仍需在教师的辅助下，自主地创建个人信息、自主决定学习任务、学习方法、学习时间、发表观点、与人沟通，努力成为反思型、自主型的学习者。

3. 联通主义

2005 年，George Siemens 提出了联通主义。他认为学习不再是内化的个人活动，而是个体与环境交互作用的整体分布式的认知。当新的学习工具被使用时，

---

① Granovetter M. 1983. The strength of weak ties：A network theory revisited. Sociological Theory，(1)：201-233.

② Stephen Downes.（2020-10-22）. Hole in the Wall. http://www.downes.ca/post/53456.

③ 转引自：徐锦霞，钱小龙. 2013. 数字化学习的新进展：学习文化与学习范式的双重变革. 远程教育杂志，31（5）：58-64.

人们的学习方式与学习目的也发生了变化，即管道比管道中的内容物更重要。网络、情景和其他外部实体间的相互影响使学习的理念和方法发生了变化。联通主义的起点是个人，个人的知识组成了一个网络，这种网络被编入各种组织与机构。反过来各组织与机构的知识又被反馈给个人网络，为个人提供继续学习。[①]联通主义学习理论关注到了人们借助网络化、非正式、数字化支持学习方式的未来趋势，在其"从关系中学"和分布式认知理念的支撑下，虚拟社区、网络探究课程、移动学习、虚拟协作、跨域课堂和泛在计算等新技术获得了广泛的应用。

5.3 信息技术拓宽学习场域

数字化学习的兴起与发展极大的促进和完善了不同类型的学习。对"学习的正规度"这一范畴的划分最初被广泛接受的是美国学者将成人教育排除在外的二分法。20 世纪 50 年代，Malcolm Knowles 针对成人教育引入了非正式学习这一术语。[②]20 世纪 60 年代至 70 年代，Philip H. Coombs 等在研究终身学习或终身教育时，将学习分为正规、非正规与非正式学习，并在 1973 年出版的《儿童及青年学习的新途径》(*New Paths to Learning for Rural Children and Youth*)一书中，明确提出了学习三分类型的观点。后来 UNESCO、EC 和 OECD 对三分法加以更细致描述和界定，并将之作为终身学习的内容提升到政策层面，其后逐步被引用、广为人知，成为目前国际上普遍采用的一种分类方式。

5.3.1 正规学习

欧盟定义的正规学习（formal learning），指的是在专门为提供教育而设计的机构（即从小学到大学）进行的结构化，按时间顺序排列和开展的活动。正规学习往

① Siemens G. 2005. Connectivism：A learning theory for the digital age. Instructional Technology and Distance Learning，2（1）：1-8.

② Le Clus M-A. 2011. Informal learning in the workplace：A review of the literature. Australian Journal of Adult Learning，51（2）：355-373.

往由教师或培训师指导，有结果的外部规范，目的是获得官方认可的学位或文凭。①

Donald W. Mocker 和 George E. Spear 将正规学习定义为在传统环境中发生的学习，其中学习目标和实现它们的方法由学习者以外的其他人决定。②这些作者将传统环境理解为“教育是主要或唯一功能的任何地方”。因此，在正规学习中，学习者对学习目标的选择几乎没有控制权。

正规学习通常与教育系统相关，学习通常由教育或培训机构提供。正规学习是结构化的（在目标、学习时间或学习支持方面），并由老师精心引导。③此外，从学习者的角度来看，正规学习是有意的，旨在获得文凭或证书。④

部分中国学者也将“formal learning”译为正式学习。余胜泉等认为，“正式学习”（formal learning）主要指在学校的学历教育和参加工作后的继续教育。⑤刘文利认为“正规学习”发生在学校的课堂里，教师按照课程的要求，组织学生在教室里系统地学习知识，学生的学习依据设定好的日程进行。⑥

从以上分析可以看到，正规学习在上述定义中都指向传统的学校教育，大部分研究者都认为发生在教育机构、由教师指导、提供官方认可的文凭是正规学习的主要特点。除此之外，对于学习者来说正规学习是有特定目标的，其学习进度是由教师或学校安排的，其约束主要来自外部，学习内容通常是结构化的。

5.3.2 非正规学习

非正规学习（non-formal learning）不是由教育或培训机构提供的，通常不会有认证。然而，它在学习目标、学习时间或学习支持方面是结构化的。从学习者的角度来看，非正规学习是有目的的。在学习者通过教师使用有组织的课程辅助自己获得感兴趣的知识或技能时，非正规或继续教育就发生了，就像许多成人教育课程和研讨会一样。

Philip H. Coombs 等将非正规学习界定为：在正规教育系统外的有组织的学习

① TO H-R. 2001. Communication from the commission - making a European area of lifelong learning a reality. Luxembourg：European Commission.

② Mocker D-W，Spear G-E. 1982. Lifelong learning：Formal，nonformal，informal，and self-directed. Columbus，OH：ERIC Clearinghouse on Adult，Career，and Vocational Education.

③ Eshach H. 2007. Bridging in-school and out-of-school learning：Formal，non-formal，and informal education. Journal of Science Education and Technology，16（2）：171-190.

④ European Centre for the Development of Vocational Training. 2008. Terminology of European education and training policy：A selection of 100 key terms. Belgium：Office for Official Publications of the European Communities.

⑤ 余胜泉，毛芳. 2005. 非正式学习——e-Learning 研究与实践的新领域. 电化教育研究，（10）：19-24.

⑥ 刘文利. 2008 科学教育的重要途径——非正规学习. 内蒙古教育，（19）：33-36.

活动，通常有明确的学习对象及学习的目的，是有计划、有组织地安排的学习活动。[①]例如，由地区教会所成立的圣经研读班，或由红十字会所提供的急救技能训练课程、农业推广、农民训练课程、成人识字教育、职业训练、具有实质教育目的的青年俱乐部等均属于此。北美地区常开办的各种有关健康、营养、家庭计划或社区发展的课程，也是一种非正规学习的形态。

综合上述定义，非正规学习是旨在提高技能或能力的、有组织和系统的教育活动。但是，它发生在公认的教育机构之外，而且这些活动通常不会以年龄分级和系统的方式相互关联。[②]对于学习者来说，参加非正规学习没有强制性，而是凭自己对学习内容的兴趣参与，也没有考核与认证。非正规学习与非正式学习的主要区别在于非正规学习的是有组织安排的、学习内容也是结构化的。

5.3.3 非正式学习

Marsick 和 Watkins 将非正式学习（informal learning）描述为偶然的、特殊的并且由偶然性驱动的学习。[③]包括通过在日常工作环境中与他人互动来学习，并涉及行动和反思。

许多学者提出了他们对该术语含义的独特见解。非正式学习是发生在正规学习之外的，正规学习和非正式学习可以在学校和机构环境内外进行。

欧盟将非正式学习定义为：与工作、家庭或休闲相关的日常生活活动所产生的学习。它是非结构化的（在学习目标，学习时间或学习支持方面），通常不会有认证，在大多数情况下，它是无意的（或偶然的/随机的）。[④]

在大量文献中，非正式学习的定义并不一致，常常通过将其与正式学习进行对比来解释。McGivney 认为描述非正式学习不太容易，尽管如此，他还是给出了一个定义，即：非正式学习是个人从日常经验中获取价值、技能和知识的过程。[⑤]Livingstone 则将非正式学习定义为“单独或集体独立负责，无需外部强制标

---

① Coombs P-H，Prosser C，Ahmed M，et al. 1973. New paths to learning for rural children and youth. New York：International Council for Educational Development.

② Villar F，Celdrán M. 2013. Learning in later life：Participation in formal，non-formal and informal activities in a nationally representative Spanish sample. European Journal of Ageing，10（2）：135-144.

③ Marsick V-J，Watkins K-E. 2015. Informal and incidental learning in the workplace. Abingdon：Taylor & Francis：25-26.

④ TO H-R. 2001. Communication from the Commission - Making a European area of lifelong learning a reality. Luxembourg：European Commission.

⑤ McGivney V. 2002. Spreading the word：Reaching out to new learners. NIACE Lifelines in Adult Learning.

准或机构授权教师”的学习。[①]余胜泉认为“非正式学习”指在非正式学习时间和场所发生的、通过非教学性质的社会交往来传递和渗透知识，由学习者自我发起、自我调控、自我负责的学习，主要指做中学、玩中学、游中学，如沙龙、读书、聚会、打球等。[②]

总的来说，非正式学习是指在正规学习和教育机构之外进行的学习，它不遵循特定的课程，并且不一定是有教学计划或组织，具有非结构化、随机性等特征，它的产生很可能是无目的性的。

5.3.4　正规学习、非正规学习、非正式学习的联系

正规学习、非正规学习、非正式学习相辅相成，共同构成了信息化社会终身学习的体系。OECD 一直在研究和促进终身学习、职业发展，承认非正规和非正式学习的重要性。OECD 内部的教育局认为，承认非正规和非正式学习是终身学习议程的重要组成部分，是实现该议程的重要手段。重塑学习，以更好地满足 21 世纪知识经济和开放社会的需求。

正规、非正规和非正式学习之间亦存在相互关联。一些研究表明，在非正规经验之前的正规学习有助于学习，例如，实地考察或参观博物馆。[③]而开放式野外实验的课程显著增加了非正式学习。[④]因此，有学者提出用某种方法，如将“移动混合型协作学习”模型作为一种框架，以弥合正式学习和非正式学习之间的鸿沟并将它们融合在一起，从而形成一个可移植、灵活、协作和创新的学习环境。[⑤]Julian Sefton-Green 认为许多非学校组织和机构都与学校不同，体现了不同的社区和教育价值观，可以更明确地围绕学习经历的意图和结构进行区分。[⑥]Janice Malcolm 及其同事认为，将非正式、非正规和正规学习分开是不可能的，也是无益的。也就

---

① Livingstone D-W. 1999. Exploring the icebergs of adult learning：Findings of the first Canadian survey of informal learning practices. Canadian Journal for the Study of Adult Education，13（2）：49-72.

② 余胜泉，毛芳. 2005. 非正式学习——e-Learning 研究与实践的新领域. 电化教育研究，（10）：19-24.

③ Tamir P. 1991. Factors associated with the relationship between formal，informal，and nonformal science learning. The Journal of Environmental Education，22（2）：34-42.

④ Blum A. 1981. Effect of an environmental science curriculum on students' leisure time activities. Journal of Research in Science Teaching，18（2）：145-155.

⑤ Lai K-W，Khaddage F，Knezek G. 2013. Blending student technology experiences in formal and informal learning. Journal of Computer Assisted Learning，29（5）：414-425.

⑥ Sefton-Green J. 2012. Learning at not-school：A review of study，theory，and advocacy for education in non-formal settings. Cambridge：The MIT Press：25-26.

是说，在理论维度内，我们不需要再把参与性的、社会文化的学习理论主要放在“正规”教育之外，只关注日常学习。相反，在所有的学习情境中同时看到正规的和非正规的属性是更为明智的做法。①正规学习、非正规学习和非正式学习三者的属性如表 5-2 所示。

表 5-2　正规学习、非正规学习、非正式学习的属性

属性	正规学习	非正规学习	非正式学习
地点	教师，学校	非学校机构	无特定机构/家
目的	特定目标	不在意结果	交流/创造/分享
氛围	可能是压抑的	通常是激励的	激励的
学习环境	有安排	有安排	无安排
同学	外部强制	无强制	无强制
主题	结构化	结构化	非结构化
动机	通常更外部	通常更内在	主要内在
学习管理	教师	教师/学生	学生
辅助	包括	不期待	无

在数字化学习生态学中，正规、非正规和非正式学习之间的界限通常是重叠的。②互联网和新颖的技术解决方案对丰富的数字学习生态系统的创建产生了影响，这些生态系统为人们提供了新的交互方式，从而支持信息交换、提供工具。例如，社交媒体是一种将正规、非正规和非正式学习相结合的常见做法。在最好的情况下，移动学习还可以在正规、非正规和非正式学习之间实现协同作用。

总体而言，正规学习、非正规学习、非正式学习三者效果不同，但可以相互促进。在信息时代，学习工具的不断发展、学习场景扩大交融，模糊了正规学习、非正规学习、非正式学习之间的界限，这不仅使识别正规学习、非正规学习、非正式学习变得困难，也使得正规学习、非正规学习、非正式学习之间的关系变得复杂。

---

① Malcolm J，Hodkinson P，Colley H. 2003. Informality and formality in learning：A report for the Learning and Skills Research Centre. London：Learning and Skills Research Centre：2，36.

② Schugurensky D，Myers J. 2003. A framework to explore lifelong learning：The case of the civic education of civics teachers. International Journal of Lifelong Education，22（4）：325-352.

第6章 正规与非正规学习中的数字化学习

数字化学习发展至今呈现出极为丰富的多样性。不同的数字化学习方式之间既相辅相成又各有特色。有研究指明，在正规和非正规学习中掌握与实际运用数字化学习的多种方式对培养学生创新精神和实践能力具有重要意义。[①]本章主要从“自主-探究-协作”和“随时-随地-随需”两个层面对几种典型的数字化学习进行论述，前者侧重于教学过程的变革，而后者侧重于教学时空的延伸。

① 李克东. 2001. 数字化学习（下）——信息技术与课程整合的核心. 电化教育研究，（9）：18-22.

6.1 自主-探究-协作

6.1.1 基于项目的学习

6.1.1.1 内涵及特征

基于项目的学习（PBL）起源于美国教育家杜威的“做中学”教育理论。即学生通过一段时间内对真实的、复杂的问题进行探究，并从中获得知识和技能。①在信息技术的支持和促进下，基于项目的学习强调长期、跨学科和以学生为中心的学习活动，鼓励学生通过积极探索现实世界中的挑战和问题，利用数字化工具生成高质量的协作产品，以实现对于知识的深层次学习。基于项目的学习需要至少包含以下关键环节：提出问题（propose），规划方案（plan），解决问题（execute），展示成果（present）和评价反思（judge）。可以看出，与传统的以老师为主导的课堂活动不同，它主张教师围绕真实的问题或挑战设计一系列的体验和探究活动，学生需综合运用多种学科知识与技能来解决问题，并交流和展示最终的学习成果，学习过程始终伴随反思、评价、修正和多方支持。

6.1.1.2 实施要点

巴克教育学院（Buck Institute for Education，BIE）成立于1987年，作为美国一个公益组织，旨在帮助一线教师提升PBL课程的教学能力和质量。为了帮助教师更好地测量、校准并提高实践能力，巴克教育学院于2013年提出了被广为借鉴的PBL“黄金标准”，并进一步分析了其中的核心要素构成。该标准认为，PBL不仅需要关注重点知识的学习，更需要注重“成功素养”的培养，即：批判性思维能力、解决问题的能力、团队协作能力和自我管理的能力等。实际设计过程中，

① Blumenfeld P-C，Soloway E，Marx R-W，et al. 1991. Motivating project-based learning：Sustaining the doing，supporting the learning. Educational Psychologist，26（3-4）：369-398.

需要关注以下七个方面的核心要素：①从具有挑战性的问题切入；②引导学生开展持续性的探究；③强调项目、问题甚至解决方案的真实性；④尊重学生的发言权和选择权；⑤鼓励师生在学习开展过程中的反思行为；⑥善于接受同伴和老师的评论，并基于反馈完善解决方案；⑦向老师和同伴之外的公众展示和呈现项目成果。

6.1.1.3　应用案例

案例 1：High Tech High School（HTH）

HTH 完全采用基于项目的学习开展教学活动，秉持“公平，个性化，真实的工作和协作设计”的办学方针，被比尔·盖茨称为“每一个美国孩子都为之向往”的创新学校。2000 年 9 月，位于美国圣地亚哥的第一所 HTH 学校成立，截至 2020 年 11 月，已发展成为 16 家连锁学校，为约 6350 名 K-12 年级学生提供教学服务。每一所 HTH 建筑内部就像一座儿童博物馆，或一个创新孵化器，陈列的是学生的绘画、手工制品和项目成果，如图 6-1 所示。

图 6-1　HTH 学校环境（示例）

HTH 打破了传统的按学科分类的教学模式，让学生们通过完成一个个自己感兴趣的项目，达成 21 世纪学习者所必备的各项能力素养。图 6-2 展示了 HTH 官网上展示的部分学习项目。以“灯笼项目”为例，项目目标包括：①世界各国对灯笼有哪些不同需求？②我们如何从销售灯笼中获利？③哪些多面体能够制作出漂亮的灯笼？学习的最终产品是一个即将参加非营利组织拍卖活动的纸灯笼。学生通过设计和制作自己的纸灯笼，了解角度、表面积和体积等相关知识内容。同时，为了让设计的纸灯笼更符合全球性拍卖活动，他们利用互联网探索了世界各地的关于灯笼的历史和文化，并撰写一篇有关他们选择项目的可行性分析报告。学生还需要分析利润以确定需要出售的灯笼数量，并抵消其固定和可变成本，以确保灯笼项目可以赚钱。

图 6-2　HTH 学习项目（示例）

案例 2：Khan Lab School（KLS）

KLS 由 Salman Khan 于 2014 年创立，采用基于项目和社区参与的学习方式，强调培养学生的批判性思维和解决问题的能力、书面和口头表达能力、合作精神和强烈的职业道德，旨在所学的知识和技能能够为 KLS 之外的生活做好准备。以高中课程为例，KLS 提供了严格的课程标准，涉及五个核心学科（英语、历史、数学、科学和外语），并鼓励学生通过一系列艺术选修课来培养和维持兴趣。KLS 认为，在基于项目的学习中，学生可以在很长一段时间内沉浸于现实世界中的问题。这些问题要求学生彼此合作，运用批判性思维能力，并进行创新思考，而不仅仅是将其重复用于测试。为了更好地支持基于项目的学习，KLS 不仅提供了封闭的教室和讨论室，同时也为学生提供了开放的学习空间（图 6-3）。

图 6-3　KLS 的项目式学习环境（示例）

2020 年 10 月，KLS 为高中历史课程正式启动了“历史的未来”项目，该项目旨在探索纪念碑和教科书的未来。在项目的启动仪式上，为学生展示海湾地区一个在历史上富有争议的雕像。在这学期中，学生将发现更多有争议的古迹，了解其历史，并对古迹在社会中应扮演的角色提出质疑。作为项目的最终成果，学生将对自己选择的有争议的古迹进行详细的分析，进行原创性研究以提供新的见解，并通过使用数字工具（如 QR 码）将古迹关联化，并与更广泛的受众分享他们的发现和成果。

6.1.2　自适应学习

6.1.2.1　内涵及特征

2019 年 6 月，中共中央、国务院印发《关于深化教育教学改革 全面提高义务教育质量的意见》，强调要“精准分析学情，重视差异化教学和个别化指导”。在学习分析、人工智能、机器学习等新兴技术支持下，能够充分体现“因材施教”教育本质，促进教育个性化的自适应学习得到了飞速发展。2020 年 2 月 8 日，美国“在线学习联盟”（Online Learning Consortium）、“处处皆学”（Every Learner

Everywhere）联合美国国家远程教育和技术进步研究中心（National Research Center for Distance Education and Technological Advancement）发布了《数字化学习创新趋势》（*Digital Learning Innovation Trends*）报告，对全球数字化学习的主要趋势进行了解释。其中，自适应学习被列为 7 种主要数字化学习创新之首。自适应学习能够精准诊断学生薄弱知识点，减少对已掌握知识点不必要的重复练习，从而提高学习效率。培生集团于 2018 年发布的研究报告《解码自适应学习》（*Decoding Adaptive Learning*）认为，适应性学习是一种教育技术手段，它通过自主提供适合每位学生的独立帮助，在现实中与学生产生实时互动。

6.1.2.2 实施要点

自适应学习平台或系统可以引导学生进行最适合自己的下一步学习内容和活动，当学生在学习过程中遇到课程难度过高或过低时，课程的难易程度都可以自动调整。老师也可以根据系统提供的学习状态评估报告来分析每个学生的知识空白，并即时调整学习进度，为每个学生提供个性化教学。自适应内容、自适应评估和自适应序列是目前自适应学习三类主要的功能模式。其中，自适应内容通过分析学生答案，为其提供定制的反馈内容、提示线索、拓展学习资源，甚至搭建学习脚手架以支持学生学习；自适应评估的学习应用一般体现为练习引擎或作为监测学生进步的基准评估，根据学生回答问题的情况，及时改变和调整测评的标准，比如难度；自适应序列是三种应用中最为复杂的，主要依靠利用算法和预测分析，不断地收集数据并通过算法模拟和预测分析决定给学生推送哪些学习内容，自动更改学生学习体验的能力。

6.1.2.3 应用案例

案例 1：Assessment and Learning in Knowledge Spaces（ALEKS）

ALEKS 自适应学习系统最初由美国加利福尼亚大学根据脑神经测试和数学算法的相关知识创建，旨在为 K-12 和高等教育范围内学生的数学学习提供自适应评估。ALEKS 的人工智能引擎使用“知识空间理论”来衡量学生对一个主题的熟练程度，使用少量的问题即能快速确定学生知道什么和可以做什么，而这些选择不依赖多项选择题，而是来自学生自己的开放式问题答案。截至 2020 年 11 月，ALEKS 已为 2000 多万学生提供了数学、商业、科学和行为科学等学科的学习支持，其登录界面如图 6-4 所示。

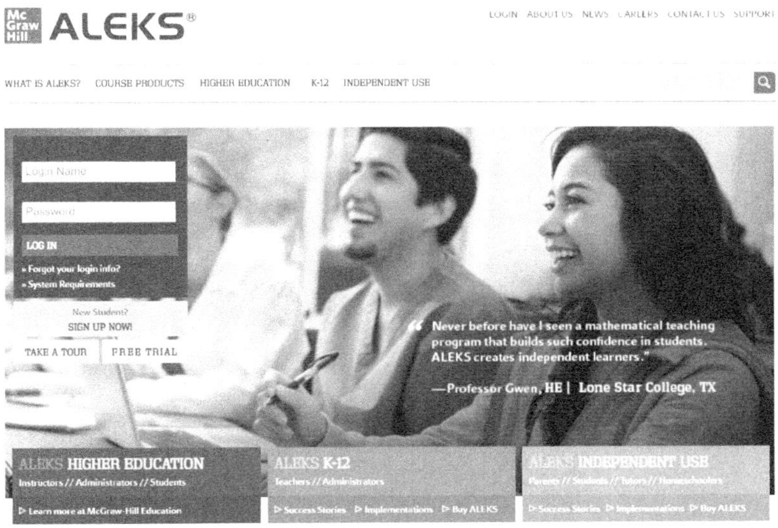

图 6-4　ALEKS 自适应学习系统（登录界面）

ALEKS 官网上展示了美国亚利桑那州立大学的大学代数应用案例，如图 6-5 所示。2016 年秋季学期，学校尝试不再为学生开设大学代数的预备性课程，而改革为利用 ALEKS 以帮助和支持缺乏大学代数必备技能的学生。亚利桑那州立大学利用 ALEKS 开展了混合式学习，每个班级 25 名学生，并配有一名助教。这些学生每周利用 ALEKS 学习三天，以小组的方式开展基于问题的学习活动，每组大概 5—6 名学生。与 2015 年秋季相比，学生不仅节省了超过 100 万美元的学杂费，通过大学代数学习的学生也增加了 670 多名。目前，亚利桑那州立大学的所有一年级学生都必须首先完成 ALEKS 数学分班评估，才能正式入学选课。

图 6-5　ALEKS 的亚利桑那州立大学应用案例

案例 2：猿题库

猿题库是猿辅导在线教育公司旗下的教育产品之一，于 2013 年创立。2019 年 12 月，猿题库被列入中国第一批教育 APP 备案名单。猿题库内所有的知识组件都按照学习进阶关系进行了分层设置，且根据个人过往测试和学习反馈生成的“智能练习”，学生可以跟随此模块进行学习，如图 6-6 所示。而学生用户使用过程中生成的所有数据也让猿题库不断对中国学生的学习方式和常见的知识缺口形成更加深入的了解，并基于此创建个性化的练习和测试用于实现特定的学习目标。截至 2020 年 5 月，学生用户已经在猿题库 APP 上完成了 8 亿次智能练习，总学习时长达到 1.2 亿小时。

图 6-6　猿题库部分功能示例

6.1.3　游戏化学习

6.1.3.1　内涵及特征

游戏化学习这一名词在 2011 年游戏者开发大会上首次提出并得到广泛关注，其前身是基于游戏的学习（GBL）、教育游戏（education game）和严肃游戏（serious game）等。游戏化学习主要关注学习者的认知和情感体验，可以有效激发学习动机、发展认知能力、促进学习参与，以及培养学生 21 世纪所需的高阶能力。①现如今，随着人工智能、大数据分析、模拟仿真技术的飞速发展，以

① 张露，尚俊杰. 2018. 基于学习体验视角的游戏化学习理论研究. 电化教育研究，(6)：11-20.

及人们对于寓教于乐需求的不断高涨，基于数字化教育游戏的游戏化学习作为一种新兴的学习方式，逐渐受到专家学者的普遍关注。高沉浸感、即时反馈和强交互性是游戏化学习方式的主要特点。其中，①高沉浸感：学习者在游戏时，为了获胜会聚精会神、全身心投入到情境中，过滤掉周遭的所有不相关的事物，且能够完成在平时自己看来不可能完成的任务，并伴有一定的愉悦感；②即时反馈：教育游戏环节的设置具有发现、探索和主动建构知识的作用，且其贯穿整个教学活动中，能及时反馈来了解学习者在游戏过程中的学习目标完成情况，给出指导性评价；③强交互性：借助现代信息技术将多种元素集结在虚拟的游戏世界，让学生用多种感官在这个虚拟的学习环境中参与互动、攻克难关、完成挑战，达到预期学习目标。交互方式主要有人机交互、人际交互两种。人机交互就是和电脑对抗；人际交互是指在游戏中和其他学习者沟通对话，既可以合作也可以竞争，竞争是一种有效激发学习动机和学习者内部需要的交互方式。

6.1.3.2　实施要点

游戏化学习的设计与实施具有很高的挑战性，总体上看，游戏设计人员和教学设计人员需要协同工作以确保游戏化学习的顺利开展。设计过程中，可以遵循以下原则：①明确游戏的学习目标。在开发教育游戏时，相关设计人员应确保游戏可以满足预先设定的学习目标。②选择游戏类型。游戏具有不同的类型，如冒险游戏、解决问题游戏、基于动作的游戏等。开发人员需要在分析和评估要实现的教学目标的基础上，有针对性的实现游戏类型的精准匹配。③确保游戏难度适中。教育游戏的设计需要消除复杂性，并包含明确的学习指导，以确保学习者可以在轻松且略有挑战的情境下完成学习。④合理有效地应用多媒体元素。多媒体元素是电子游戏的重要元素，但是多媒体内容过载极易引起学习者迷失目标。⑤设计一个引人入胜的故事。是否围绕学习内容和学习目标，创建一个吸引人的故事场景是游戏化学习成功与否的关键。⑥引导积极的游戏动机。确保游戏元素和游戏动机的正确组合，积极引导学习者从外部学习动机向内部学习动机转化，以确保学习的可持续开展。⑦允许和鼓励“失败”。反复的失败能够引导学习者不断分析学习问题，重新考虑学习方法，调整学习策略。⑧提供有效反馈。根据学习者的学习过程，在游戏中赋予即时的，或连续的反馈机制。⑨设置奖励环节。奖励是游戏化学习的重要机制，可以为学习者带来满足感和成就感。积分、虚拟硬币、升级和徽章等是基于游戏化学习中常见的奖励方式。⑩合理引用竞争。建议在基于游戏的学习方式中促进学习者之间的健康竞争，如在游戏中包含排行榜等。⑪增强社交展示。学习过程中，鼓励学习者在社交媒体平台上，交流学习过程中的心得体会，形成学习共同体。

6.1.3.3 应用案例

案例 1：俄勒冈之旅（The Oregon Trail）

“俄勒冈之旅”被认为是游戏化学习的鼻祖，最初由 Don Rawitsch，Bill Heinemann 和 Paul Dillenberger 于 1971 年开发，并于 1974 年由明尼苏达州教育计算机协会（Minnesota Educational Computing Consortium，MECC）发行。它被认为是教育游戏的重要先驱，自问世以来，不断更新迭代且经久不衰，深受教师和学生的喜爱。这款教育游戏设计最初主要面向小学生的历史学习，讲述了 19 世纪美国西部大开发时期的真实故事。玩家可以扮演马车领队，在 1848 年指挥移民队伍搭乘篷车，从密苏里州独立城经过俄勒冈小径直达俄勒冈威拉米特河谷，如图 6-7 所示。

图 6-7 “俄勒冈之旅”部分界面（1985 年版本& 2011 年版本）

案例 2：分数游戏（Refraction）

分数游戏是由华盛顿大学游戏科学中心设计和开发，荣获过 2010 年迪士尼学习挑战赛大奖。这款游戏描绘的情境是太空中有很多小型宇宙飞船需要补给能量才能继续飞行，学生需要以平分（splitting）的方式（如 1/2、1/3）切断能量绳，而能量绳的长度需要与飞船的大小匹配，匹配成功，小飞船则能够继续飞上太空。国际上很多专家学者对其提高后进生的分数概念性知识学业成就进行了研究。Baker 等从行为与神经反应两方面探究分数游戏的效果，并对 4128 名三年级学生进行了分数测试。根据前后测成绩的变化，发现分数游戏可以提高分数成绩，更重要的是从玩游戏过程中受到的分数理解的影响可以延伸到标准分数测试，如图 6-8 所示。①

① Baker J-M，Martin T，Aghababyan A，et al. 2015. Cortical activations during a computer-based fraction learning game：Preliminary results from a pilot study. Technology，Knowledge and Learning：Learning Mathematics，Science and the Art in the Context of Figital Technologies，20（3）：339-355.

图 6-8　“分数游戏”部分界面

案例 3：Quest to Learn（Q2L）

Q2L 是由麦克阿瑟基金会资助的一所美国公立学校。游戏化学习是这所学校的核心教学理念，图 6-9 为学生在进行游戏化学习时的场景。Q2L 课程打破了普通学校的课程架构，体现了全面游戏化的设计。每学期开始，授课教师都会与游戏设计师和课程设计师组成一个教学团队。他们共同创建以纽约州标准为基础，并与当今年轻人的生活相关的游戏课程。比如，在九年级生物学中，学生们曾在虚构的生物技术公司中度过了一年的时光。他们的工作是克隆恐龙，并为他们创建稳定的生态系统。通过适应生物技术科学家的角色，学生可以学习遗传学、生物学和生态学等学科知识。

图 6-9　Q2L 的游戏化学习场景

6.2 随时-随地-随需

6.2.1 移动学习

6.2.1.1 内涵及特征

移动学习研究始于美国，1994 年卡内基梅隆大学的 Wireless Andrew 研究项目率先开启了北美移动学习研究与发展的先河。2001 年，美国学者预言手持移动终端将对学习带来深刻的影响。[①]移动学习（mobile learning）也被看作是新媒介时代微型学习的主要表现形式。[②]它是具体指利用无线移动通信网络技术，以无线移动通信设备（如智能手机、平板电脑、笔记本计算机）获取教育信息、教育资源和教育服务的一种新型数字化学习形式。[③]目前移动学习有两种较为公认的概念：第一，采用移动技术为学习者提供学习材料、指导或支持的教学模式；第二，不受物理位置约束的学习模式。前者主张移动技术的使用，后者提倡学习时空的灵活性。移动学习主要具有以下三方面主要特征：①使用移动便携设备：即这种学习形式必须依赖技术才能开展学习活动；②多变的学习环境：即学习者可在任何时间、任何地方，在移动设备的支持下开始学习，具有时间和空间的灵活性；③学习内容与社会交互影响，即学习的内容涵盖社会的各个方面，只要学习者想学，便可开始学习，并且学习者学到的知识重组之后可通过移动互联网再次传输给其他社会成员，实现知识的共享与创新。[④]

6.2.1.2 实施要点

移动学习具有随时随地进入，知识内容零散摄入，注意力易受干扰等特点，“不太适合运用于内容覆盖全部主题的学习情境，但在运用结构化的小信息片断去更新和补充现存知识时最为成功”[⑤]。斯坦福学习实验室（SLL）的研究表明，移动

---

① Pownell D，Bailey G-D. 2001. Getting a handle on handhelds. American School Board Journal，188（6）：18-21.

② 张艳超，伍海燕. 2013. 移动微型学习：新生代员工继续教育新模式——以微信公众平台为例. 现代教育技术，23（11）：79-84.

③ 叶成林，徐福荫. 2004. 移动学习及其理论基础. 开放教育研究，（3）：23-26.

④ Crompton H. 2013. Mobile learning：New approach，new theory. London：Routledge：47-57.

⑤ Frankl G. 2006. Mobile and motivating：How something very small can become big// Microlearning Conference. Innsbruck：Innsbruck University Press：143-155.

学习属于碎片式学习经验，学习材料的设计必须零散化。为了让学习者使用移动学习设备便捷地获取学习资源并进行随时随地学习，必须为其提供与之相适应的微型学习内容。①国内学者方海光认为，终端、内容和活动是移动学习的三个重要构成要素。其中，目前的终端形态主要表现为手机和平板电脑，内容形态主要表现为微课程和 APP，活动形态呈现出翻转化和互联网化特征。②

6.2.1.3　应用案例

案例 1：学习强国

“学习强国”学习平台于 2019 年 1 月 1 日上线，是由中共中央宣传部主管，以习近平新时代中国特色社会主义思想和党的十九大精神为主要内容，立足全体党员、面向全社会的优质平台。2019 年 12 月 6 日，学习强国入选“2019 年中国媒体十大流行语”。学习强国客户端由 PC 端和手机客户端两大终端组成。其中，手机客户端有“学习”和“视频学习”两大板块 38 个频道，聚合了大量可免费阅读的期刊、古籍、公开课、歌曲、戏曲、电影、图书等资料，如图 6-10 所示。同时，为了满足了互联网条件下广大党员干部和人民群众多样化、自主化、便捷化、随时随地的移动学习需求，“学习强国”学习平台还与中国电信、中国联通和中国移动合作推出学习强国专属的定向流量包。

图 6-10　“学习强国”手机客户端界面（截图）

① Brown E. 2001. Mobile learning explorations at the Stanford Learning Lab. Speaking of Computers，55：112-120.
② 方海光. 2016. 移动学习的要素、原则与趋势. 开放教育研究，(1)：14-15.

案例 2：未来学校创新计划

中国未来学校实验室发起的“未来学校创新计划”，自 2014 年启动以来，多次被列入教育部年度教育信息化工作要点。该计划中的重庆市树人景瑞小学“中国个性化教育中的移动学习”案例（图 6-11），于 2019 年 9 月入选联合国教科文组织全球移动学习最佳实践案例。树人景瑞小学依托“网络空间人人通”平台，构建集社交、移动、数据分析、云计算为一体的系统化创新课程体系。利用平板电脑、智能屏幕和云端，实现了教师端、学生端、云端之间的交互，并基于深度沟通信息平台、智能教学数据采集分析等诸多强大的功能，为每一名孩子提供 4A 课程学习环境。同时，强调定制个性化课程方案，帮助学生实现共性和个性化发展。

图 6-11　树人景瑞小学的同学们基于移动设备的学习场景

案例 3：沃尔玛移动学习平台（沃课堂）

2018 年 10 月，沃尔玛与网龙网络控股有限公司达成战略合作，推出沃尔玛（中国）首个全渠道零售移动学习社区“沃课堂”。截至 2020 年 1 月，学员人数达到 10 万人，包括来着全国 180 多个城市、400 多家商城及数十家干仓配送中心、鲜食配送中心的一线员工，整体上线率超过 80%，月均用户活跃度最高超过 90%。沃尔玛通过为员工提供场景化、多元化、游戏化的移动学习方式，帮助一线员工和总部及区域员工随时随地提升适应智能零售的新技能。“沃课堂”采用全新的场景化、多元化、游戏化的体验式学习方式，吸引和鼓励员工在碎片化时间学习丰富的培训课程，推广“每天 5 分钟，成长大不同”的学习理念，随时随地获得智能零售转型过程中所需要的工作技能，应用所学，在全渠道零售发展中，为顾客提供更好的服务，如图 6-12 所示。

图 6-12　“沃课堂”移动学习 APP 界面（截图）

6.2.2　微课

6.2.2.1　内涵及特征

随着微时代的到来，微课以其短小精悍、结构清晰、便于随时随地学习等优势逐渐引起教育界的普遍关注。美国北爱荷华大学 McGrew 教授所提出的 60 秒课程（60-second course）以及英国纳皮尔大学 Kee 教授提出的 1 分钟课程（OML）为代表的微型教学模式被认为是微课的雏形。微课是以阐述某一知识点为目标，以短小精悍的在线视频为表现形式，以学习或教学应用为目的的在线教学视频。① 微课具有内容具体、主题突出的特点。通常以解决问题为主，聚焦一到两个知识点，经过精心的信息化教学设计开展简短、完整的教学活动，一般时长 5—8 分钟，建议不超过 15 分钟。

6.2.2.2　应用案例

案例 1：可汗学院（Khan Academy）

可汗学院是孟加拉裔美国人 Salman Khan 于 2008 年创立的一家教育性非营

① 焦建利. 2013. 微课及其应用与影响. 中小学信息技术教育，（4）：13-14.

利组织，被称作为全世界使用率最高的二十四小时“网络视频家教”。可汗学院的教学宗旨是“随时随地为所有人提供世界一流的免费教育”。可汗学院提供了46种语言的以教学短视频为主的个性化学习资源，并辅以练习习题和个性化的学习界面，学习者能够在课堂内外按照自己的进度学习。内容涉及数学、科学、计算机编程、历史、艺术史、经济学等。此外，可汗学院还与NASA，MIT等世界知名机构合作，提供特定的专业内容。截至2020年11月，据可汗学院官方网站数据显示，网站已有超过190个国家的1.15亿注册用户，每个月约有将近2000万学习者。

可汗学院针对2—7岁儿童独立运营了Khan Academy Kids应用程序，如图6-13所示。除了培养早期读写、阅读、写作、语言和数学技能外，该应用程序还鼓励创新能力，培养社交情绪技能。

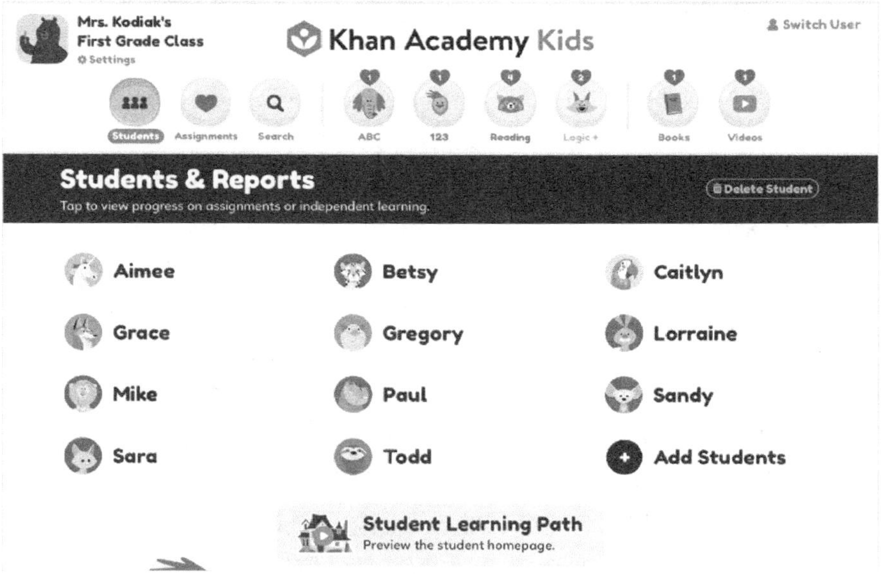

图6-13 儿童可汗学院（2—7岁）界面（截图）

案例2：洋葱学院

洋葱学院的前身是洋葱数学，创建于2013年。截至2019年4月，洋葱学院已经累计完成超过6亿元融资①，常被誉为中国本土的“可汗学院”。与可汗学院不同，洋葱学院在创立伊始，没有沿袭真人讲解的短视频授课方式，而着力于教

① 李楠.（2019-12-05）. 洋葱数学更名洋葱学院 由数学单科向全学科拓展. https://www.sohu.com/a/427343742_114819.

学动画短视频的设计与开发，如图 6-14 所示。截至 2020 年 12 月，洋葱学院已拥有超过 4600 万学生、170 万教师用户，遍及全国 2800 余个区县的 21 万所中小学校。①洋葱学院依据国家课程标准和教材，针对数学、语文、英语、物理、化学全学科课程，自主研发了超过 2500 个富有创意的动画视频课程。每个视频约 5—8 分钟，旨在精讲一个知识点或思维点，帮助学生达成深度学习。数据层面，洋葱学院建立起多维度的学习数据收集体系，获取了大量的闭环数据，包括视频数据、学习数据、行为数据等。

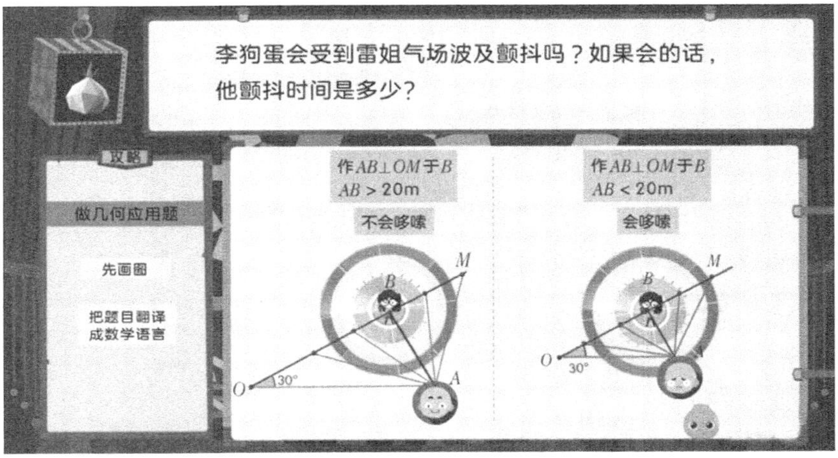

图 6-14　洋葱学院的数学微课（截图）

面向贫困地区的乡村学校和教师，2013 年 12 月，洋葱学院创立了“洋葱助教行动”，长期免费提供课程资源和教育支持服务，用人工智能助推乡村教师成长，让农村学生也能享有优质教育。截至 2020 年 8 月，项目受益人数超过 53 765 名教师，覆盖 29 个省市区的 32 910 所乡村学校，学生超过 100 万名②，入选国务院扶贫办、中央网信办的优秀扶贫案例。此外，为应对新冠肺炎疫情期间的在线学习需求，洋葱学院入选国家教育资源公共服务平台，联合学习强国、新华社、中国青年报等多家媒体及平台服务于全国广大师生，助力停课不停学，如图 6-15 所示。

① 王峰.（2020-12-17）. 洋葱学院荣获中央电视台央视网 2020 年度影响力在线教育品牌. http://science.china.com.cn/2020-12/17/content_41397222.htm.

② 中国发展网.（2020-09-16）. 洋葱学院发布 2020 年度教育公益白皮书. https://baijiahao.baidu.com/s?id=1677983142261880637&wfr=spider&for=pc.

图 6-15　洋葱学院入选学习强国平台“在家上学”

6.2.3　慕课

6.2.3.1　内涵及特征

加拿大学者 Dave Cormier 和 Bryan Alexander 于 2008 年提出了 MOOC 这一术语，也称为“慕课”。①2012 年被《纽约时报》称为“慕课元年”。在这一年间，美国见证了 Coursera、Udacity 和 edX 三大主流 MOOC 平台的诞生。中国从 2013 年开始关注慕课的建设和发展。近年来，中国慕课从无到有、从小到大、从弱到强。据教育部统计，截至 2019 年 9 月，已有 12 500 门慕课上线，超过 2 亿人次学习者，6500 万人次大学生获得慕课学分。② MOOC 不仅把课程内容展示在网上，而且把课程学习的全过程都搬到了网上，使学习者可以完成从报名到考试的一体化学习链条。它以“将世界上最优质的教育资源，传播到地球上最偏远的角落”为教育宗旨，力求促进教育公平，实现真正的教育民主，促进精英教育的大众化。

MOOC 的大规模特征体现在大规模参与、大规模交互和海量学习数据三个方面。首先，大规模参与是指课程参与人数的可能性增大，同时参与课程学习的学习者数量可以达到数万人甚至数十万人。③其次，大规模交互是指课程研讨同时有

① 转引自：曾明星，周清平，等. 2015. 基于 MOOC 的翻转课堂教学模式研究. 中国电化教育，(4)：102-108.

② 教育部. (2019-04-17).《中国慕课行动宣言》. http://www. moe.gov.cn/s78/A08/A08_ztzl/ztzl_zxkf/201904/t20190418_378663.html.

③ 李曼丽. 2013. MOOCs 的特征及其教学设计原理探析. 清华大学教育研究，34 (4)：13-21.

数千、数万人参与，当学习者提出问题，数百人从问题的不同角度与其交流讨论。最后，学习者大规模的参与和交互使得课程产生海量的学习数据，MOOC 平台利用数据挖掘、人工智能和自然语言处理等技术，多维度和深层次分析海量学习行为数据，发现课程学习的特征和规律，动态调整学习引导策略和学习支持服务。①

MOOC 的开放性特征体现在四个层面。一是课程学习的时空自由。MOOC 学习不受时间和空间限制，学习者利用移动学习终端在任何时间和任何地点均可参与课程学习，摆脱传统物理教室的时空限制。二是面向全球的学习者免费开放。除学习者申请课程证书需缴纳一定费用外，其数据、资源、内容和服务向全球的学习者免费开放，学习者能够无障碍地访问课程资源，自由获取信息和知识。三是课程系统开放的信息流。学习者和教学者利用网络学习工具与 MOOC 学习环境的外界保持信息交互，将专业领域中最新的知识自由地整合为课程内容，同时把课程知识应用于实践问题解决。四是课程学习中权威的消失，学习者利用社交媒体与同伴和教学者自由地展开互动与交流，学习者负责媒体语境下的自身知识建构，达到真正的学术和言论自由。②

6.2.3.2　实施要点

MOOC 的学习资源通过互联网空间生成和传播，作为分布式知识库系统，其内部存在一个以学习者、教学者、社交媒体、学习资源和人工制品等为节点的相互交织的知识网络，知识以片段形式散布于该网络的各个节点中。MOOC 拥有特定的教学方法和教学活动，包括课堂讲解、随堂测试、虚拟实验、师生对话、学生研讨、作业互评、分组协作、单元测试、期末考试和证书申请等，学习者除了观看教学视频，需要积极参加以上课程教学活动。MOOC 学习环境利用互联网的自动跟踪和记录功能，记录并保存学习者在课程学习活动中的学习行为，利用学习行为分析算法挖掘学习大数据背后的信息和规律，将形成性评价结果及时反馈给学习者和教学者，为学习者提供个性化的学习指导，帮助教学者了解课程教学效果，改进教学策略和方法，科学、全面地提高课程教学质量。①

与传统课程学习相比，MOOC 更能充分实现学习者的个性化学习。首先，学习者自选学习内容和自定学习步调。学习者根据学习兴趣和学习需要选修课程和确定课程学习的路径，根据自己的知识基础自定课程学习的步骤。其次，课程学习方案与课程资源的个性化推荐服务。MOOC 平台根据学习者的个人档案和学习

---

① 王永固，张庆. 2014. MOOC：特征与学习机制. 教育研究，35（9）：112-120，133.

② Glance D-G，Forsey M，Riley M. 2013. The pedagogical foundations of massive open online courses. First Monday，18（5）：12.

行为，使用协同过滤推荐技术向学习者推荐其可能感兴趣的课程，支持学习者创建个性化的课程学习方案，同时从海量学习资源中提取和推荐符合学习者认知需求的学习资源。最后，MOOC 内嵌学习者的个性化学习情境。学习者使用移动学习终端设备，摆脱了传统物理教室和实验室的限制，将课程学习灵活地与学习者所处的特定学习情境融合，支持学习者开展基于情景的个性化学习。①

6.2.3.3 应用案例

案例 1：Coursera

Coursera 由美国斯坦福大学两位教授于 2012 年创立，其建设宗旨是期待在未来所有人都可以获得世界最高水平教育，希望教育能够改善人们及其家人的生活，以及他们所在社区。2020 年 7 月，Coursera 宣布已筹集 1.3 亿美元的 F 轮融资，并将其估值更新为 25 亿美元。②截至 2020 年 11 月，超过 200 所世界一流大学和科研机构与 Coursera 合作开发课程，全球有 7300 多万学习者通过 Coursera 开展学习活动。平台提供了大量计算机科学、数据科学、信息技术、数学、语言学习、艺术人文、商科等热门领域的优秀课程资源。以计算机科学及数据科学板块为例，覆盖了从编程语言、算法设计、Web 开发、移动开发、前端设计，到成为社会热点的云计算、大数据、机器学习、深度学习、区块链等领域的课程资源。其平台界面如图 6-16 所示。

图 6-16 Coursera 平台界面（截图）

① DeWaard I，Abajian S，Gallagher M-S，et al. 2011. Using mLearning and MOOCs to understand chaos，emergence，and complexity in education. International Review of Research in Open and Distance Learning，12(7)：94-115.

② 夏天.（2020-07-21）. 美国在线教育平台 Coursera 完成 1.3 亿美元 F 轮融资. https://www.sohu.com/a/408819867_361784?_trans_=000014_bdss_dklzxbpcgP3p：CP=.

Coursera 的课程设置根据内容难度和目标需求的不同，可以分为六种类型：①一般课程。数百种免费课程可供学习者随时点播视频，完成家庭作业，参与社区讨论。付费课程提供额外的测验和项目，完成后提供可共享的课程证书。②技能型课程。学习与工作相关的技能和行业工具。技能型课程支持自定进度学习，一般每门课程的学习时长在 2 小时之内，可以在实际场景中使用工具进行练习。③专业化课程。课程内容的专业化程度较高，课程要求严格，学习者需要完成具有挑战性的实际项目以获得专业证书。④认证类课程。认证类课程面向职业发展需求，完成相应课程学习后可以获得社会认可的证书。⑤MasterTrack ™证书课程。硕士课程被拆分为若干个在线学习模块，通过对真实项目的实时学习和专家指导，从深度的学习体验中受益。如果学习者被硕士课程正式录取，MasterTrack ™课程学习将会主动计入学位课程的学分中。⑥在线学位课程。通过开放学位课程的学习，学习者可以获得社会认可的一流大学的学士或硕士学位。

新型冠状病毒（COVID-19）的大流行使得世界正面临着前所未有的动荡，人类的学习方式正在发生巨大变化，数字化在线学习需求激增。仅 2020 年 3 月到 9 月间，就有超过 2100 万新用户加入 Coursera，比去年同期增长 353%。为应对 COVID-19 疫情期间的数字化学习需求，Coursera 在合作伙伴的支持下，通过“Coursera for Campus”额外开放了 3600 多门优质在线课程的免费使用权限，使得在 COVID-19 疫情期间转向在线学习的大学教师和学习者从中受益。

案例 2：中国大学 MOOC（慕课）

中国大学 MOOC 是由网易与高等教育出版社合作推出的在线教育平台，于 2014 年正式上线，承接教育部国家精品开放课程任务，向大众提供中国知名高校的 MOOC 课程。平台的建设宗旨是让每一个有意愿提升自己的人都可以免费获得更优质的高等教育。中国大学 MOOC 平台的课程由各校教务处统一管理运作，高校创建课程、指定负责课程的老师，老师制作发布课程，所有老师都必须在高等教育出版社的爱课程网站上进行实名认证。老师新制作一门 MOOC 课程需要涉及课程选题、知识点设计、课程拍摄、录制剪辑等 9 个环节，课程发布后老师会参与论坛答疑解惑、批改作业等在线辅导，直到课程结束颁发证书。每门课程有老师设置的考核标准，当学生的最终成绩达到老师的考核分数标准，即可免费获取由学校发出主讲老师签署的合格/优秀证书（电子版），也可付费申请纸质版认证证书。获取证书，意味着学生达到了学习要求，对这门课内容的理解和掌握达到了对应大学的要求。

为了更好地支持 MOOC 的实际教学应用，中国大学 MOOC 推出了“慕课堂”以助力课堂教学。“慕课堂”提供签到、点名、练习、讨论、公告、分组等 8 种常用的课堂教学活动，能够帮助教师快速汇总和分析学生线下课堂与线上课程的详细学习数据，实现有效的混合式学习方式。如图 6-17 展示了“慕课堂”智慧教学的微信服务号及教师心得交流群。

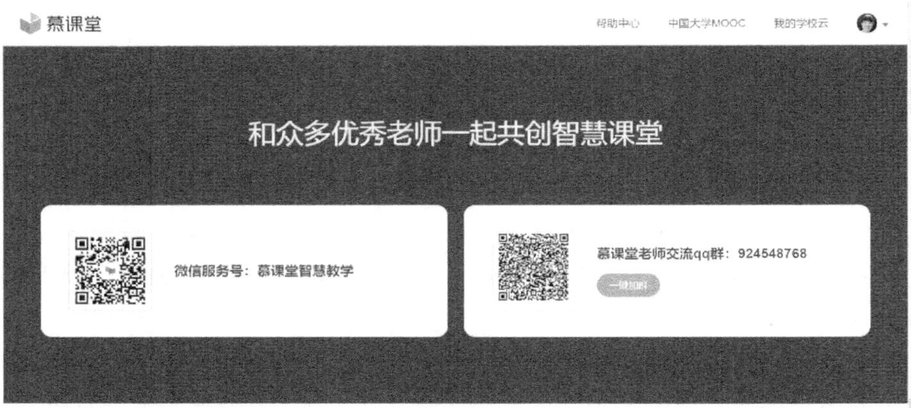

图 6-17 “慕课堂”界面（截图）

此外，中国大学 MOOC 还根据不同时间的开课情况，汇集热门课程形成了“百课全书”专题，解析课程、发现课程亮点并按期推出，以便帮助学习者选择到最需要的课程内容。如图 6-18 所示。“百课全书”里面汇聚了该平台上广受好评的众多优秀课程，同时记述了中国大学 MOOC 平台的发展史和课程动态。

图 6-18 中国大学 MOOC“百课全书”界面（截图）

第7章
非正式学习中的数字化学习

随着科技的变革和信息社会的建设，工业、农业、医疗、教育等众多领域的生产方式发生了系统性变革，人类所需要的知识与技能随之不断更新。过去以知识传授和为职业做准备的传统教育已经无法适应这个高度信息化、智能化、个性化的新时代[①]；学校不再是唯一的学习场所，学校内外的边界正在打破，终身教育、终身学习的理念越来越被人们认可，学习也已经超越学校空间，转变为人人学习、时时学习、终身学习的社会活动。因此，建设学习型社会与终身教育体系是新时代教育变革的必然战略。《国家中长期教育改革和发展规划纲要(2010—2020年)》就提出了“到2020年，基本实现教育现代化，基本形成学习型社会，进入人力资源强国行列”的战略目标。正是在这样的时代背景之下，我们有必要对非正式学习的内涵及相关概念进行分析，并重点阐述信息时代终身学习语境下非正式学习的重要方式与途径。

---

① 朱永新. 2017. 未来学习中心构想. 华东师范大学学报（教育科学版），(4)：15-18.

7.1 非正式学习推进学习型社会建设

7.1.1 学习型社会的内涵及特征

美国教育家 Robert M. Hutchins 于 1968 年率先提出的“学习型社会”定义，即所有成年男女，经常为他们提供定时制的成人教育是不够的，还应以成长及人格的构建为目的，并以此目的制定制度，更以此制度来促进目的的实现，由此建立一个朝向价值的转换及成功的社会。①许多学者认可这一定义并对其进行深入解读。这一界定有四个要点：在教育时间观上，学习型社会要求人人都必须终身学习，通过终生不断地学习使人成为人；在教育对象观上，学习型社会不把成年男女排除在教育对象之外，每个人都有接受教育的权利，都能无差别地享有自由教育；在教育目的观上，学习型社会以培育人性为目标，人力居于次要地位；在教育社会观上，学习型社会的教育，要超越社会并引导社会。②人才是教育与社会发展的主题，教育应该脱离功利主义，履行“完善人性”的职责。

学习型社会具有四大内涵：其一，学习型社会是一个需要了解其自身特点和变化规律的社会。学习型社会是一个不断变化的社会，为了适应社会的快速变化，人们就必须把学习放在生活的中心位置，知道怎样学习才能超越传统社会秩序所形成的追求稳定感的心理倾向。其二，学习型社会是一个需要改变其教育方式的社会。教育的焦点应放在“学”而不是“教”上，教师作用从“说教者”变成“学生学习需要和学习进程的诊断者”。其三，学习型社会是一个全员参与学习的社会。学习型社会面向全体公民，是“做中学的社会”，实际参与才是有价值的学习。其四，学习型社会是一个学会民主地改变学习条件的社会。主要侧重从个人、学校、社区和政府等角度论述建立学习体制以及改革机构的措施。③

“非正式学习”是相对正规学校教育或继续教育而言的概念，指在非正式学

① 转引自：厉以贤. 2000. 学习社会的理念和建设. 高等教育研究，（5）：21-25.

② 陈廷柱. 2003. 何谓“学习社会”——国外专家的若干见解. 比较教育研究，（10）：14-18.

③ 陈廷柱. 2003. 何谓“学习社会”——国外专家的若干见解. 比较教育研究，（10）：14-18.

习时间和地点，如工作、生活、社交等情景中接受新知的学习形式，特点就是随时随地的学习，并且不限定学习对象。对于在职的成年人来说，随时随地发生的非正式学习更适合其生活方式。非正式学习主要是根据人们的需求发生的，因此非正式学习更能解决实际中的问题。人类一生中大部分的学习来自非正式学习，如图 7-1 所示。随着信息技术的发展信息时代的到来，非正式学习也越来越引起世界各国的关注。非正式学习可以有效推动“形成全民学习、终身学习的学习型社会，促进人的全面发展”，即“人人皆学、处处能学、时时可学”①。

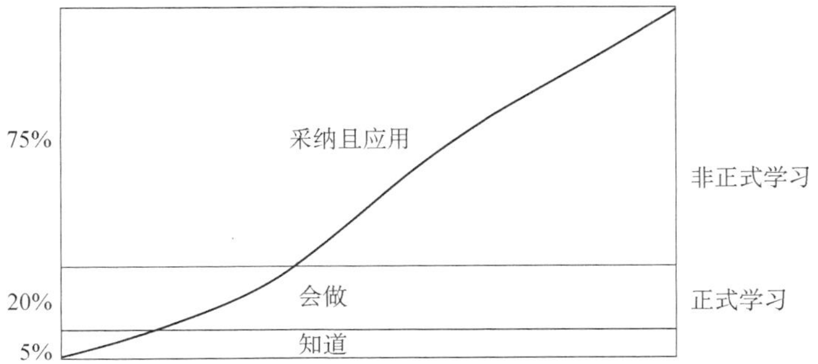

图 7-1　Digital Equipment Corporation 的 Sally Anne Moore 关于学习时间的研究结果②

学习型社会是有相应的机制和手段促进和保障全民学习和终身学习的社会。终身学习是从时间维度对学习提出的要求；全民学习是从受众维度对学习提出的要求。伴随着信息技术的飞速发展，泛在学习可以从技术维度对学习型社会提供支持。

7.1.2　学习型社会的多维度分析

7.1.2.1　终身学习：时间维度

终身学习概念在 20 世纪 60 年代后期开始进入教育政策的话语中。③Hutchins 于 1968 年出版的《学习社会》一书中认为，“要使个人继续成为有人性的人，就必须不断地学习”④。OECD 在其《人人享有终身学习》（*Lifelong Learning for All*）

① 新华网.（2015-05-23）. 习近平：建设“人人皆学、处处能学、时时可学”的学习型社会. http://news.cnr.cn/native/gd/20150523/t20150523_518620985.shtml .

② Baser J A，Buntat Y. 2010. Informal learning among engineering technology teachers. Procedia-Social and Behavioral Sciences，7（12）：336-344.

③ Tuijnman A，Boström A-K. 2002. Changing notions of lifelong education and lifelong learning. International Review of Education，48（1-2）：93-110.

④ 转引自：吴遵民. 2004. 终身学习概念产生的历史条件及其发展过程. 教育评论，（1）：48-52.

报告中提出了以下定义，该定义也涉及全方位学习，包括正式和非正式学习："终身学习最好被理解为从摇篮到坟墓，从幼儿时期的学习到退休后的学习，在整个生命周期中进行个人学习和发展的过程。"①这是一个包容性的概念，不仅指学校、大学和成人教育机构等正规教育，还指非正式场合、家庭、工作场所和更广泛社区的"全方位"学习。②

终身学习最重要的特征已经包含在短语本身中：它是"终生的"，从摇篮到坟墓，并将"学习"而非指导，置于中心阶段。深入探讨其含义，可以从四个方面进行分析理解。③

第一，将学习者置于中心意味着学习者对自己的学习过程负责，而不是教师或机构。终身学习者是自我导向的，并且可以同时在不同的环境中进行不同的学习活动。

第二，学习者通常在其一生中从事各种正式和非正式的学习活动。终身学习者需要避免过载，应该支持学习者根据他们的需求、先验知识和当前情况选择最合适的解决方案，从而促进学习。

第三，任何特定领域的终身学习者具有不同的能力水平。传统上，可通过提供明确的标准，尽可能减少学习者的异质性。在终身学习中，建立新手与专家合作的学习社区，倡导开放沟通，以尊重学习者的异质性。

第四，有必要以持久和标准的方式保持个人能力的增长纪录，以确保学习者能够搜索适合并扩展其当前知识的新学习设施。目前备受关注的一种方法是便携式电子档案袋应用，学习者的个人电子档案由自己拥有和管理，并在非正式和正规的教育和培训中使用与更新。

7.1.2.2 全民学习：受众维度

全民学习常与终身学习被视为学习型社会的核心内容，强调学习机会对于人民的普及性，体现了教育的公平与普及。④1963 年，世界银行出台了第一个正式的教育文件《世界银行及国际开发协会在教育领域的政策提案》，提出世界银行应该资助一些教育项目，从而为一些国家的经济发展做出贡献。2011 年春季，世界银

---

① Tuijnman A. 1996. Lifelong learning for all：Meeting of the education committee at ministerial level. Paris：Organisation for Economic Co-operation and Development.

② Tuijnman A，Boström A-K. 2002. Changing notions of lifelong education and lifelong learning. International Review of Education，48（1-2）：93-110.

③ Koper R，Tattersall C. 2004. New directions for lifelong learning using network technologies. British Journal of Educational Technology，35（6）：689-700.

④ 闫温乐. 2011. "全民学习"愿景下的教育资助——《世界银行 2020 教育战略》述评. 比较教育研究，33（10）：34-38.

行推出《全民学习：投资于人民的知识和技能以促进发展——世界银行 2020 教育战略》，提出了“全民学习”的战略新愿景，规划了未来 10 年世界银行在教育领域的关注重点和实践动向。[①]全民学习受到世界各国的重视，在澳大利亚，为促进全民学习，从面向社会岗位需求入手，培养各级各类实用型人才，着力提高从业人员胜任工作的技能，有效帮助劳动者就业转岗。在澳大利亚的学制系统中，职业教育培训体系具有层次规范、结构衔接、体系开放的明显特征。[②]

7.1.2.3　泛在学习：技术维度

从非正式学习需求的角度出发，学习的发生是无处不在的。狭义概念认为，泛在学习是指以泛在计算技术为核心的信息技术支持下的学习。国内外学者普遍认为，泛在学习具有如下几个主要特点：①永久性（permanency）。学习者不会失去学习成果，所有的学习过程都会被不间断地记录下来。②可获取性（accessibility）。学习者可以在任何地方、任何地点获得他们所需要的文档、数据和视频等。③即时性（immediacy）。不管学习者在哪里，他们都可以即时地获取信息，因此学习者可以迅速地解决问题，或者可以记录问题并在事后寻找答案。④交互性（interactivity）。学习者可以同步或异步地与专家、老师或学习伙伴进行交互。⑤教学活动的场景性（situating of instructional activities）。学习可以融入学习者的日常生活中，学习者所遇到的问题或所需的知识可以以自然有效的方式被呈现出来。⑥适应性（adaptability）。学习者可以以适合他们自己的方式获得适合他们需求的信息。[③]

7.2　非正式学习的热点：场馆学习

随着经济的飞速发展和知识的爆炸式增长，全民学习和终身学习的理念深入人心，人们的学习不再局限于传统的课堂学习和培训学习，非正式学习方式逐渐

---

① The World Bank.（2011-04-12）. World Bank Group Education Sector Strategy 2020：Learning for All：Investing in People's Knowledge and Skills to Promote Development. http://pubdocs.worldbank.org/en/418511491235420712/Education-Strategy-4-12-2011.pdf.

② 叶之红. 2003. 澳大利亚职业教育培训促进全民学习终身学习的经验. 教育发展研究，(Z1)：152-156.

③ 李卢一，郑燕林. 2009. 泛在学习的内涵与特征解构. 现代远距离教育，(4)：17-21.

融入人们的生活。场馆通过展品等实物向参观者展示技术或原理。与传统课堂不同，参观者不需要从课堂中获取知识，而是通过讲解、游览或游戏等场馆活动来获取展品背后的相关信息，参观者以娱乐的方式进行学习。场馆作为非正式学习的重要场所，伴随着场馆数量增加，场馆的免费开放，场馆的观众数量大幅提升，场馆学习所承担的教育功能的作用日益明显。随着移动技术、虚拟现实技术、体感技术等信息技术的融入，场馆的硬件设施得到很大程度的提升，不仅可以增加参观者的体验性和沉浸性，也为参观者提供了丰富的数字资源。场馆学习作为人们非正式学习的一种重要形式也逐渐受到研究者的关注。

7.2.1 场馆学习的概念

美国学习改革委员会在 1994 年的“为个体学习而设的公共机构”国际学术会议上，首次将“场馆”界定为“各种与科学、历史、艺术等教育有关的公共机构，如自然博物馆、科技馆、天文馆、历史博物馆、美术馆、动物园、植物园、水族馆等”①。场馆学习（museum learning）就是发生在以上公共机构的一种非正式学习。场馆作为非正式学习发生的物理环境，是物（馆藏物品）、人（参观者）以及社会文化交互碰撞的场所。与正式学习相比，场馆学习的特质主要表现在它是“自由选择”的活动却隐含着学习的动机与取向，很容易被描述却不容易被验证。场馆学习的潜在优势包括：培养或增强学习者的好奇心、培养积极的态度、通过参与社会互动汇聚并扩大观众群体。②

19 世纪末，从美国史密森尼研究院（美国最大的场馆共同体和场馆研究组织）开始，相继有许多场馆为儿童设立了专门的活动室或学习间。通过自由玩耍、角色扮演来体验自然和模拟驾车等活动，儿童不仅获得了相应的知识，还提高了学习科学的兴趣和对科学的认识。③

从 20 世纪中期开始，非正式学习成为教育学和教育心理学研究的新领域，其中场馆学习的研究更是受到了许多研究者的关注。20 世纪 60 年代，美国的一批科学家和教育家开始探讨如何利用科技场馆来普及科学知识，其中的代表人物是 Frank Oppenheimer。他在 1961 年创建旧金山探索馆（San Francisco Exploratorium），

---

① 伍新春，曾筝，谢娟，等. 2009. 场馆科学学习：本质特征与影响因素. 北京师范大学学报（社会科学版），（5）：13-19.

② 夏文菁，张剑平. 2015. 文化传承中的场馆学习：特征、目标与模式. 现代教育技术，25（8）：5-11.

③ 伍新春，曾筝，谢娟，等. 2009. 场馆科学学习：本质特征与影响因素. 北京师范大学学报（社会科学版），（5）：13-19.

鼓励观众通过在科技馆的探索活动来学习科学，这是世界上第一个可以与展品互动的科学中心。这种科学中心很快得到了世界科技场馆的认可。

进入 20 世纪七八十年代，在西方博物馆教育理论中占据主导地位的，很大程度上是成人教育的理论。1980 年开始，很多西方博物馆都采纳了 Knowles 的成人教育作为其教育理论的核心概念，其中引用该理论最有影响力的当属 Collins。

1995 年，Mihaly Csikszentmihalyi 和 Kim Hermanson 认为，人在场馆中的行为主要是由内在动机驱动的。而场馆中所发生的学习行为都始于人的好奇心和兴趣。2002 年 Samuel Taylor 在其研究中描述了场馆收藏职能和其展示职能的脱节情况，他区分了两种具体的场馆教育模式：信息模式（information model）和经验模式（experience model）。与之相对，George E. Hein 将场馆教育模式分为四个范畴，分别是指导说明教育（didactic expository education）、刺激反应教育（stimulus response education）、发现学习（discovery learning）以及建构主义学习（constructivist learning）。[①]

7.2.2　场馆学习的发展

场馆功能从收藏转向学习和教育后，研究者开始关注场馆学习的发生过程，关注如何促进场馆学习效果。在 20 世纪 60 年代，Duncan Cameron 从传播的角度考虑场馆学习，将传播模型引入博物馆，用以解释展品信息从展馆到参观者的传播过程，并认为展品作为知识传播媒介，是场馆中的核心传播媒体。[②]不少学者采纳了 Duncan Cameron 的传播模型观点，并认为场馆的主要功能是将信息有效地传递给公众。Duncan Cameron 关于传播模型的观点可以用图 7-2 来表示。然而，这个传播模型存在一定局限性。虽然展品是场馆学习中重要的传播媒体，但展品解说词、图示等作为次级媒介，也非常重要，并且在传播模型中，信息是由展品向参观者单向传播，这容易使人产生知识单向传播的错觉，把参观者看成被动的接受者，忽视了参观者的主动性。[③]

美国马萨诸塞州莱斯利大学的教授将杜威、皮亚杰、维果斯基等的教育理论运用于博物馆教育领域，建立了他自己的建构主义博物馆教育理论体系。George Hein 从认识论和学习论的差异出发，认为博物馆和博物的教育实践存在四种不同的模式。他根据知识观和学习观将博物馆的学习类型分为教导解说型、发现型、

① 转引自：宋娴，刘哲. 2013. 西方科学场馆的教育理念及实证研究综述. 外国中小学教育，(9)：24.

② Cameron D-F. 1971. The museum，a temple or the forum? Curator，14（1）：11-24.

③ Whittle C. 1997. The museum as a communication system：A review and synthesis. Adult Learning：2-25.

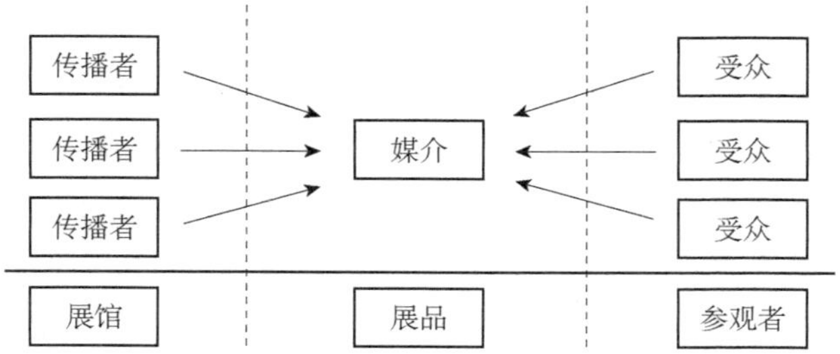

图 7-2 Duncan Cameron 的传播模型示意图①

建构型、刺激-反应等四种（图 7-3）。②在这四种类型中，Hein 赞成用建构主义来指导博物馆中的教育实践。他认为一个理想的建构主义博物馆应该重视观众的先前知识，认识到观众是有不同学习风格的。博物馆需要认识到：展品的设计不只是在陈列事实，而是在进行阐释，应将参观者看作是积极进行学习的知识建构者。而博物馆的中心也应放在促进观众之间的社会性交往和观众的意义建构。

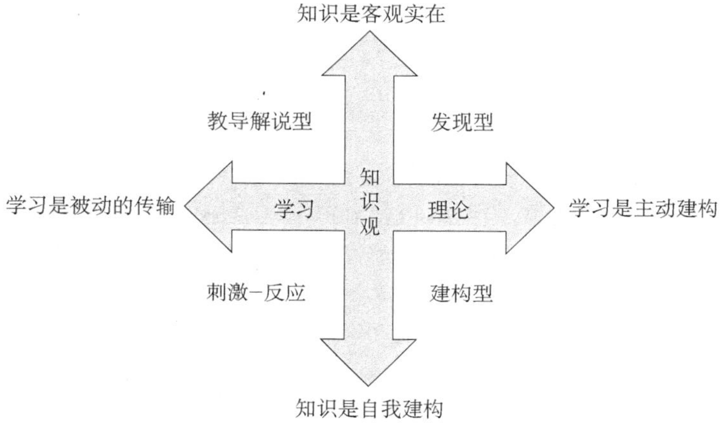

图 7-3 George Hein 的四象限学习理论

John H. Falk 和 Lynn D. Dierking 将研究的关注点从展品转向学习环境，并提出学习情境模型。他们在学习情境模型中提出场馆学习中包含个人情境、物理情境及社会文化情境三个方面，并把其作为理解博物馆场景下参观者自主学习的重要理论框架，如图 7-4 所示。③他们认为，场馆学习是参观者在个人情境、物理情境以及社

① 转引自：Kim H. 2008. Art education and art museums：Visitors' learning. SNU Journal of Education Research，17：135-158.

② Hein G-E. 1998. Learning in the museum. New York：Routledge：25.

③ Falk J-H，Dierking L-D. 2004. The contextual model of learning//Anderson G. Reinventing the museum：Historical and contemporary perspectives on the paradigm shift. Lanham：AltaMira Press：139-142.

会文化情境中不断交互与整合，在相互影响中产生经验和意义。其中，个人情境会随着时光流逝在物理情境中不断塑造与被塑造，但它们都以社会文化情境为中介。这三大情境之间的互动为参观者创造了新的体验，促发了场馆学习行为。

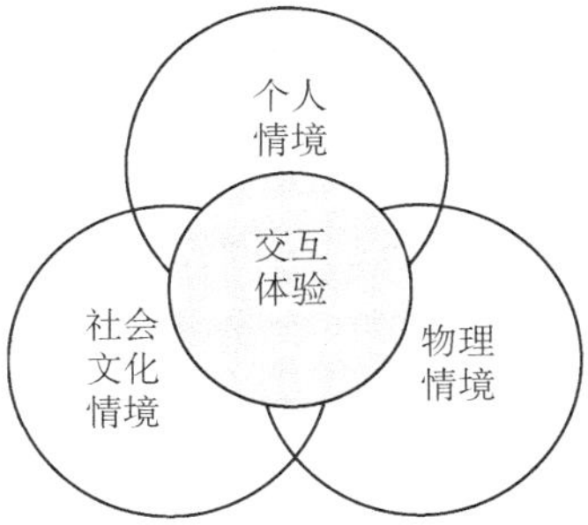

图 7-4　学习情境模型

在三大情境的基础上，John H. Falk 和 Lynn D. Dierking 从学习过程出发，总结出八个对学习效果产生直接影响的、在场馆机构设计开发展品时需要考虑的关键影响因素，如表 7-1 所示。

表 7-1　关键影响因素①

	因素构成
个人情境	· 动机和期望 · 先前知识、兴趣和信仰 · 选择和控制
社会文化情境	· 组内社会交互 · 组外社会交互
物理情境	· 先行组织者和方位 · 设计 · 后续强化和场馆外体验

其中，个人因素包括观众的知识背景、先前的生活经验、兴趣、社交技能和对展览的理解程度；物理环境主要指展览的设置，包括展品的特征、摆放、说明等，场馆的建筑风格、空间环境也是比较重要的方面；社会因素既包括展览在某种社会文化中的地位，也包括观众之间的交流状况。John H. Falk 等认为，场馆学习是由情境所驱动的，开放而无终止的，不断地在个人情境、物理情境和社会文化情境之间发生联系。他们认为，进行社会交往是观众参观科技场馆的三个主要目的之一，参观场馆是一种社交行为，他们能在参观过程中与他人发生一定的社会联系。②通常，

① Falk J-H，Dierking L-D. 2004. The contextual model of learning//Anderson G. Reinventing the museum: Historical and contemporary perspectives on the paradigm shift. Lanham：AltaMira Press：140.

② Falk J-H，Dierking L-D. 2004. The contextual model of learning//Anderson G. Reinventing the museum: Historical and contemporary perspectives on the paradigm shift. Lanham：AltaMira Press：139-142.

场馆中的观众都来自某个团体，这些团体可能是只有两个人的同伴团体，也有可能是多达数十人的旅游团，其中60%是家庭团体。团体成员共同的社会文化背景使他们接受和理解场馆所传递的信息时有更多的共通之处，而成员间的互动和交流也会对场馆科学学习效果产生较大的影响，这也是该领域研究的焦点之一。

个体进行建构学习的前提条件是，在先前经验的基础上发展起对新知识的理解。观众必须把自己的先前经验和参观获得的信息结合在一起，才能使参观经验变得有意义。进一步来说，新旧信息的整合方式是个人化的，取决于观众的认知水平、情感体验、行为模式。通过对这个领域的初步探索，研究者们总结出一些对场馆学习有影响的个人因素，包括观众的年龄、性别、教育程度、种族、参观时间、参观的行为模式、先前知识和动机等。

场馆学习比一般课堂学习更依赖环境的作用。观众对场馆的建筑风格、展品设置和场馆服务的感受，对他们的学习效果会产生巨大的影响。场馆的建筑风格就好比课堂气氛，在不同风格的场馆中参观，学习的基调也基本确定了。研究者一般通过对不同场馆的比较来研究建筑风格对学习效果的影响作用。

韩国首尔大学的研究者在John H. Falk等研究中所提到的影响因素的基础上，重新整合了影响个体场馆学习效果的因素，采用社会生态学的方法绘制了CoDiLE模型，如图7-5所示。

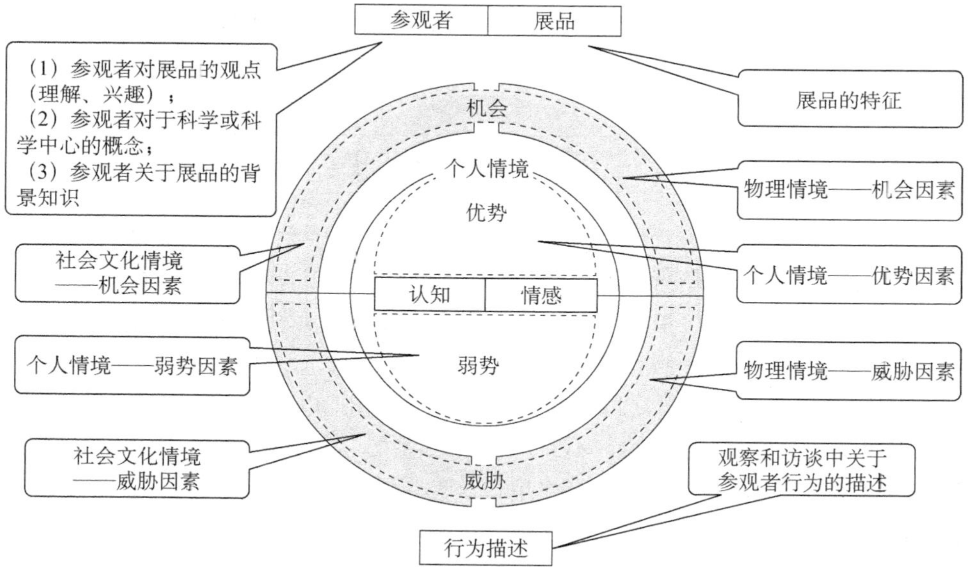

图7-5　CoDiLE模型[①]

① 转引自：许玮，张剑平. 2015. 场馆中的情境学习模型及其发展. 现代教育技术，25（9）：5-11.

7.2.3 场馆学习的数字化

信息技术在场馆学习中的应用逐渐受到研究者的关注，不仅增加了参观者的体验性和沉浸性，也为参观者提供了丰富的数字资源。目前基于场馆学习理论的最热门信息技术主要分为四种：人工智能技术、虚拟现实技术、增强现实技术和全息影像技术。

7.2.3.1 人工智能技术的场馆应用

人工智能技术利用人工技术和方法，以人类智能作为研究模型，提高机械设备智能操作的效率，在一定程度上代替人脑和人力来完成某项操作任务。人工智能技术可以根据参观者的个性特征为其提供定制化的支持与服务，能极大改进与提升参观者的参观体验。例如，基于情境智能的博物馆导引系统可以在没有通过交互请求的情况下向参观者主动提供个性化的精准服务。2016 年，巴黎的布兰妮博物馆（Musee du quai Branly）为一位机器人艺术评论家安置了家，他戴着圆顶硬礼帽，静静地漫步在博物馆的大厅里（图 7-6）。这位艺术评论家利用人工智能技术记录人们对艺术品的反应，进而发展自己的审美偏好。

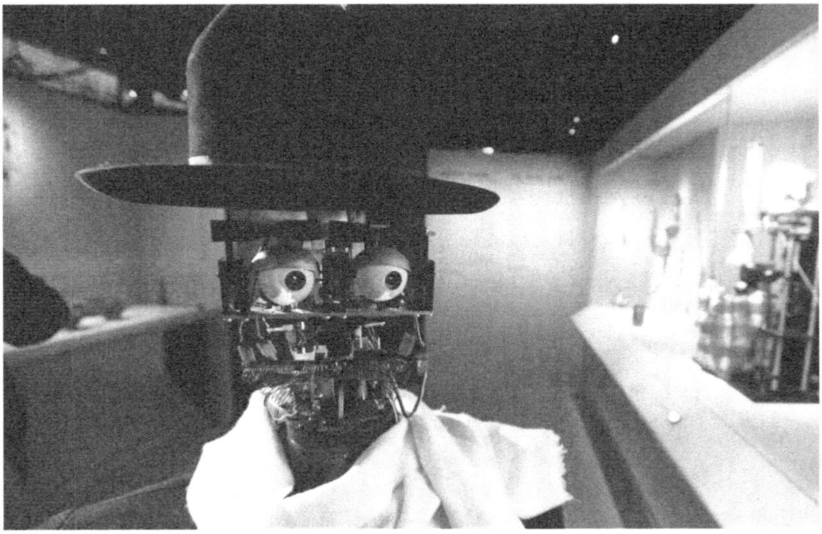

图 7-6　布兰妮博物馆的机器人艺术评论家

美国的史密森尼博物馆（Smithsonian）是第一个使用机器人辅助游览的博物馆。身高四英尺[①]的 Pepper 使用语音、手势和交互式触摸屏来回答常见问题

① 1 英尺=0.3048 米。

（图 7-7）。还可以讲故事、跳舞，玩游戏，甚至摆姿势和游客一起拍照留念。这为游客提供了一种有趣且无威胁的游览体验。

图 7-7　在博物馆工作的机器人 Pepper

7.2.3.2　虚拟现实技术的场馆应用

虚拟现实技术是一种计算机仿真系统，通过对三维世界的模拟创造出一种崭新的交互系统。该技术利用计算机生成一种模拟环境，实现一种多源信息融合的交互式三维动态视景和实体行为系统仿真，使用户沉浸到该环境中。虚拟现实技术具有沉浸感、构想性和交互性的特点。其中，沉浸感是指受众被虚拟场景所环绕包裹，好像完全置身于这个虚拟的现实中；构想性是指此环境是虚拟出来的，依托于人的脑海之中，真实并不存在；交互性是指受众对虚拟场景中事物的可操控和从场景中得到类似真实的反馈程度。虚拟现实技术不仅是构建数字博物馆的关键技术，而且为场馆学习开启了一种通过计算机建模、模拟与仿真来感知展品及环境的全新体验式学习模式，从而可以非常有效地增强参观者在场馆学习过程中的社会性交互体验。

2019 年是达·芬奇逝世 500 周年，卢浮宫与 HTC VIVE Arts 团队合作，推出了馆内第一个虚拟现实体验——《蒙娜·丽莎：越界视野》（Mona Lisa：Beyond the Glass），利用红外线、X 射线和折射数据将肖像画以 3D 的形式呈现出来（图 7-8）。

参观者可佩戴 VR 设备进行沉浸体验（约七分钟）来近距离欣赏这幅画作，可以观察到许多肉眼看不见的画作细节以及画家所用的绘画技法。对于不能亲自前往卢浮宫的参观者，卢浮宫与 HTC VIVE Arts 团队也在 HTC 的线上 VR 内容平台推出了延伸体验。

图 7-8　卢浮宫的线上虚拟现实体验——《蒙娜·丽莎：越界视野》

2020 年 10 月，英国的 V&A 博物馆(Victoria and Albert Museum)携手 HTC VIVE Arts 团队推出了首个 VR 体验——《爱丽丝：越奇越怪，越奇越怪》(图 7-9)。该展览邀请观众进入仙境，开启一场脑洞大开的奇幻之旅。此次虚拟仙境是由冰岛插画家（Kristjana S. Williams）的原创作品和游戏工作室 Preloaded 共同打造。在这个虚拟仙境中，白兔先生作为观众的专属伙伴，带领游客走进奇幻世界，一起欣赏美景，探险解谜，尽情游戏。此外，观众还通过免费的 Engage 应用程序，加上 VR 设备或是电脑和手机，就可以在家里一睹特展的精彩剧透。

美国的萨尔瓦多·达利博物馆于 2016 年 1 月推出虚拟现实体验，参观者可进入西班牙著名艺术家达利 1935 年的画作《米勒〈晚祷〉之考古学回忆》（Archeological Reminiscence of Millet's "Angelus"）的世界中自由徜徉(图 7-10)。与此同时，由 Goodby Silverstein & Partners 公司一手打造的“达利梦境之旅”体验作为全新环节，也亮相于该博物馆举行的“迪士尼与达利：梦想建筑师”展览。

图 7-9　V&A 博物馆的虚拟现实体验——《爱丽丝：越奇越怪，越奇越怪》

这次展览充分展示了达利和迪士尼的关系。佩戴 VR 头显，参观者能够置身于达利画作的 3D 世界中，并可在其中随意走动。发言人表示他们已经还原了画作里的情景，并且尽可能接近达利在作画前脑里的原型。

图 7-10　萨尔瓦多·达利博物馆的虚拟现实体验——《米勒〈晚祷〉之考古学回忆》

7.2.3.3　增强现实技术的场馆应用

1990 年，波音公司的 Tom Caudelil 为了描述计算机呈现的虚拟信息与真实环境相叠加这一项技术，首次提出了“增强现实”（augmented reality）这一概念。[①]当前，被广泛认同的增强现实的概念有两种：一是 Ronald Azuma 教授提出的，增强现实是具有“虚拟与现实结合、实时交互、立体三维”等特点的技术[②]；二是 Paul Milgram 和 Fumio Kishino 提出的现实-虚拟连接系统（reality-virtuality continuum），该系统两端分别是真实环境和虚拟环境，离真实环境一端较近的被称为增强现

① Lee K. 2012. Augmented reality in education and training. TechTrends，56（2）：13-21.

② Azuma R-T. 1997. A survey of augmented reality. Presence of Teleoperators & Virtual Environments，6（4）：355-385.

实。[①]增强现实技术可以使博物馆中不可见的东西变得可见，尤其有利于学习者在博物馆这种非正式情境中对科学概念的理解与掌握。它使参与者以一种全新视角来审视周围的一切，用户依靠一个特定的视觉标记来获取准确信息，以此将数据信息与真实世界的对象、背景与过程结合起来，加深对展品的认知。而自然用户界面与虚拟访问技术则改变了传统场馆学习中“请勿触摸”的拒绝式指令，参观者可通过多点触控台、互动墙等中介与展品互动，这有助于弥补基于对展品保护而限制参观者与原件互动的遗憾。

新加坡国家博物馆推出了名为“森林的故事”的增强现实互动展览。如图 7-11 所示，该展览通过一条 170 米的动态全景图像通道，展示新加坡的各种原生雨林动物及植物。观众可以通过智能手机的 AR 应用，观察各种动植物图鉴及详情。这个展览位于博物馆的玻璃圆形大厅，灵感来自于新加坡国家博物馆珍藏的威廉·法夸尔《自然图集》系列，把其中 69 幅水彩画以动态影像的方式组成一幅巨大的壁画。APP 会告诉你附近有什么，可以抓住它并放到“精灵球”（指一个图册）里，APP 就会帮你搜索动植物的更多信息，如可以了解到某种动物的栖息地和饮食习惯、动植物的稀有程度等。

图 7-11　新加坡国家博物馆的“森林的故事”AR 展厅

2017 年，美国的史密森尼博物馆引入了 AR 技术，为其最古老、最受欢迎的“皮肤和骨骼”展品带来了全新的面貌。如图 7-12 所示，游客可以下载 APP 给骨骼们加上皮肤或动作来更为直观地感受展品。整个展览一共有十三个实景增强的地方，即使你不能亲自去博物馆，也可以下载 APP 和里面的图片，在家里实现参观。

① Milgram P，Kishino F. 1994. Taxonomy of mixed reality visual displays 2009-11-03. IEICE Transactions on Information and Systems，E77-D（12）：1321-1329.

图 7-12　史密森尼博物馆的“皮肤和骨骼”AR 体验

7.2.3.4　全息影像技术的场馆应用

全息影像技术是一种利用干涉和衍射原理来记录并再现物体真实的三维图像的技术。该技术通过将激光作为照明光源，并将光源发出的光分为两束，在感光片上叠加产生干涉，最后利用数字图像基本原理再现全息图。全息影像技术能够运用与展览主题契合的阴暗光影、背景声音、文化元素布局，让游客从熟悉的真实世界平滑过渡到展览营造的独立世界中。

如图 7-13 所示，韩国 PLAY K-POP 博物馆是一处将想象变成现实的空间，是一座超越现实和虚拟的 K-POP 博物馆。它通过 K-POP 与新媒体技术相结合，给观众带来从未有过的体验。在这里，游客可以欣赏全息影像演唱会，与明星“见面”，通过音乐体验时空旅行。

图 7-13　韩国 PLAY K-POP 博物馆的全息影像演唱会

荷兰人体博物馆是一栋七层高的玻璃大楼，楼体一侧嵌着一位坐立的“巨人”。巨人由无数片巨大褐色铁皮拼成，双手置于膝上，目视前方，左半边肩膀隐入主楼内。如图 7-14 所示，博物馆通过全息图、影像资料和其他互动方式来讲解人体奥秘，融知识性和娱乐性于一体，提醒人们爱护自己的身体。游客可以从由膝盖下方进入“人体”，依次向上穿过子宫、消化道和其他人体器官等。游客可以看到人体的造血过程，观看受精过程的 3D 影片，甚至可以近距离观察咽喉的内部与声带。在博物馆的不同区域，可以通过耳机倾听讲解。

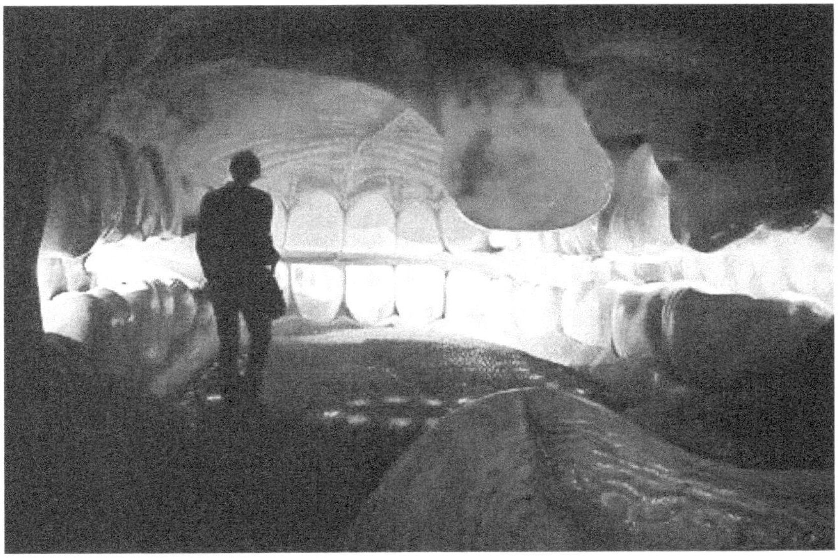

图 7-14　荷兰人体博物馆的全息影像游览

第三篇

学　习　者

第8章
数字原住民与信息素养

与出生较早，在面对数字科技、数字文化时，必须经历并不顺畅且较为艰难的学习过程的数字移民不同，有一些人从小生活在数字化环境中，能够很好地适应数字化生存方式，这类人我们称之为数字原住民。数字原住民生活在一个价值观多元的复杂环境中。①信息素养是数字时代人才应该具备的基本素养。信息素养是融合意识、知识、能力、态度与价值观的综合素养，是信息社会公民的基本素养，是人们应对信息化环境下的生活、学习所必备的核心素养之一。随着信息化浪潮的到来，国家逐渐开始高度重视信息技术对教育产生的影响。随着移动设备（智能手机、平板等）在日常生活中日益普及与无线网络覆盖面的拓宽，中小学生可以不受时间、地点、网络环境等的限制，随时随地地上网。新型信息化教育理念、教学模式（如探究学习、翻转课堂等）和学习工具的涌现能够切实提高中小学生的信息化学习能力与效果，这为提高数字原住民的信息素养创造了基本条件。②

---

① 石中英.（2020-11-09）. 加快培育数字时代“原住民”的价值理性. http://www.jyb.cn/rmtzgjyb/202011/t20201109_371747.html?spm=zm5129-001.0.0.1.45g9yD.

② 石映辉，彭常玲，吴砥，等. 2018. 中小学生信息素养评价指标体系研究. 中国电化教育，(8)：73-77，93.

8.1 数字移民与数字原住民

8.1.1 数字移民和数字原住民概念的提出

1996 年，美国电子前锋基金会（Electronic Frontier Foundation）创始人之一的 John P. Barlow 在一篇题为《网络空间独立宣言》(*A Declaration of the Independence of Cyberspace*）的文章中，首次使用“原住民”这个比喻来形容年轻一代，该文章写道：“你们将惧怕你们的孩子，因为他们是这个世界的原住民，而你们将一直是移民。”①尼葛洛庞帝在 1997 年出版的《数字化生存》(*Being Digital*）一书中提出，数字化生存是一种全新的社会生存状态和方式，包括在数字化环境中发生的所有行为、体验和感受，并充分渗透到生产力要素及关系、经济活动、政务商务、社交娱乐等不同层面。同时，数字化生存也给人的发展，尤其是社会群体中不同阶层的人带来极大的冲击和挑战。在“原住民”的概念基础上，2001 年，美国学者 Prensky 在题为《数字原住民，数字移民》(*Digital Natives, Digital Immigrants*）的文章中首次提出了数字原住民和数字移民的概念。这两个概念迅速被主流媒体所接受，用以表征不同年代的数字产品用户在接受、采纳、使用及管理数字化技术方面存在的诸多差异。②③

与“数字原住民”类似的概念还包括“网络世代”“千禧一代”“谷歌世代”等。1998 年，加拿大学者 Don Tapscott 在其著作《成长于数字时代：网络世代的诞生》(*Growing Up Digital*: *The Rise of the Net Generation*）将 1977 年 1 月至 1997 年 12 月出生的一代人称为“网络世代”（net generation），这一代人和互联网一同成长，他们主动获取信息，学习能力和接受能力较强。2000 年，美国学者 Howe 和 Strauss 在其著作《千禧一代崛起：伟大的下一代》(*Millennials Rising*: *The Next Great*

① Barlow J-P.（2019-12-15）. A Declaration of the Independence of Cyberspace. https://xabuxe.ga/ytg.pdf.

② Prensky M. 2001. Digital natives，digital immigrants Part 1. On the Horizon，9（5）：1-6.

③ Prensky M. 2001. Digital natives，digital immigrants Part 2：Do they really think differently? On the Horizon，9（6）：1-6.

Generation）提出了“千禧一代”（millennial）的概念，将出生于 20 世纪时未成年，跨入 21 世纪以后达到成年年龄的一代人称为“千禧一代”。2008 年，英国学者 Ian Rowlands 等将 1993 年之后出生并且在互联网世界中成长起来的青少年称为“谷歌世代”（Google generation）。[①]表 8-1 总结了学术界对数字原住民及其相关概念的描述和典型特征。

表 8-1　数字原住民及其相关概念的描述

研究者	名称	描述	典型特征
Tapscott（1998）	网络世代	出生在 1977 年 1 月至 1997 年 12 月的一代人	主动获取信息，学习能力强，接受能力强
Howe & Strauss（2000）	千禧一代	出生于 20 世纪时未成年，在跨入 21 世纪以后达到成年年龄的一代人	在计算机和互联网新科技时代成长的一代，频繁使用信息技术，迷恋且熟练使用新技术
Prensky（2001）	数字原住民	在网络时代伴随着新技术成长起来的一代人	生活在一个被电脑、手机等数码产品包围的时代，时刻使用信息技术进行交流互动
Rowlands et al.（2008）	谷歌世代	1993 年之后出生并且在互联网世界中成长起来的青少年	手机是他们的重要设备，并且手机视频游戏等占主导地位，此外还网购、移动社交等

通过对“数字原住民”相关概念的梳理发现，尽管学者们对伴随着技术成长起来的年轻一代有不同的称谓，但是本质上，这些概念都是对所谓的“数字原住民”特征的描述。总而言之，“数字原住民”是指具备以下特征的一代人：他们是伴随着技术成长起来的一代人，他们在生活和工作中习惯于使用信息技术，他们有着与上一代人截然不同的认知方式和思维方式，他们天生适应数字化生存的方式。

8.1.2　数字移民和数字原住民的内涵及特征

数字原住民的提出植根于数字时代，和信息通信技术、多媒体设备、信息处理工具等各种数字技术和设备密不可分。很多研究者普遍将数字原住民看作是主动的、有经验的学习者，认为他们对于新技术有一种天生的能力，习惯利用信息技术来获取信息并与同伴进行互动。Tapscott 认为出生在数字时代且拥有内在技术悟性的人便可称之为数字原住民。[②]Prensky 认为数字原住民是指那些出生在拥有

① Rowlands I，Nicholas D，Williams P，et al. 2008. The Google generation：The information behaviour of the researcher of the future. Aslib Proceedings，60（4）：290-310.

② Tapscott D. 1999. Educating the net generation. Educational Leadership，56（5）：6-11.

各种数字技术和设备的时代，且能够本能地精通并富有技巧地使用这些新兴数字技术的群体。Shahper Vodanovich 等定义数字原住民为出生在一个信息通信技术泛在的年代且谙熟各种信息化工具和技术的群体[①]。

Marc Prensky 认为数字原住民在处理和加工信息的方式上不同于数字移民，数字原住民习惯于迅速地接受信息，他们擅长多任务处理模式，偏好在文本前呈现图表，喜欢随机即时进入（如超文本）；在网络上工作时他们发挥得最好，他们喜欢获得即时的肯定和频繁的奖励，更青睐游戏而不是"严肃"的工作。[②]相比而言，数字移民在某种程度上总是保持着他们过去的认知方式和行为习惯，包括把在因特网上查询信息作为第二手段而不是第一手段，习惯阅读程序手册而很少直接上手边用边学，习惯把电脑上写的文件打印出来编辑（而不是直接在屏幕上编辑），甚至把人拉进办公室分享相关网站信息而不是直接把网址发给对方等。[③④]

Khushbu Tilvawala 认为，数字原住民依赖持续的网络连通性，更喜欢根据他们自己的习惯和偏好使用信息技术；喜欢通过高速交互系统获得迅速实时的反馈；更喜欢多任务操作；更喜欢与基于文本的系统交流，在面对面交流方面显得能力不足；娱乐技术和游戏工具时刻围绕着他们；有雄心成为企业家却不喜欢组织里权利的垂直分层；喜欢弹性工作方式。而数字移民往往对新技术持部分抵制或迟缓的态度；喜欢单进程工作方式更甚于多任务操作；能长时间集中注意力；往往使用正式的、组织批准的沟通渠道；对于娱乐和游戏的需求并不显著；习惯组织的等级制度和权利的垂直分层；工作与生活的界限区分得十分明显等。[⑤]

Marc Prensky 指出，那些在网络时代伴随着新技术成长起来的一代人是数字原住民，而教育他们的老师是数字移民。由于数字原住民的思维方式和处理信息的方式与数字移民截然不同，因此数字移民难以理解数字原住民的需求，从而导致传统的教学方法并不都适用于数字移民。他认为应该重新构建教育体系来适应这一代人在教育模式上的新需求。[⑥]

---

① Vodanovich S，Sundaram D，Myers M. 2010. Research commentary-digital natives and ubiquitous information systems. Information Systems Research，21（4）：711-723.

② Prensky M. 2001. Digital natives，digital immigrants Part 2：Do they really think differently? On the Horizon，9（6）：1-6.

③ Fernandez-villavicencio N-G. 2010. Helping students become literate in a digital，networking-based society：A literature review and discussion. The International Information & Library Review，42（2）：124-136.

④ Kolikant Y-B. 2010. Digital natives，better learners? Students' beliefs about how the Internet influenced their ability to learn. Computers in Human Behavior，26（6）：1384-1391.

⑤ Tilvawala K，Sundaram D，Myers M. 2013. Design of organisational ubiquitous information systems：Digital native and digital immigrant perspectives. Jeju Island：Proceedings of the PACIS 2013.

⑥ Prensky M. 2001. Digital natives，digital immigrants Part 1. On The Horizon，9（5）：1-6.

8.1.3　数字移民和数字原住民的划分

8.1.3.1　单因素视角

有些学者用年龄为严格的分割点进行数字原住民和数字移民辨别。通过分析“数字原住民”“网络世代”“千禧一代”“谷歌世代”等概念，不难发现，“网络世代”“千禧一代”“谷歌世代”这三个概念均具有显著的年代特征，且有明确的年龄界限。Marc Prensky 引用 Paul Perry 的观点，即不同的经历产生不同的大脑认知结构，由于成长方式与上几代人不同，数字原住民的大脑很可能发生了质的改变。[①]尽管 Marc Prensky 在首次提出“数字原住民”概念时，并未对年龄进行明确的界定，但有一些支持“数字原住民”概念的学者们认定，“数字原住民”就是 1980 年之后出生的一代人。一些学者们的研究也揭示了年龄与在线数字技巧存在显著的相关性。Anoush Margaryan 等认为数字移民是指那些出生在 1985 年前的人，判断依据是个人 PC 机的发售和第三代游戏机的突破[②]；Sue Bennett 等主张将 1980 年前出生的人界定为数字移民，主要理由也是这代人在童年时期并没有使用过电脑[③]；赵宇翔根据中国互联网接入以及 PC 机普及的实际情况，将 1975 年前出生的人界定为数字移民[④]。美国学者 John G. Palfrey 和 Urs Gasser 在其著作《数字化生存：理解第一代数字原住民》(*Born Digital*：*Understanding the First Generation of Digital Native*)中明确提到，数字原住民出生于信息技术刚刚兴起的 1980 年之后，他们都能接触到数字网络技术，并且都具备使用这些技术的能力。

8.1.3.2　多元视角

随着研究的不断深入，学者们对采用年龄作为划分依据提出了质疑，因为有些属于数字原住民年龄范畴的人，并不像人们所期望的那样接触信息技术，具备丰富的信息技术使用经验。Ellen J. Helsper 和 Rebecca Eynon 发现出生时代并不足

---

① Prensky M. 2001. Digital natives，digital immigrants Part 2：Do they really think differently? On the Horizon，9（6）：1-6.

② Margaryan A，Littlejohn A，Vojt G. 2011. Are digital natives a myth or reality? University students' use of digital technologies. Computers & Education，56（2）：429-440.

③ Bennett S，Maton K，Kervin L. 2008. The “digital natives” debate：A critical review of the evidence. British Journal of Educational Technology，39（5）：775-786.

④ Zhao Y-X，Zhu Q-H. 2013. An investigation into the online generative capability of Chinese digital Immigrants. Proceedings of the PACIS 2013. Korea.

以作为划分数字原住民和数字移民的标准。①Ruth Xiaoqing Guo 等的研究发现不同年龄组受测者的 ICT 能力并没有显著的差异。②Gregor Kennedy 等指出，仅仅以年龄的维度区分数字原住民和数字移民是不恰当的，因为在某些不发达的地区，即使出生在 1980 年之后的人仍然缺乏基本的数字技能。③David Cameron 在研究中发现，大学一年级学生尽管在年龄上符合数字原住民的要求，但是有些人在利用技术进行工作方面并未做好充分的准备，甚至很多学生对在线学习表现出抵触情绪，同时对某些技术领域也不熟悉。④因此，用年龄辅助其他多元因素划分数字原住民和数字移民的方式逐渐被专家学者所接受。这些多元因素包括性别、经济发展、社会状况、区域发展、教育普及甚至性别都有可能作为潜在的划分视角。李艳和 Maria Ranieri 运用即时数字能力评估（Instant Digital Competence Assessment）测量工具进行量化研究，发现数字能力同时取决于教育和年龄两大因素。⑤Neil Selwyn 研究发现，数字原住民与前人并没有明显不同，但是性别之间存在较大差异。⑥Tor Busch 通过实证研究发现用户的感知自我效能存在显著的性别差异。⑦King Luu 和 Jonh G. Freeman 认为拥有丰富的 ICT 知识、更多的上网经验和基本 ICT 自我效能的用户往往拥有更高的科学素养，并促使他们能掌握和处理高粒度的数字任务。⑧也有学者指出，在那些互联网接入度高及信息基础设施好的区域，用户的信息素养也整体较好。

8.1.3.3 连续统一视角

牛津大学学者 Ellen J. Helsper 和 Rebecca Eynon 在一篇题为《数字原住民：证据在哪里？》（*Digital Natives*：*Where is the Evidence*?）的文章中提出，如果年龄是一个决定性因素，那么弥合年轻人和年长者之间的数字鸿沟就无望了，这对教

---

① Helsper E-J，Eynon R. 2010. Digital natives：Where is the evidence? British Educational Research Journal，36（3）：503-520.

② Guo R-X，Dobson T，Petrina S. 2008. Digital natives，digital immigrants：An analysis of age and ICT competency in teacher education. Journal of Educational Computing Research，38（3）：235-254.

③ Kennedy G，Judd T，Dalgarno B，et al. 2001. Beyond natives and immigrants：Exploring types of net generation students. Journal of Computer Assisted Learning，26（5）：332-343.

④ Cameron D.（2019-12-14）. The Net Generation Goes to University?. https://files.eric.ed.gov/fulltext/ED496135.pdf

⑤ Li Y，Ranieri M. 2010. Are “digital natives” really digitally competent? A study on Chinese teenagers. British Journal of Educational Technology，41（6）：1029-1042.

⑥ Selwyn N. 2009. The digital native：Myth and reality. Aslib Proceedings，61（4）：364-379.

⑦ Busch T. 1995. Gender differences in self-efficacy and attitudes toward computers. Journal of Educational Computing Research，12（2）：147-158.

⑧ Luu K，Freeman J-G. 2011. An analysis of the relationship between information and communication technology（ICT）and scientific literacy in Canada and Australia. Computers & Education，56（4）：1072-1082.

育领域将产生巨大影响，因为教师始终是比学生年长的一代。[①]如果接触信息技术的经验是决定个体是否是数字原住民的条件，那么年龄则不应是一个问题，因为年长者可以通过与年轻人协作、沟通提升自身的信息技术知识和技能。通过对 2000 余名英国青年的调查，他们发现，与年龄相比，信息技术使用经验（信息技术使用时长）和信息技术使用广度（信息技术使用范围）可能对数字原住民的行为特征有更显著的预测作用。

因此，在经历了系列概念的辨析和反思之后，研究人员尝试将数字原住民和数字移民不看作是两个相互排斥的群体，而是作为一个连续统一体（continuum）来对待，甚至考虑到两者的融合和互通。学者们通过构建新的概念或术语展开论述。Marc Prensky 认为应当从更高的层次去思考现行的教育模式和社会技术环境如何能够更好地适应并提升两者的数字智慧（digital wisdom）。[②]Sharon Stoerger 提出数字熔炉（digital melting pot）的隐喻来强调这两个概念的整合而不是单纯划分和割裂两者。[③]在操作层面，Sarah Ransdell 等把数字先天论（digital nativism）作为数字原住民和数字移民的测量工具之一。[④]数字先天论有三个主要测量维度，即感情因素、体验因素和行为因素，分别用来测量受访者的感知挑战性、自然经历和读写行为。Timonthy Teo 指出，数字原住民并非某一个年龄段的人所具有的共同特征，而是一种个体心理特征，反映了个体在信息技术使用方面的水平。他提出了一个衡量数字原住民特征水平的框架，包含四个方面：伴随技术成长、善于多任务处理、依赖图像交流、喜欢即时的满足感和奖励。基于该框架，他还开创性地设计了一个评估数字原住民的量表，用于衡量个体的数字原住民特征水平。[⑤]Qian Emily Wang 等提出数字流畅度（digital fluency）的概念，衡量数字环境下一个人通过生成信息、组织知识来表现其创新性与数字适应性的一种能力。[⑥]

---

① Helsper E-J，Eynon R. 2010. Digital natives：Where is the evidence? British Educational Research Journal，36（3）：503-520.

② Prensky M. 2009. Sapiens digital：From digital immigrants and digital natives to digital wisdom. Innovate：Journal of Online Education，5（3）：1-9.

③ Stoerger S. 2009. The digital melting pot：Bridging the digital native-immigrant divide. First Monday，14（7）.

④ Ransdell S，Kent B，Gaillard-Kenney S，et al. 2011. Digital immigrants fare better than digital natives due to social reliance. British Journal of Educational Technology，42（6）：931-938.

⑤ Teo T. 2013. An initial development and validation of a Digital Natives Assessment Scale（DNAS）. Computers & Education，67：51-57.

⑥ Wang Q-E，Myers M-D，Sundaram D. 2013. Digital natives and digital immigrants. Business & Information Systems Engineering，5（6）：409-419.

8.2 数字原住民视角下的数字鸿沟

8.2.1 数字原住民与数字鸿沟

相比数字原住民对于信息技术和网络环境“得天独厚”的优势而言，数字移民出生较早，在面对数字科技和数字文化时，必须经历并不顺畅或较为艰难历程的学习过程，他们必须想出各种办法来适应眼前崭新的数字化环境。因此，倡导“数字原住民”概念的研究者们普遍认为，拥有更多的机会与网络接触，在网络世界里探索知识，挖掘自己感兴趣的内容，热衷于公共行动和新技术，并从被动地接受信息，变为主动地选择信息。[①]也就是说，在丰富的信息技术环境的耳濡目染下，数字原住民天生善于利用信息技术，早已适应数字社会的生存方式。这里蕴含着一个假设：数字原住民都能平等地使用信息技术，且都能熟练地运用信息技术。然而，诸多研究者基于实证分析的数据提出了不同的看法，他们认为数字原住民在信息技术使用上，并非具有天生的显著性优势。数字原住民在信息技术使用上依然存在群体间的差异，即数字原住民中仍存在“数字鸿沟”，特别是信息技术使用能力方面的差距有不断扩大之势。

Gregor Kennedy 等通过对澳大利亚大学生进行调查，发现这些“数字原住民”使用技术的熟练程度差异很大，使用技术的方式、方法和偏好都存在巨大差异，并非所有“数字原住民”都对技术有天生的能力。[②]Chris Jones 认为并没有明确数据可以证明数字原住民在多任务处理上要显著优于数字移民，这种论断更多只是出于一些小样本的观察。[③]Sarah Perez 也认为年轻人相比于前辈并没有表现出更强的数字一致性（digitally-in-tune）。[④]曹培杰和余胜泉从学习风格、

---

① 曹培杰，余胜泉. 2012. 数字原住民的提出、研究现状及未来发展. 电化教育研究，（4）：21-27.

② Kennedy G，Judd T-S，Churchward A，et al. 2008. First year students' experiences with technology：Are they really digital natives?. Australasian Journal of Educational Technology，24（1）：108-122.

③ Jones C，Czerniewicz L. 2010. Describing or debunking? The net generation and digital natives. Journal of Computer Assisted Learning，26（5）：317-320.

④ Perez S.（2010-07-29）. So-called “Digital Natives” not Media Savvy，New Study Shows. http://readwrite.com/2010/07/29/so called_digital_natives_not_media_savvy_new_study_shows#awesm=~oHEo6jTeGCWasU.

注意力、创造力和思维方式等方面对数字原住民和数字移民的差异进行了分析，认为数字原住民和数字移民在学习风格方面不存在群体性差异。[①]Sue Bennett等批判性地指出，人们相信数字原住民的存在，从而导致数字原住民与信息技术使用之间的“错觉相关”（illusory correlation）现象，人们在直觉上认为数字原住民与信息技术使用能力之间存在关联或存在极强关联，但实际上无关联或关联较弱。[②]Marc Prensky 对于“数字原住民”这一概念引发的十年争议予以了澄清。他对数字原住民与信息技术使用能力的关系也进行了解释，认为“数字原住民是指年轻一代对数字技术的使用感到舒适，但是这与数字技术相关的知识和能力并不相关”[③]。正如 Sue Bennett 等所言，由于“认知惰性”（cognitive inertia）的存在，人们更喜欢去寻找支撑“数字原住民”概念的证据，而不是推翻它的证据，从而导致人们对数字原住民与信息技术使用关系缺乏客观的判断。[④]

Eszter Hargittai 在其代表作《数字原住民？网络世代的互联网技能和使用差异》（*Digital Natives? Variation in Internet Skills and Uses Among Members of the “Net Generation”*）指出，“数字原住民普遍具有信息技术技能”这一论断缺乏实证依据，即使控制了互联网访问和互联网经验这两个变量，学生的互联网技能和参与的网络活动也因社会经济因素的影响而各不相同。Rebecca Eynon 和 Lars-Erik Malmberg 曾对英国年轻人使用互联网的方式进行过调查，结果发现英国年轻人在互联网使用方面存在较大的差异，主要包含四种类型：第一种是使用互联网进行创作活动，如创作故事或演示文稿；第二种是使用互联网进行通信、娱乐、搜索信息等；第三种是使用互联网参与、创作、通信、娱乐以及搜索信息；第四种是使用互联网参与网络活动，如发布博客、编辑维基百科等。[⑤]由此可见，数字原住民在信息技术的获取、使用方面存在显著的差异，并非所有的数字原住民都拥有平等的技术使用机会和熟练的信息技术运用能力。

---

① 曹培杰，余胜泉. 2012. 数字原住民的提出、研究现状及未来发展. 电化教育研究，（4）：21-27.

② Bennett S，Maton K，Kervin L. 2008. The “digital natives” debate：A critical review of the evidence. British Journal of Educational Technology，39（5）：775-786.

③ Prensky M. 2011. Digital wisdom and Homo sapiens//Thomas M. Deconstructing digital natives. New York：Routledge：15-29.

④ Bennett S，Maton K，Kervin L. 2008. The “digital natives” debate：A critical review of the evidence. British Journal of Educational Technology，39（5）：775-786.

⑤ Eynon R，Malmberg L-E. 2011. A typology of young people's internet use：Implications for education. Computers & Education，56（3）：585-595.

8.2.2 数字鸿沟的内涵演变

8.2.2.1 数字鸿沟的概念

随着信息化进程的加快和互联网的迅速普及，信息技术在促进社会公平和均衡发展方面的潜力已经得到普遍认可甚至推崇，但与此同时，关于信息技术是否可能导致新的不公与不均也出现了越来越多的争论。“数字鸿沟”（digital divide）现象出现的初期正值个人电脑和互联网逐步融入社会生活和家庭生活之际，当时研究者主要关注的是人们在是否拥有电脑和是否能连接网络方面的机会不公和差异，所以通常以个人电脑和互联网普及率作为研究“数字鸿沟”现象的重要测算指标，聚焦的是“物理接入”层面。[①]20 世纪 90 年代中后期，美国国家远程通信与信息管理局（National Telecommunications and Information Administration，NTIA）发布了《在网络中落伍》系列报告——《在网络中落伍之一：一项对美国城乡信息穷人的调查》（1995 年）、《在网络中落伍之二：数字鸿沟的新数据》（1998 年）、《在网络中落伍之三：定义数字鸿沟》（1999 年）和《在网络中落伍之四：走向数字化》（2000 年），试图说明在互联网进入美国大众生活后引发的各阶层人群的差异，从而使“数字鸿沟”问题引起了世界范围内媒体、组织和公众的高度关注。[②]

传统意义上，“数字鸿沟”指的是“信息富人”（information haves）和“信息穷人”（information have-nots）之间在信息技术使用机会上存在的差异。从广义上讲，“数字鸿沟”指给定社会中不同社会群体对互联网在可及（haves or not haves）和使用（use or not use）上的差异。[③]值得注意的是，人们对“使用差异”的不同理解，呈现了对数字鸿沟认识的不同指向：围绕接入可及性差异或接入后的运用差异，前者指向一个国家的公共政策和基础设施供给，后者指向用户因互联网技术应用差异而产生的不平等。从本质上讲，“数字鸿沟”是互联网时代中的新型机会不平等。各国政府、国际组织以及各国政要纷纷发表了他们对“数字鸿沟”的认识，普遍认为互联网具有促进发展的潜力，如果不能有效解决“数字鸿沟”问题，“数字鸿沟”有可能成为发展不平衡的新根源。不幸处在鸿沟一边的“信息穷人”，参与基于信息技术的新经济和进行在线教育、培训、购物、娱乐和交往的机

---

① 王美，徐光涛，任友群. 2014. 信息技术促进教育公平：一剂良药抑或一把双刃剑. 全球教育展望，(2)：39-48.

② 刘芸. 2007. 国际数字鸿沟问题解决方案——基于经济学角度的研究. 北京：经济管理出版社：7-8.

③ Corrocher N，Ordanini A. 2002. Measuring the digital divide：A framework for the analysis of cross-country differences. Journal of Information Technology，17：9-19.

会要远远少于鸿沟另一边的“信息富人”。人们通常把数字鸿沟问题和信息时代的贫富分化、社会公正等问题联系起来，从而使它不仅具有社会学和经济学上的含义，也成为社会政策甚至政治主张中的一种关怀。

8.2.2.2　数字鸿沟的类型

随着信息技术发展的日新月异，数字鸿沟也呈现出愈来愈复杂的特征，其内涵和属性在不断延伸、变化之中，数字鸿沟的定义也在不断演进。一般而言，数字鸿沟有两种表现形式：第一种是由经济、社会、文化、教育等宏观层面的因素所导致的物理接入上的不平等，即第一道数字鸿沟；第二种是由于性别、收入、受教育水平等中微观层面因素导致的信息技术使用能力上的差距，即第二道数字鸿沟。[①]

早期，人们普遍认为数字鸿沟反映了信息技术与工具拥有程度间存在差距的现象，即在数字准入层面，被称为第一道数字鸿沟。NTIA 于 1999 年在名为《掉入网络：定义数字鸿沟》(*Falling through the Net*：*Defining the Digital Divide*）的报告中，定义数字鸿沟为“那些拥有信息时代工具的人与那些未曾拥有者之间存在的鸿沟”。这一定义表明，数字鸿沟实际上是数字时代原住民和数字时代移民这两类学习者之间的鸿沟。Eszter Hargittai 通过对各年度互联网接入情况进行比较，指出当前明显存在互联网数字鸿沟，他将其定义为“接入、使用媒体的不平等”。[②]

随着互联网等信息技术在社会生活的不断扩散，研究者对数字鸿沟的定义和内涵进行了重新思考。人们发现，数字鸿沟已经从“有无”信息技术与工具转变为技术与工具使用差异性所出现的鸿沟，即在数字素养层面，被称为第二道数字鸿沟。Neil Selwyn 认为，数字鸿沟不应该是一个简单的一分为二的有无电脑问题，而是一个更为复杂的问题。重新审视数字鸿沟，需要重新考虑四个关键内容：信息技术的含义是什么；“接入”指什么；“信息技术的接入”与“信息技术的使用”有何关系；如何最大程度地评判个体信息技术的参与度。Selwyn 将数字鸿沟划分为四个阶段：理论上的信息技术接入；有效访问信息技术内容，使用信息技术；有意义地使用信息技术；使用信息技术的实际影响。[③]

Van Dijk 和 Hacker 进一步提出，对于数字鸿沟的界定，主要依赖于多层面的

---

① 朱莎，杨浩，冯琳. 2017. 国际“数字鸿沟”研究的现状、热点及前沿分析——兼论对教育信息化及教育均衡发展的启示. 远程教育杂志，35（1）：82-93.

② Hargittai E. 2003. The digital divide and what to do about it//Jones D-C. New economy handbook. San Diego：Academic Press：821-839.

③ Selwyn N. 2004. Reconsidering political and popular understandings of the digital divide. New Media & Society，6（3）：341-362.

"接入"问题，即"意识接入""物理接入""技能接入"与"使用接入"。[①]其中，"意识接入"指个体面对新技术时产生的兴奋或害怕的情绪；"物理接入"指电脑与互联网的引入；"技能接入"指信息素养的培养；而"使用接入"指个体拥有充足的使用信息技术的机会。Norris 将数字鸿沟划分为三种类型：全球性数字鸿沟，即国家之间的信息技术不平等；社会鸿沟，即不同地区之间接入信息技术的差异；民主鸿沟，即利用信息资源参与公众生活的差异。[②]Warschauer 指出，当前的数字鸿沟并不仅仅局限于互联网和计算机的接入、使用，数字鸿沟的内涵应该扩展到个体是否拥有使用信息技术来获得社会实践的能力，数字鸿沟已成为全社会的共性问题，它不再局限于单纯的技术层面，而发展为多维的涉及生活各个领域的问题。[③]通过对上述文献内容的分析发现，数字鸿沟内涵发生的变化主要体现在：从简单的由信息技术设施、资源短缺所造成的第一道数字鸿沟，拓展到因信息技术使用、技能差异所造成的第二道数字鸿沟，即从"物"的差异转移到"人"的差异。

8.2.3 数字鸿沟的对策

解决数字鸿沟问题，实际上要做的是缩小学习者之间的差异，即针对数字时代的不同用户在认知方式上的不同采取必要的措施，缩小其在信息处理能力上的差距。

8.2.3.1 教育起点均衡，缩小信息技术准入差距

针对我国地区经济发展的差距以及长期存在的城乡二元结构和教育财政制度的弊端等情况，教育部于 2012 年启动了"三通两平台"项目，力求实现教育信息化基础设施建设与优质数字教育资源共建共享的双重突破。数据表明，截至 2016 年第二季度末，全国中小学（除教学点外）中，87.4%的学校实现了网络接入，其中，实现 10M 以上宽带接入的学校占 61.6%，配备多媒体教学设备的普通教室有 272 万间，占普通教室的 72.6%，81.8%的学校已实现至少拥有一间多媒体教室，38%的学校建有校本资源，42%的学校实现全部班级应用数字教育资源开展教学。

---

① Van Dijk J-A，Hacker K. 2003. The digital divide as a complex and dynamic phenomenon. The Information Society，19（4）：315-326.

② Norris P. 2001. Digital divide：Civic engagement，information poverty，and the Internet worldwide. New York：Cambridge University Press.

③ Warschauer M. 2004. Technology and social inclusion：Rethinking the digital divide. Cambridge：The MIT Press.

全国各级各类学校中，师生实名空间开通数量超过 6300 万个，开通学校空间、教师空间和学生空间的学校比例分别为 38.3%、43.9%和 44.4%。[①]由此可见，“三通两平台”项目的实施，在缩小地区之间、城乡之间的第一道数字鸿沟方面已经取得卓有成效的进展。

我们应该继续稳步推进教育信息化基础设施建设，从而避免第一道数字鸿沟上的马太效应，消除可能出现的信息孤岛，为构建“人人皆学、处处能学、时时可学”的终身学习型社会奠定基础。特别需要指出，信息技术的发展日新月异，信息技术基础设施和数字教育资源也需要不断地更新换代。但是，由于缺乏可持续的教育信息化投入机制，我国教育信息化在数字准入方面多少出现了“用力不均、后劲不足”的现象，主要表现为前期一次性投入大，后期资金严重不足。[②]一些农村薄弱学校缺少后期资金，造成设备的维修和更新、资源的开发和建设跟不上实际需求，严重制约了农村教育信息化可持续发展和教育均衡发展。[③]因此，政府部门需要建立长期、持续、稳定、有效的教育信息化经费投入制度，并适当向西部地区和偏远贫困地区的村级小学和教学点实行政策倾斜。其次，政府部门应该积极拓宽资金来源渠道，增加教育信息化的投入总额，以保障教育信息化发展的可持续性。

8.2.3.2　教育过程均衡，提升师生信息素养

数字鸿沟不仅仅是信息技术技能的差距造成的，也体现了信息技术的使用差距。相比于第一道数字鸿沟，第二道数字鸿沟更难弥合，稍有不慎会加剧已有的教育不均衡。[④]因此，在推进教育信息化的过程中，首先要以提升广大师生的信息素养为目标，尽力缩小师生在信息技术技能上的差距。教育均衡的目标绝不是千篇一律、千人一面，而是在尊重个性、承认差别的基础上实现差异性均衡。[⑤]我们可以采用大数据技术持续跟踪采集每个学生成长过程中的各种数据，利用学习分析技术进行全面、系统的统计分析，了解每个学生的特征和优势，为每个学生提供更加科学、全面的信息素养培养方案。此外，还可对不同地区、学校的教师成长记录进行大数据分析，总结各个地区、学校的教师在使用信息技术开展教学方

---

① 教育部.（2016-07-25）. 2016 年 6 月教育信息化工作月报. http://www.moe.gov.cn/s78/A16/s5886/s6381/201607/t20160725_272892.html.

② 汪基德，冯永华. 2012. 农远工程的发展对我国基础教育信息化的启示. 教育研究，(2)：65-73.

③ 解月光，曾水兵，刘向永，等. 2009. 可持续发展观下欠发达农村基础教育信息化现状、问题与建议. 中国电化教育，(2)：11-15.

④ 杨浩，徐娟，郑旭东. 2016. 信息时代的数字公民教育. 中国电化教育，(1)：9-16.

⑤ 刘雍潜，杨现民. 2014. 大数据时代区域教育均衡发展新思路. 电化教育研究，(5)：11-14.

面的优势与不足以及教师的实际需求。充分利用地区资源优势，因地制宜地开展教师专业发展培训。其次，为了弥合信息技术使用的差距，必须解决“富有的穷人”问题，即，有些地区拥有先进的信息技术基础设施和优质数字教育资源，但是教师和学生却不知如何充分利用信息技术的优势促进教学和学习。为了促进信息技术的合理有效使用，必须变革传统的课堂教学结构和模式，鼓励教师积极地利用信息技术进行课堂教学创新实践，设计、开发信息技术支持下的新型互动教学模式，让学生在参与性的学习体验中提升信息素养，培养创新精神与实践能力。例如，同步课堂教学模式，可以充分利用信息技术的优势，将偏远农村地区的课堂与发达地区的课堂联结起来，为农村地区的学生提供优质的教育资源和信息技术支持的学习体验。

8.2.3.3 教育目标均衡，培养高素质数字公民

数字鸿沟的产生是由信息技术的扩散引起的，然而信息技术不是静止不变的，它始终保持着动态发展的态势，而且，数字鸿沟的内涵也会随之不断变化。因此，只有培养高素质的数字公民，才能使每个公民都能对信息技术的创新和变革泰然处之，并且能够在瞬息万变的信息社会合理地使用信息技术，最终彻底消除数字鸿沟。全球数字公民基金会（Global Digital Citizen Foundation）提出，信息时代的数字公民应该具备信息通晓（information fluency）能力。具体来讲，信息通晓能力包括：提问（ask）、习得（acquire）、分析（analyze）、应用（apply）、评估（assess）等五种能力。信息通晓能力的内涵十分丰富，它不局限于简单的信息技术使用和技能层面，而是对公民参与信息社会的活动提出了更高的要求，即培养具备 4C 能力和计算思维（computational thinking）能力的 21 世纪人才。未来社会是数字公民的社会，具备必要的数字公民素质是对将来每一个人的基本要求。培养高素质的数字公民需要学校、家庭和社会三方共同承担起教育责任，协同发挥作用，建立三位一体的教育模式：学校是数字公民教育的主导，通过系统的数字公民教育课程，能够快速、有效地促进数字原住民向数字公民的转化；家庭是数字公民教育的基础，有效的家庭教育不仅可以培养学生的数字公民意识，还能在一定程度上保护青少年免受网络的危害和负面影响；社会是数字公民教育的环境，数字公民教育应该以社会教育作为延伸与拓展，促进数字原住民向数字公民转化。[①]只有通过开展系统、完善的数字公民教育，我国才能在教育信息化发展进程中构建全民智慧型社区与社会，塑造新一代的高素质数字公民，在全球人才竞争中占据领先地位。

---

① 张立新，张小艳. 2015. 论数字原住民向数字公民转化. 中国电化教育，(10)：11-15.

8.3　着力提升信息素养以弥合数字鸿沟

随着国家教育信息环境建设不断深化，第一层次的数字鸿沟问题将不复存在，不同群体之间的数字鸿沟问题必然集中在更高层次的数字鸿沟上，而学习者的信息素养必将成为解决数字鸿沟的关键因素。从国内外有关信息素养的定义、内涵及其发展变化来看，信息素养是一个动态的概念，其内涵也将随着社会的发展以及新技术的更新和突破而不断发展、丰富和扩大。2018 年，教育部发布《教育信息化 2.0 行动计划》，明确提出“制定学生信息素养评价指标体系，开展规模化测评，实施有针对性的培养和培训”。2020 年，教育部发布了《2020 年教育信息化和网络安全工作要点》，提出“大力实施信息素养全面提升行动”的工作任务，即“研制中小学教师信息素养评价指标标准，发布中小学生信息素养评价指标体系，在‘智慧教育示范区’创建区域开展评测工作”。2020 年初在疫情防控期间，大规模在线教学活动对学生信息素养提出了较高的要求，这进一步凸显了学生信息素养培育提升工作的重要性和紧迫性[①]。

8.3.1　信息素养的内涵演变

信息素养的内涵演变大致分为三个时期：20 世纪 70 年代以前的萌芽阶段，强调手工检索文献的技能；20 世纪 70 年代至 80 年代末的发展阶段，强调运用信息工具及主要信息资源解决问题的技术和能力；20 世纪 90 年代以后的成熟阶段，人文属性得到彰显，批判、评价信息的能力被充分重视。随着信息社会的快速发展，信息素养被赋予了新的时代内涵，信息意识以及信息社会的伦理、道德被充分重视。

1. 信息素养概念的萌芽（20 世纪 70 年代以前）

信息素养的概念最早出现于 20 世纪 70 年代，但是从信息素养的本质上分析，

① 吴砥，余丽芹，饶景阳，等. 2020. 大规模长周期在线教学对师生信息素养的挑战与提升策略. 电化教育研究，(5)：12-17，26.

早期图书馆开展的文献检索技能教育、用户教育都可以视为信息素养观念的萌芽形态，而这些最终也演化为信息素养。[①]随着科技的发展，社会文献呈指数级增长，读者文献情报需求也日益多样化，具备较强的文献检索与利用能力已成为人们的基本素质要求，为了提高用户在这些方面的能力，图书馆开展了广泛的用户教育，如书目教育、文献检索教育。与此同时，信息技术的飞速发展，使图书馆开始广泛运用计算机管理，这无疑对用户检索能力提出了更高的要求。不具备检索技能、没有计算机知识，则很难实现信息的获取利用。实质上，这种能力素养的要求已经远远超出图书馆素养所涵盖的范围，1974 年美国信息产业协会（Information Industry Association，IIA）主席 Paul Zurkowski 最早使用了信息素养的概念，他将信息素养定义为"利用多种信息工具及主要信息资源使问题得到信息解答的技术和技能"[②]。在这一定义中，他提出了信息素养的三个要点：将信息资源应用于工作环境；运用信息工具及主要信息资源的技术和技能；信息运用于解决问题。

2. 信息素养概念的发展（20 世纪 70 年代至 80 年代末）

自 Zurkowski 提出信息素养的概念以来，信息素养的概念在世界范围内得到了广泛传播和使用，信息素养概念的界定和内涵等得到了不断的发展、延伸与变迁。表 8-2 为 20 世纪 70 至 80 年代出现的比较有代表性的信息素养的定义。[③]其中，1989 年美国图书馆协会（American Library Association，ALA）关于信息素养的总结报告提出具有一定权威性且被研究者经常引用的信息素养定义：要想成为具备信息素养的人，必须能够明确何时需要信息，并且具有查找、评价和有效利用信息的能力。[④]这个定义得到美国及其他国家一致认同，至今仍被广泛使用，而且其以后出现的概念基本上是对它的继承。

表 8-2　20 世纪 70 年代至 80 年代末的信息素养定义

年份	学者/机构	定义
1974	Zurkowski	利用大量的信息工具及主要信息源解决问题时利用信息的技术与技能
1976	Burchinal	具有信息素养的人需掌握一系列新技术，包括高效查找所需信息以解决问题并做出决策
1976	Moursund	信息素养是除具备计算机之"非技术"与"低技术"的能力方面外，还包括对计算机限制的了解，能应用计算机于社会、职业及教育上

① 柯平. 2005. 信息素养与信息检索概论. 天津：南开大学出版社：20-21.

② Zurkowski P-G.（2019-12-14）. The Information Service Environment Relationships and Priorities. https://files.eric.ed.gov/fulltext/ED100391.pdf.

③ 刘孝文. 2006. 信息素养评估指标体系研究. 河北大学.

④ American Library Association.（2006-07-24）. Presidential Committee on Information Literacy：Final Report. http://www.ala.org/acrl/publications/whitepapers/presidential.

续表

年份	学者/机构	定义
1977	Ball，Charp	信息素养是对计算机及其使用有基本的认知和了解
1978	Rawitsch	信息素养是指能灵活运用软硬件的功能特性，作为问题解决的辅助工具
1979	美国信息产业协会	在解决问题时能够利用信息工具的技术和技能
1980	Watt	信息素养是计算机技能、知识、理解、价值及关系的集合，它使得人们于计算机导向的社会中能舒适地展现计算机功能，进而成为一位有生产力的公民

通过对以上出现于 20 世纪七八十年代的信息素养定义进行分析，我们可以归纳出这一阶段信息素养概念发展的特点。信息素养由以前单纯地强调文献检索能力，逐渐转向突出信息在解决问题和决策中的作用；不但重视检索技能的培养，也积极引入先进的信息技术设备，尤其是计算机开始在信息获取、处理过程中得到了普遍的运用；信息素养不再仅仅是人的一种技能或能力，而是涉及个体对待信息的态度，对信息价值的评价与判断，对信息合理与准确地利用、信息的接受与评估等。

3. 信息素养概念的成熟（20 世纪 90 年代至今）

经过近二十年的研究和探讨，到 20 世纪 80 年代末，信息素养的概念基本清晰，也逐步趋于一致。进入 20 世纪 90 年代，随着信息环境的变化，网络出现与迅速发展，一些研究机构和学者在信息素养研究过程中，对其概念又有一些新的表述，表 8-3 列出了 20 世纪 90 年代至今出现的一些重要的定义[①]。

表 8-3　20 世纪 90 年代至今的信息素养定义

年份	学者/机构	定义
1990	美国国家信息素养论坛	敏锐察觉信息需求，然后识别、发现、评价、有效利用信息以解决当前存在的问题的能力
1992	Doyle	信息素养是从不同信息源中检索、评价、利用信息的能力
1992	Brownell	信息素养定义包括用计算机学习、从计算机中学习、藉由计算机来学习三方面；其界定之计算机包括计算机应用、计算机程序设计、一般的计算机知能及计算机的社会意义
1993	威斯康辛媒体协会	解决信息问题的技能
1994	Bruce，Candy	完成高水平问题解决过程的能力，要求具有信息源、系统和技术，以及信息检索、管理和评价策略的广泛的知识
1995	加利福尼亚大学 IL 项目	能够检索、评价、使用和交流各种各样形式信息的能力
1995	Bruce，Candy	为解决问题、决策和研究，从一定范围的来源中查找、评价、管理和使用信息的能力

① 刘孝文. 2006. 信息素养评估指标体系研究. 河北大学.

20 世纪 90 年代以来国外的信息素养研究，更多的是将信息素养放在信息社会的大背景下来思考，信息素养的人文属性得到彰显，批判、评价信息的能力得到充分重视，信息素养不仅是能力的集合，也是信息时代人的素质的组成要素，是终身学习的必然要求。

近年来，人工智能技术推动人类社会从信息时代向智能时代发展，信息素养被赋予了新的时代内涵。熊璋认为，编程能力、计算思维及对智能化社会的深度认知，是人工智能时代学生信息素养内涵的重要内容[①]；陈凯泉等提出，智能化社会要求学生的信息素养内涵进行转型与再造，其中计算思维、编程能力和人机协同能力是核心[②]；于晓雅提出，智能时代的信息素养应强调利用信息技术解决问题的思维和行为以及应对智能社会的伦理道德问题的能力等[③]。

UNESCO 自成立以来，一直致力于改善信息、媒体和教育的地域不平等，致力于推进世界范围内获取与应用信息、知识的自由。为将媒体和信息素养有效地纳入全球教育计划，培养信息时代的新公民，UNESCO 近年来采取了一系列举措，这充分反映了 UNESCO 对媒体和信息素养的高度关注与重视，具体措施如表 8-4 所示。[④]

表 8-4　UNESCO 为提升媒体和信息素养所采取的主要举措

时间	举措	要点
2003 年 9 月	UNESCO 和美国图书情报学委员会在捷克首都布拉格召开了“信息素养专家会议”（Information Literacy Meeting of Experts），发布了《布拉格宣言：走向具有信息素养的社会》（The Prague Declaration：Towards an Information Literate Society）	·让人们从网络时代的信息和通信资源及技术中受益是当今社会面临的巨大挑战 ·将信息素养定义为能够确定、查找、评估组织和有效地生产、使用和交流信息，并解决面临的问题的能力 ·明确信息素养对于终身学习参与构建信息社会的重要性
2005 年 11 月	UNESCO、国际图联和美国国家信息素养论坛在埃及亚历山大图书馆举办了“信息素养和终身学习高层国际学术研讨会”（High-level International Colloquium on Information Literacy and Lifelong Learning），发布了《亚历山大宣言》（Beacons of the Information Society：The Alexandria Reclamation of Information Literacy and Lifelong Learning）	·强调信息素养是个人、企业、地区和国家竞争的关键 ·信息素养包括识别信息需求的能力以及在特定的文化和社会环境中查找、评价、应用和创建信息的能力 ·拓展了信息素养的含义，使之包括学习技能、批判性思维和跨专业领域的阐释能力 ·呼吁世界各国政府积极组织、实施、促进信息素养和终身学习的政策和计划 ·规定了具有信息素养的人所需掌握的技能

① 熊璋. 2016. 加强青少年信息素养教育的重要意义. 国家治理，（3）：41-45.

② 陈凯泉，何瑶，仲国强. 2018. 人工智能视域下的信息素养内涵转型及 AI 教育目标定位：兼论基础教育阶段 AI 课程与教学实施路径. 远程教育杂志，（1）：61-71.

③ 于晓雅. 2019. 人工智能视域下教师信息素养内涵解析及提升策略研究. 中国教育学刊，（8）：70-75.

④ 程萌萌，夏文菁，嘉舟，等. 2015.《全球媒体和信息素养评估框架》（UNESCO）解读及其启示. 远程教育杂志，（1）：21-29.

续表

时间	举措	要点
2008 年	UNESCO 与思科、英特尔、微软、美国国际教育技术协会（International Society for Technology in Education，ISTE）以及弗吉尼亚理工大学推出《面向教师的信息与传播技术能力标准》（ICT Competency Standards For Teachers）	·阐释基本的政策框架 ·分析影响教育改革因素，根据政策框架和教育改革的因素提出教师能力标准模块 ·解释在每一个能力模块中教师所需掌握的具体技能
2008 年	UNESCO 发布《面向信息素养的指标》（Towards Information Literacy Indicators）	提出信息素养测量的概念框架，包括： ·信息素养的定义 ·提出将信息素养与其他成人能力（ICT 技能）整合的模型 ·阐释教育中信息素养标准以及信息素养平等问题和多元文化的影响
2008—2009 年	UNESCO 发布面向教师的媒体和信息素养课程（UNESCO TTT）	·在世界各地区资助了 11 个"信息素养培训者师资培训班"，培养了一批信息素养领域的培训工作者
2010 年 11 月	UNESCO 发布了《面向媒体和信息素养的指标》（Towards Media And Information Literacy Indicators）	·概述媒体和信息素养的历史全球化背景 ·指出测量指标中的变量 ·提出媒体和信息素养指标
2013 年 2 月	UNESCO 与昆士兰科技大学合作，发布了面向全球教师、决策者和专业人士的媒体与信息素养、跨文化对话在线课程	·课程关注：跨文化对话和公民意识自由言论、信息自由与信息理解媒体与信息表征和语言；广告与公民意识；信息素养和图书馆技能；沟通；媒体与信息素养，教与学；媒体与信息素养的政策和策略；公民、媒体与技术；日益互联的全球媒体技术；互联网的机遇与挑战
2013 年 9 月	UNESCO 发布《媒介信息素养政策和战略指南》（Media and Information Literacy Policy and Strategy Guideline）	·首次将媒体和信息素养定义为复合型的概念，整合信息素养和媒体素养以及通过 ICT 来自由表达和获取信息自由的权利 ·提出媒介信息素养政策和战略的概念框架 ·提出适用于全球的媒介信息素养政策和战略
2014 年 5 月	UNESCO 与欧盟、巴塞罗那自治大学等在巴黎举办的第一届欧洲媒介信息素养论坛	通过并采纳了媒介信息素养《巴黎宣言》，召开了关于媒介信息素养研究及其相关教育、家庭和媒体、政策影响及跨文化、跨宗教对话的研究的全会和分会，主要内容包括： ·再次确认媒介信息素养的重要性，提升媒介信息素养需重视各方合作 ·帮助各国建立媒介信息素养政策和战略，支持自由、独立和多元化媒体 ·帮助公民在数字领域对隐私安全和伦理议题做出更加迅速的反应 ·甄别出实施媒介信息素养政策时可能面临的挑战

8.3.2 信息素养的构成要素

关于信息素养组成要素，国外比较典型的有：①二要素说，包括认识信息环境、参与和丰富信息两个要素[①]；②三要素说，包括信息行为、信息获取、信息道德三个要素[②]；③四要素说，包括寻找和获取利用信息、信息意识、信息社会责任、信息伦理四个要素[③]，或信息检索、信息获取和交流、信息传播、信息重组四个要素[④]；④七要素说，包括信息技术经验、获取信息源、信息处理、信息控制、信息知识建设、信息知识延伸、信息智慧体验七个要素[⑤]；⑤九要素说，包括认识信息、确认信息完整、确定潜在信息来源、信息搜索策略、获取信息来源、评价信息、整理信息、整合信息、运用信息九个要素。[⑥]

国内学者对信息素养组成要素的看法主要有：①二要素说，包含信息意识和信息能力两个要素[⑦]；②三要素说，由信息知识、信息意识和信息能力三个要素构成[⑧]，或者由信息意识、信息能力和信息伦理道德三个要素构成[⑨]；③四要素说，包含信息知识、信息意识、信息能力和信息道德四个要素。[⑩]

通过分析比较上述指标要素可以看出，虽然不同的国家和地区的信息素养标准之间存在构成差异，但从总体上看，所有的信息素养标准中都特别提到了信息意识、信息伦理道德及信息能力三部分核心要素。

信息意识是人们在信息活动中产生的认识、观念和需求的总和。信息意识主要包括对信息在信息时代重要作用的认识，确立在信息时代尊重知识、终身学习、勇于创新的一些新的观念；对信息有积极的内在需求，应善于将社会对个人的要

---

① Lloyd A. 2004. Working（In）formation：Conceptualizing information literacy in the workplace. Queensland：Central Queensland University Press：218-224.

② Johnston B，Webber S. 2003. Information literacy in higher education：A review and case study. Studies in Higher Education，28（3）：335-352.

③ Lupton M，Glanville C，et al.（2004-12-11）. Information Literacy Toolkit. http://www.griffith.edu. au/centre/gihe/griffith_graduate.

④ Bawden D. 2001. Information and digital literacies：A review of concepts. Journal of Documentation，57（2）：218-259.

⑤ Bruce C. 1997. The seven faces of information literacy. Adelaide：Auslib Press：24-30.

⑥ Doyle C. 1990. Outcome measures for information literacy within the National Education Goals of 1990：final report of the national forum on information literacy. Washington：US Department of Education.

⑦ 任燕丽. 1999. 信息与信息素质. 北京成人教育，（6）：43-44.

⑧ 张亚莉. 2005. 信息素养内涵的建构. 图书馆论坛，（5）：53-55，117.

⑨ 钟志贤. 2013. 面向终身学习：信息素养的内涵、演进与标准. 中国远程教育，（8）：21-29，95.

⑩ 仇诚诚. 2011. 大学生信息素养及评价标准研究. 图书情报论坛，（Z1）：38-41.

求自觉地转化为个人内在的信息需求以适应社会发展的需要；对信息的敏感性和洞察力，能迅速有效地发现并掌握有价值的信息，并善于从微不足道、看似毫无价值的信息中发现信息的隐含意义和价值，善于识别信息的真伪，善于将信息现象与实际工作、生活、学习迅速联系起来，善于从信息中找出解决问题的关键。

信息伦理道德关注的是人们在利用信息技术时应当遵循的道德规范。信息技术犹如一把双刃剑，在为人们提供极大便利的同时，也产生了一些与传统伦理道德相悖的现象，如信息的滥用和泛滥、计算机病毒肆虐、电脑黑客、网络安全、网络信息共享与版权等问题，这对人的道德水平、文明程度提出了新的要求。作为信息社会中的现代人，应认识到信息和信息技术的意义及其在社会生活中所起的作用与影响，要有信息责任感，能抵制信息污染，遵循一定的信息伦理与道德，规范自身的信息行为活动，主动参与理想信息社会的创建。

信息能力是指人们有效利用信息设备和信息资源获取信息、加工处理信息以及创造新信息的能力。包括：信息工具的使用能力；获取识别信息的能力，个体根据自己特定的目的和要求，运用科学的方法，采用多种方式，从外界信息载体中提取自己所需要的有用信息的能力；加工处理信息的能力，个体应具有从特定的目的和新的需求的角度，对所获得的信息进行整理、鉴别、筛选、重组，提高信息的使用价值的能力；创造、传递新信息的能力，个体应在对所掌握的信息从新角度、深层次加工处理的基础上，进行信息创新，从而产生新的信息的能力，应通过各种渠道将其传递给他人，与他人交流、共享，从而促进更多的新知识、新思想的产生。

8.3.3　信息素养的评价指标

世界各国对信息素养问题予以持续性的关注，其中的信息素养评估是信息素养研究的重要内容。自 20 世纪 80 年代至今，产生了大量有关信息素养专题的标准、报告、项目、计划等富有影响力的成果，对推动全球信息素养的发展产生了重要作用。美国学校图书馆员协会（American Association of School Librarians，AASL）和美国教育传播与技术协会（Association for Educational Communications and Technology，AECT）于 1998 年从信息素养、独立学习和社会责任三个方面制定了“面向学生学习的信息素养标准”，并明确了学生在技能、态度和品德等方面的要求，为学生信息素养评价的具体实施提供了一个概念框架和支撑材料。澳大利亚、英国、新加坡等国家也先后制定了本国的学生信息素养评价指标体系和标准，并在部分学校的信息素养教育与评价活动中开展了应用实践。以下介绍一些在国际上颇具影响力的、典型的信息素养评估项目及评估框架。

（1）UNESCO《面向媒体和信息素养的指标》

UNESCO 在 2010 年 11 月发布了《面向媒体和信息素养的指标》（Towards Media And Information Literacy Indicators）。UNESCO 提出了媒体和信息素养包含三个维度的能力：访问/检索信息、评价/理解媒体和信息、使用/创造/交流信息。每个维度均包含 2 个子维度，每个子维度下包含若干核心指标，如表 8-5 所示。

表 8-5 《面向媒体和信息素养的指标》

一级指标	二级指标
访问/检索信息 （用户能有效、便捷地访问信息）	·定义和阐述媒体和信息需求
	·定位、检索媒体和信息
评价/理解媒体和信息 （用户批判性地、恰当地评价信息）	·评价媒体和信息
	·组织媒体和信息
使用/创造/交流信息	·创造知识
	·交流、符合伦理规范地使用媒体和信息

（2）国际计算机与信息素养研究评价标准[①②]

2014 年 11 月，国际教育成就评估协会（International Association for the Evaluation of Educational Achievement，IEA）发布了有 21 个国家（地区）参与的首届国际计算机与数字素养水平研究（ICILS）的相关结果。计算机与信息素养（CIL）是指一个人利用计算机收集信息、创造产品以及与人沟通的能力，以帮助个体有效地参与家庭、学校、工作场所以及社区的活动。ICILS 共包括三个部分：国家背景调查、问卷调查和学生测试。通过研究明确以下三个关键问题：各国学生的 CIL 水平有何差异，影响学生的 CIL 水平的因素有哪些，教育系统以及学校怎样做才能改善学生的 CIL 水平。

ICILS 是第一个由 IEA 主持，关于学生面对信息时代学习、工作和生活所需能力的国际比较研究，主要调查学生在家中、学校、不同社会或工作环境中是否有能力运用信息科技进行探究、创造、与人沟通及安全使用信息。ICILS 对来自 21 个不同教育体制超过3300所学校的 6 万名 8 年级学生（平均年龄为 13.5 岁）的 CIL 水平进行评价。第一届 ICILS 的测试题目共有四个单元，每位同学会被随机抽样解答其中两个单元，每个测试单元限时 30 分钟。所有评估题目均依据 CIL 评估框架分类为两大范畴：资料收集和整理，信息制作和交流。评估框架如表 8-6 所示。其中，资料收集和整理属于比较基本的能力，信息制作和交流属于较高层次能力。评估题目类型包括选择题和引用真实情境设计而成的开放式回答题目，用于测试

① 唐晓玲. 2015. 国际学生信息素养测评框架、方法与评价. 图书情报工作，(15)：12-19.

② 覃丽君. 2015. 中学生计算机与信息素养形成与发展的影响因素研究——以 2013 计算机与信息素养国际测评为例. 中国电化教育，(3)：56-62.

学生利用模拟网上平台进行数据搜寻、选取、管理，以及按照具体题目的要求识别合适的信息，进行信息转换、整合和创建的能力。此外，参与评估的学生及在他们就读学校任教的各学科老师和校长及信息科技统筹主任均被邀请作答一份网上调查问卷，以进一步了解影响学生 CIL 水平的因素，此研究的评核框架可以帮助我们深入了解学生在 CIL 各范畴的强项和弱项。

表 8-6　IEA 的 CIL 评估框架

类别	描述
资料收集和整理	·认识及理解计算机的特性、功能并进行操作：信息科技（如计算机）之特性和操作上的陈述性和程序性知识
	·获取和评估信息：使用信息科技搜寻数字信息、识别合适的数字信息资源以及评估信息的相关性和可信性的能力
	·整理信息：利用现有或设计合适的信息管理方案或分类方法整理数字信息的能力
信息制作和交流	·整合、转换信息：诠释及表达数字信息的能力，包括使用信息与通信科技工具来整合、概括、比较和比对从不同数字资源得来的信息，以及为特定受众调整电子信息的能力
	·创建信息：在信息与通讯科技的环境下，透过改编、应用、设计或创造信息以建构新知识的能力
	·交流和发布信息：学生在信息与通讯科技的环境中能适当地交流信息的能力
	·安全地使用信息：明白和合乎法律或道德操守地创建和使用信息

（3）《美国高等教育信息素养能力标准》

2000 年 1 月，美国大学与研究图书馆协会（Association of College and Research Libraries，ACRL）在得克萨斯州的圣安东尼奥召开了美国图书馆协会会议，会上审议并通过了《美国高等教育信息素养能力标准》。该标准以 1989 年美国图书馆协会（ALA）对信息素养的界定为基础，分为标准、执行指标和效果三个层次，共有 5 大标准、22 项执行指标和 87 个成果指标，标准框架如表 8-7 所示。作为教师和图书馆员评估学生信息素养状况的指南，该标准具体规定了学生在查询、获取、评价、处理、使用信息等方面应达到的标准与水平。

表 8-7　美国高等教育信息素养能力标准①

标准	执行指标
标准 1：有信息素养的学生有能力决定所需信息的性质和范围	·定义和描述信息需求
	·可以找到多种类型和格式的信息来源
	·权衡获取信息的成本和收益
	·重新评估所需信息的性质和范围

① ALA，ACRL.（2019-12-15）. Information Literacy Competency Standards for Higher Education. https://repository.arizona.edu/handle/10150/105645.

续表

标准	执行指标
标准 2：有信息素养的学生可以有效地获得需要的信息	· 选择最适合的研究方法或信息检索系统来查找需要的信息
	· 构思和实现有效的搜索策略
	· 运用各种各样的方法从网络或亲自获取信息
	· 改进现有的搜索策略
	· 摘录、记录和管理信息及其出处
标准 3：有信息素养的学生评估信息及其出处，然后把挑选的信息融合进知识库和价值体系	· 从收集到的信息中总结要点
	· 清晰表达并运用初步的标准来评估信息及其出处
	· 综合主要思想来构建新概念
	· 通过对比新旧知识来判断信息是否增值，是否前后矛盾，是否独具特色
	· 决定新的知识对个人的价值体系是否有影响，并采取措施消除分歧
	· 通过与其他人、学科专家和（或）行家的讨论来验证对信息的诠释和理解
	· 决定是否修改现有的查询
标准 4：不管个人还是作为团体成员，有信息素养的学生能够有效地利用信息来实现特定的目的	· 能够把新旧信息应用到策划和创造某种产品或功能中
	· 修改产品或功能的开发步骤
	· 能够有效地与别人就产品或功能进行交流
标准 5：有信息素养的学生熟悉许多与信息使用有关的经济、法律和社会问题，并能合理合法地获取信息	· 了解与信息和信息技术有关的伦理、法律和社会经济问题
	· 遵守与获取和使用信息资源相关的法律、规定、机构性政策和礼节
	· 在宣传产品或性能时列明引用信息的出处

2000 年发布的《美国高等教育信息素养能力标准》是美国各种层次各种类型的高校开展信息素养教育和评价的工具，也为在整个高等教育环境下探讨信息素养提供了一个框架，自发布以来，该标准在许多国家和地区得到了应用，墨西哥、西班牙、澳大利亚、南非等都采用这个标准，或是对其修改而成。保守推断，其译本已不下 15 种。该标准因此被认为“具有里程碑意义”，是到目前为止对图书馆与高等教育界两者都“最有影响力的文件之一”。

（4）英国信息素养能力框架

英国大学图书馆联盟在 1998 年提出的信息素养能力框架，由 7 个一级指标和 48 个二级指标组成，如表 8-8 所示。

表 8-8　英国提出的信息素养能力框架①

一级指标	二级指标
问题发现	· 能够发现目前所缺乏的主题知识 · 辨别需要查询的主题和问题，并能够定义专有词汇 · 具备融会贯通知识的能力 · 能够分辨得以满足信息需求的信息和数据，并且能够定义信息需求的范围限制 · 能够运用已具备的基本数据作为信息查询的辅助 · 为自己的信息检索行为负责 · 有效率地完成信息查询的工作

① SCONUL Working Group on Information Literacy.（2019-12-15）. The SCONUL Seven Pillars of Information Literacy. https://www.sconul.ac.uk/sites/default/files/documents/coremodel.pdf.

续表

一级指标	二级指标
范围界定	· 找出目前缺乏的信息内容 · 知道何种信息类型能够满足信息需求 · 分辨不同层级适用的一般或特殊主题资源的检索工具 · 辨别信息类型的差异 · 具备使用新兴工具的能力
策略规划	· 能够以适当的语言明确地定义检索问题 · 运用关键词、概念、名词定义以及查询限制来拟定检索策略 · 选择最适合的检索工具 · 运用控制词汇和主题分类进行信息检索 · 适当地运用检索技巧 · 根据不同的信息需求选用专业检索工具
信息取得	· 有效运用检索工具和资源 · 设计适用于数字资源和纸本资源的检索方式 · 取得全文文献，包含纸本文件与数字资源 · 运用适当的检索技巧收集资料 · 能够掌握新信息的发展 · 与相关社群分享信息 · 分辨出尚未满足的信息需求项目 · 运用在线和纸本资源搜寻信息之外，也能够寻求专家学者的协助
成果评估	· 分辨各种信息来源的差别 · 运用批判能力选择符合查询主题的数据 · 评估信息来源的质量、正确性、主题相关性、公正性、声誉、可信度 · 评判所搜集资料的可信度 · 谨慎判读信息，并辨别其中的要点和论点 · 审慎地评估信息查询的结果 · 能够拿捏结束查询信息的时机
汇整管理	· 运用书目软件管理信息 · 使用适当的书目格式引用纸本和电子资源 · 制作合适的参考书目格式 · 能够掌握伦理规范、数据保护、著作权以及其他知识产权等相关议题的信息 · 遵守学术诚信的规范 · 运用适当的数据管理软件和技巧管理数据
成果展示	· 运用信息和数据来解决问题 · 以口语和书写的方式进行文献报告总结 · 将新信息整合至现有的知识脉络 · 适当地分析和展示资料 · 总结与评估来自不同来源的复杂信息 · 因应不同的文献类型，选用适当的书写格式 · 有良好的口语表达能力 · 选择适当的出版品或传播渠道进行出版 · 运用个人网络和数字科技（如讨论群、社群网络、博客等）发展个人简介数据，展示成果

此外，不少国际组织也发布了用于评价国际公民的计算机应用能力与信息素养的评估框架。由于各国具体国情的差异，国际上尚没有建立一套科学的、通用的信息素养评估框架，而是根据项目评估目标来确定评估框架。表 8-9 对比分析了国内外常见的信息素养评估指标的指标内容。

表 8-9　国内外信息素养标准的内容对比

测评指标 标准/框架名称	信息需求	信息源	信息获取	信息识别	信息存储与管理	信息搜索策略	信息交流与利用	信息评价	信息创新	信息道德	信息意识	信息组织	信息理解与吸收	经济法律和社会	信息元认知	信息成本收益	信息分享	信息安全	信息态度	终身学习	信息监控	公民权利与责任
全球媒体和信息素养评估框架	√	√	√	√	√	√	√	√	√	√	√	√	√	√	√	√	√	√			√	
澳大利亚高等教育信息素养标准框架	√	√	√	√	√	√	√	√	√	√	√	√	√	√	√	√				√		√
香港学生信息素养框架	√	√	√	√	√	√	√	√	√	√	√	√	√	√	√		√		√	√		
北京地区高等教育信息素质能力指标体系	√	√	√	√	√	√	√	√	√	√	√	√	√	√		√						
面向媒体的信息素养的指标	√	√	√	√	√	√	√	√	√	√	√	√	√	√				√				
美国面向学生学习的信息素养标准	√	√	√	√	√	√	√	√	√	√	√	√					√		√			
美国高等教育信息素养评价标准	√	√	√	√	√	√	√	√	√	√		√	√	√	√							
英国高等教育信息素质能力标准	√	√	√	√	√	√	√	√	√			√	√			√	√					
计算机与数字素养评估框架	√	√	√	√	√		√	√	√	√		√		√				√				
高校大学生信息素质指标体系	√	√	√	√	√	√	√	√			√											

续表

测评指标 标准/框架名称	信息需求	信息源	信息获取	信息识别	信息存储与管理	信息搜索策略	信息交流与利用	信息评价	信息创新	信息道德	信息意识	信息组织	信息理解与吸收	经济法律和社会	信息元认知	信息成本收益	信息分享	信息安全	信息态度	终身学习	信息监控	公民权利与责任
澳大利亚与新西兰高等教育信息素养能力标准	√	√	√	√	√	√		√	√	√												
高校学生信息素质综合水平评价指标体系	√	√	√	√		√				√	√											
新加坡 21 世纪学习者核心素养标准	√	√	√	√	√		√															
合计	13	13	13	13	12	11	11	11	10	10	8	9	7	7	4	4	4	3	2	2	1	1

8.3.4 信息素养的评价方法

标准化测试、基于自陈式量表的评价是应用较早的学生信息素养评价方法。典型的标准化测试工具包括美国肯特州立大学设计的大学生信息素养测评工具（Standardized Assessment of Information Literacy Skills，SAILS）和中小学生信息素养测评工具（Tool for Teal-time Assessment of Information Literacy Skills，TRAILS）。还有针对特定对象，如医学生的信息素养标准化测评工具。标准化测试尽管是了解信息素养的最佳评价方法①，却不能有效评价学生在真实场景中的信息素养能力。②基于自陈式量表的评价主要根据被试的主观报告来确定其信息素养水平，例如，PISA 的 ICT 素养测评中采用自陈式量表评价学生 ICT 的熟练程度，以及其他研究者自主研制的信息素养量表。

鉴于基于自陈式量表评价的结果具有主观性，其测试结构与其实际水平之间的相关性较低等问题。近年来研究者开始关注学生在真实场景的信息素养表现，并采用电子档案袋、基于计算机的情境任务等对学生信息素养进行过程性评价。有研究者通过设计信息素养能力档案袋来评价学生的信息、媒体和技术技能或信息素养水平③，还有研究者综合采用书目分析与档案袋来评价学生的信息素养。④利用档案袋收集学生的信息作品与测评反思，反映了学生信息素养水平的提升过程⑤，能够考查学生对信息知识或技能的掌握程度，还能对学生的信息思维、信息意识等非智力因素进行评价。⑥然而，档案袋评价需要教师投入大量时间和精力，且难以制定客观、公正的评价标准，限制了档案袋评价在学生信息素养评价中的应用。⑦

基于计算机的情境任务测评系统采集并分析学生完成任务时的过程性数据，从而评价学生的知识、技能与能力。根据任务呈现的形式，情境任务一般包含以下三类：①基于信息应答的任务，即简单建构响应任务以及拖拽响应任务等，适

① 卢敏. 2014. 大学生信息素养评价方法浅析. 现代情报，34（12）：141-144.

② Samson S. 2010. Information literacy learning outcomes and student success. The Journal of Academic Librarianship，36（3）：202-210.

③ Newell T-S. 2010. Learning in simulations：Examining the effectiveness of information literacy instruction using middle school students' portfolio products. Evidence Based Library and Information Practice，5（3）：20-38.

④ Scharf D，Elliot N，Huey H-A，et al. 2007. Direct assessment of information literacy using writing portfolios. The Journal of Academic Librarianship，33（4）：462-477.

⑤ 杨阳. 2018. "互联网+"时代下新型学生档案袋评价的探索. 华中师范大学研究生学报，25（3）：109-113.

⑥ 魏铁军，吕蕊. 2011. 教育档案式评价研究. 教育教学论坛，（9）：163-164.

⑦ 江彬，邱立中. 2003. 科学认识档案袋评价. 上海教育科研，（11）：37-39.

合评价信息素养相关的知识和简单技能等[①][②]，其测评结果比较客观、准确，有利于评分和比较。②模拟真实情境的任务，即模拟真实情境设计的技能操作任务与作品创作任务，适合评价学生的软件应用技能以及检索、选择、评价、转换、创造、交流与共享信息的能力[③]，可提供关于任务过程与结果的丰富观测数据。③基于游戏的任务，即在游戏化的活动中设置的任务，其具有丰富性、可玩性、仿真性等特点，适合评价学生的信息素养知识，信息检索等操作技能，以及问题解决能力、逻辑推理能力等高阶思维能力。[④]作为 21 世纪核心素养的重要组成部分，学生信息素养成为了当前备受关注的热点问题，其评价也受到国内外学者的广泛重视。

现有研究在学生信息素养评价领域取得了较丰硕的成果，但是也具有一定的局限性。具体表现为：①现有研究局限于信息素养相关的知识和低阶技能的评价，对信息思维、信息行为、信息创造、问题解决等高阶思维能力的评价较少涉及，缺乏一套面向智能时代的学生信息素养评价标准；②现有研究主要采用标准化测验、自陈式量表等评价工具，忽视了对学生信息素养评价指标与关键过程性数据的关联机制挖掘；③现有的研究已将以证据为中心设计（evidence-centered design，ECD）广泛应用于核心素养、计算思维等高阶思维能力的评价，但是在学生信息素养评价领域的应用极其少见，基于 ECD 的学生信息素养自动评价技术尚处于探索阶段；④现有研究局限于对学生信息素养水平的监测、评价，忽视了对学生存在问题的诊断和动态反馈，在培养和提升学生的信息素养上还存在诸多问题。

---

① Katz I-R. 2007. Testing information literacy in digital environments：ETS's iSkills assessment. Information Technology and Libraries，26（3）：3-12.

② Gobert J-D，Kim Y-J，Sao Pedro M-A，et al. 2015. Using educational data mining to assess students' skills at designing and conducting experiments within a complex systems microworld. Thinking Skills and Creativity，（18）：81-90.

③ Guo Y-R，Goh D-H，Luyt B. 2017. Tertiary students' acceptance of a game to teach information literacy. Aslib Journal of Information Management，69（1）：46-63.

④ 李菲茗，张浩，林丽娟，等. 2020. 计算机交互式评价的开发研究——以科学探究为例. 中国远程教育，（5）：29-37，77.

第9章
信息时代的数字公民教育

数字公民教育是每个数字公民必备的素养，也是整个数字社会的共同责任。在技术和教育与时俱进的今天，数字公民教育应成为中国教育信息化中重要的一环，成为每一位数字公民的必修课。教师、学生、学校、社会应齐心协力，发挥协同作用，加强数字公民教育，从而营造安全、健康的数字空间，为构建和谐社会贡献力量。中国的教育信息化进程为数字公民教育提供了更多资源和机遇，相应也产生了更高的要求和挑战。我们分析了教育信息化进程中的热点和焦点问题，并思考了这些问题背后涉及的数字公民教育的方方面面，认为只有通过开展系统、完善的数字公民教育研究与实践，才可以提高公民的数字意识和数字素养，促进信息技术与教育的深入融合，推动教育公平和均衡发展，推进教育的国际化，改善大数据分析的信度和效度，提升新兴教育手段和方法的品质和效果，落实创客教育的理念，从而切实加快中国教育信息化进程的步伐，塑造新一代的合格数字公民。

9.1 从“道德恐慌”现象看数字公民教育

随着互联网与信息技术的快速发展，传播工具日益更新，人们也越来越依赖通过微信、微博、QQ、论坛、今日头条等新媒体途径来获取信息。新媒体作为信息时代知识传播的重要载体，有着诸多的传播优势，但需要用户有较高的信息素养，否则其在传播过程中可能会产生一些负面效应，“道德恐慌”现象便是新媒体传播中带来的负面效应之一。如新媒体可能会通过自身的预测和扭曲，将个别的偏离者或偏离行为进行夸张放大的报道，大量的、不断的这类报道可能会在社会上形成恐慌情绪，甚至引发恐慌心理和行为。①

9.1.1 “道德恐慌”的内涵

“道德恐慌”（moral panic）是西方“激进社会学”分析传媒社会现象的一个核心概念。②20 世纪 50 年代，在芝加哥学派代表人物 Howard Becker 所阐释的“标签理论”中首次出现了“道德恐慌”一词。犯罪学家 Leslie T. Wilkins 提出的“道德恐慌”一词是相对于“异常的社会行为”而言的，在他的著作《社会越轨研究：社会政策与社会行动》（*Social Deviance*：*Social Policy*，*Action and Research*）中率先使用“偏离放大”（deviation amplification）的概念来解释“道德恐慌”。

社会学家 Stanley Cohen 被视为首位对大众传媒“道德恐慌”行为和对“偏离放大”相应的公众反应进行深入系统研究的学者。1972 年，其著作《民间恶魔与道德恐慌：青年摩登派和摇滚族的创造》（*Folk Devils and Moral Panics*：*The Creation of the Mods and Rockers*）通过分析亚文化中的摩登派和摇滚族现象，认为“道德恐慌”是一种社会过程，是在一定的情境中某种事件、个人或群体显现出来，被界定为对社会价值和社会利益构成的威胁。

---

① 杭羽. 2014. 大众传媒环境下的道德恐慌理论分析. 今传媒，22（10）：30-31，34.

② 刘砚议. 2004. 后现代传媒语境下的“道德恐慌”. 当代传播，（3）：75-77.

在中国，学者郑根成认为，“道德恐慌”是大众媒体以价值负面形象来定义某类群体或某种类型的社会行为，并在大众传播的信息传播中刻意强化该群体或该类型行为对社会价值与社会利益的威胁，由此而引发社会公众对威胁的一致性道德判断。[①]也有学者认为“道德恐慌”是用以描述人们在对社会异常行为进行道德终极归因时，认为异常行为的增加是由于“道德”这种最高级的亲合力的缺失而出现的一种较强烈的焦虑心态[②]；或者公众在错误或被夸张的信息支配下所产生的风险认知和带有恐惧心理的集体反应。[③]

9.1.2　新媒体环境下“道德恐慌”的成因

新媒体环境下“道德恐慌”现象的产生并不是偶然。1994 年，美国学者 Erich Goode 和 Nachman Ben-Yehuda 出版了专著《道德恐慌：对偏离的社会建构》（*Moral Panics*：*The Social Construction of Deviance*），这本书将道德恐慌形成归因于“利益集团”“精英”“草根”[④]，但不足之处是对媒体的传播作用没有予以足够的重视。考虑到此理论的不足，我们基于新媒体环境提出“道德恐慌”产生的原因有以下几方面：

第一，新媒体受利益驱动，角色认知错位。一些新媒体为了生存，要增加浏览量与点击量，就会将传播内容同利益挂钩。标题党层出不穷，一些不实的、耸人听闻的假消息也应运而生，造成社会“道德恐慌”的同时，扰乱了社会秩序，也给公众安全造成了威胁。

第二，对新媒体传播的科学管理不到位。新媒体传播速度极快，而传播的内容具有公共属性，因而对媒体舆论的监督与管理相对困难。另外，监管部门又缺乏科学有效的管理，很容易导致“道德恐慌”现象的发生。

第三，受众参与新媒体传播具有特殊的模式。新媒体融合传统媒体具有较强的社交性与交互性，如常见的大众新媒体一旦大规模传播社会上频发的道德恐慌事件，大众就会在这些平台上对此表达观点，宣泄情绪和倾向性意见。这些参与者在情绪的相互感染过程中，自然而然地就会产生“道德恐慌”。

第四，最根本的原因是受众信息素养不够，不能有效识别新媒体传播内容。造成受众恐慌的信息专业性不强，且很多是围绕人身安全、食品安全、疾病等让

---

① 郑根成. 2017. 网络围观的伦理审视. 伦理学研究，(2)：130-134.

② 刘砚议. 2004. 后现代传媒语境下的“道德恐慌”. 当代传播，(3)：75-77.

③ 景军. 2006. 艾滋病谣言的社会渊源：道德恐慌与信任危机. 社会科学，(8)：5-17.

④ Goode E，Ben-Yehuda N. 1994. Moral panics：The social construction of deviance. Oxford：Blackwell.

人感觉焦虑的信息。许多知识文化水平较低、思维能力有限、生活经验欠缺的用户判断这类信息真伪的能力通常较弱，因此，当他们看到这类信息后容易引起恐慌，甚至会出现以讹传讹的现象。

9.1.3 新媒体环境下“道德恐慌”的表现

新媒体环境下，社会舆论的传播显现出新的特征，呈现出自组织的特点，具有强烈的“蝴蝶效应”。“道德恐慌”来得快，去得也快，一旦公众失去兴趣，或者媒体发现新的话题，原来的喧嚣就会烟消云散。[①]基于此，新媒体环境下“道德恐慌”有以下表现。

第一，民众普遍感到焦虑与恐慌。例如，“丢孩子事件”“幼儿园虐童事件”“毒疫苗事件”等都是在微博、微信等新媒体平台上第一时间得到大范围传播，使相关报道瞬间扩散到家家户户，导致大众在长时间接收这样的讯息之后，集体关注幼儿问题，甚至对社会与人性产生误解，恐慌的情绪日益加深。

第二，新媒体成为“道德恐慌”的助推者。如新媒体在周而复始的运作中对“不扶老人”“不给老人让座”等严重偏离公共道德与公共规范的行为不断进行定义与命名，再配上惊人的标题、夸张的内容和放大的细节，精心构筑一个对社会正常秩序充满威胁的“假想敌”，这会迅速引起公众的广泛恐慌感。

第三，道德界限模糊化。新媒体时代，个体权利被放大，言论表达更加自由，大量与现代社会文明大相径庭的道德观念开始潜入公共网络环境中，造成民众普遍性的价值错乱，人们在危机情况发生时会产生“道德恐慌”。如有些人因为担心自己扶起倒地的老人会被冤枉，所以遇到此类状况时会犹豫不定、很纠结“扶不扶”。这种“道德恐慌”状态严重侵蚀了大众的“道德正义感”，道德的界限也变得日益模糊化。

缺乏信息素养是道德恐慌等消极现象产生的根本原因。虽然在新媒体环境下道德恐慌等具有较大的消极作用，但是如果我们以信息素养作为主要教学内容加强数字公民教育，提高学习者的信息素养，必然有利于避免道德恐慌等消极作用的出现。因此，随着新媒体环境的不断普及，进行数字公民教育，培养数字公民显得更加重要。

---

① 胡泳. 2011. 道德恐慌. 商务周刊，(7)：79.

9.2　数字公民教育的内涵及标准

9.2.1　数字公民教育的源起

信息时代物理空间和数字空间并存，一系列技术给人们的生产生活和沟通交流带来了极大便利的同时，生活在数字社会中的人也理所当然地成为了数字公民，但一些不法分子在数字社会的言行举动也引发了一系列社会问题，如利用网络实施诈骗、窃取他人隐私或国家机密、滥用黑客技术、网络暴力损害他人身心健康、数字鸿沟引发各种社会不公等案例每年都在发生，引起了全球的重大关注。有将数字公民界定为“公民的互联网身份”[①]，要求网民具备公民的素养和准则，可以通过使用计算机成为全面的、有能力的社会的好成员，这个定义强调公民的互联网身份以及与普通网民的区别。也有将数字公民界定为“利用信息技术参与社会活动、政治活动和政府活动的人”[②]，强调信息技术和参与的重要性。一些学者也对数字公民进行了定义，Karen Mossberger 等在其专著《数字公民：互联网、社会与参与》（*Digital Citizenship*：*The Internet*，*Society and Participation*）中认为，数字公民是定期且有效地使用互联网的人，这一定义更加强调互联网使用的重要性，却忽视了其他数字技术设备的使用，具有一定局限性。美国国际教育技术协会指出，所谓合格的数字公民，是指“能够践行安全地、合法地、符合道德规范地使用数字化信息和工具”的人。[③]数字公民教育研究学者 Mike Ribble 在其著名的《学校中的数字公民教育》（*Digital Citizenship in Schools*）一书中也认为，数字公民是指在应用技术的过程中能够遵循相应规范而表现出适当的、负责任行为的人。尽管不同学者与机构出于不同立场对数字公民的定义表述不尽一致，但把这些定义综合起来进行考察，我们还是可以发现，如今对数字公民教育进行的界定其实讨

---

① 智能观.（2019-01-28）. 数字公民意识对孩子有多重要？27 个关键词，每个都是一条建议. http://www.xn--5kv130dpgg.com/a/fangfalun/1381.html.

② Wikipedia.（2020-10-02）. Digital Citizen. https://en.wikipedia.org/wiki/Digital_citizen.

③ ISTE.（2019-12-14）. ISTE Standards. https://www.iste.org/standards/standards/for-students.

论的都是同一个问题，即信息时代的公民应该如何恰当地、负责地使用各种信息技术，以参与社会活动，促进社会发展。这是数字公民的基本内涵。

学习者面临学习环境、学习方式的改变以及由新型信息传播载体所带来的道德和伦理冲击，其身份也由传统社会的实体身份，拓展到网络空间的虚拟身份。如何在信息时代所造就的数字虚拟空间中谋求人的良好生存发展并与他人和谐相处，如何将现实社会中相关的法律法规、道德规范和行为准则有效迁移到数字社会中，只有数字公民教育才能实现这些目标。这也表明信息社会高度发展，数字公民教育的重要性愈加凸显，已经成为当今世界信息化教育体系中最为关键的组成部分。

国外数字公民教育的发展经历了一个由感知到全盘参与的发展阶段。美国在信息技术应用方面起步最早，很早就开始探索数字公民素养教育，在中小学校率先实施并已经形成了相对完备的培育体系。美国教育研究者早已意识到数字素养将成为虚拟空间中指导公民行为规范的准则，他们研究并制定了引领公民教育发展的相关标准，内容全面，中小学课程开设较完善，并得到了一些组织机构的大力支持，如美国国际教育技术协会、美国非营利组织常识媒体（Common Sense Media）、美国国家独立学校联合会（National Association of Independent Schools，NAIS）等。随着公民教育发展的不断深入，美国的决策管理者也积极响应数字时代的大变革，数字公民素养的发展还吸引了许多社会机构的参与支持，使其后备力量更加强大，有力地支撑了美国中小学校数字公民素养教育的发展。

欧洲国家的数字公民教育发展最早可以追溯到数字素养概念的提出，历经时代变迁，不断深入发展与完善，最后形成了欧盟核心素养基本框架。欧盟议会和欧盟理事会于 2006 年通过决议后正式发布的欧盟核心素养，包括母语交流能力、外语交流能力、数学素养与科学技术基本素养、数字素养、学会学习、社会与公民素养、主动意识与创业精神、文化意识与文化表达共计八项内容，其中数字素养和公民素养均包含其中。技术的不断进步使得数字素养的关注与研究越来越多，欧洲委员会在 2010 年 3 月提出的“欧洲 2020 战略”将欧洲数字议程作为重大举措之一，旨在把数字素养教育摆在更加显著和突出的位置，以迎接时代的挑战。

2014 年，UNESCO 曼谷办事处启动了“安全负责任地使用信息通信技术培育数字公民”项目，并于 2015 年和 2016 年分别出版了《安全负责任地使用信息通信技术培养数字公民——亚太地区现状回顾》（*Fostering Digital Citizenship through Safe and Responsible Use of ICT: A Review of Current Status in Asia and the Pacific as of December 2014*）[①]和《政策回顾：安全有效和负责任地使用信息通信技术，建立亚太地区数字公民身份》（*A Policy Review*：*Building Digital Citizenship in Asia-Pacific through Safe*，*Effective and Responsible Use of ICT*）[②]。亚太地区许多国家也将数字公民相关教育作为学校教育的重要组成部分，例如，新加坡在其公立学校系统内为所有 7—18 岁的学生开设网络健康（cyber wellness）课程，并制定统一的教学大纲来确保课程的规范实施；澳大利亚的数字公民教育重点关注网络安全教育，引导年轻一代安全地使用互联网，通过各种机构和部门设立了诸如“国家安全学校框架”（National Safe Schools Framework）、“青年电子安全项目”（Young People eSafety Programme）等项目；韩国的数字公民教育的主要内容之一是预防与治疗网络成瘾，设立了“预防网络成瘾项目”（Internet Addiction Prevention Campaign）。[③]

9.2.2　数字公民教育的内涵

Lisa M. Jones 和 Kimberly J. Mitchell 认为，如果要将数字公民教育作为学校教育的一个新的关注点，那么必须对教育的目标进行清晰的界定。对此，他们建议青少年的数字公民教育围绕两个具体领域展开：一是进行体现尊重的在线行为；二是实践在线公民参与。[④] Mike Ribble 在访谈中将现实世界的公民与虚拟世界的数字公民进行对比，以帮助人们更加深入地理解数字公民的内涵，他还结合案例介绍了数字公民教育实践经验，并特别说明互联网接入不只是技术问题，也是一个价值取向的问题，教育者应该利用机遇积极塑造数字公民内容，引导学生成为时代变革的领导者。[⑤]

张立新和张小艳将数字公民的基本要求概括为意识、知识、能力和文化四个层面：意识层面主要指数字公民对技术的态度问题，表现为数字公民对信息技术的敏感性，以及运用信息技术服务于日常生活、学习、工作的意识，包括数字化

---

① UNESCO Bangkok. 2015. Fostering digital citizenship through safe and responsible use of ICT：A review of current status in Asia and the Pacific as of December 2014. Bangkok：UNESCO Bangkok Office.

② UNESCO Bangkok. 2016. A policy review：Building digital citizenship in Asia-Pacific through safe，effective and responsible use of ICT. Bangkok：UNESCO Bangkok Office.

③ 周小李，王方舟. 2019. 数字公民教育：亚太地区的政策与实践. 比较教育研究，（8）：3-10.

④ Jones L-M，Mitchell K-J. 2016. Defining and measuring youth digital citizenship. New Media & Society，18（9）：2063-2079.

⑤ 钱松岭. 2019. 数字公民的过去、现在与未来——访美国“数字公民教父”Mike Ribble 博士. 中国电化教育，（9）：55-59，67.

参与意识、数字健康意识、数字安全意识、数字公民责任意识等要素；知识层面主要指数字公民应该具备在数字社会中从事生活、学习、工作、娱乐休闲等方面的知识，包括信息技术系统本身的知识、信息技术在日常生活各方面应用过程中所涉及的法律法规、健康和安全，以及数字公民的责任与权利等相关的知识；能力层面主要指数字公民应该具备运用信息技术在数字世界中生活、学习、工作、休闲娱乐、沟通交流、购物等方面的能力，即数字化生存能力，主要包括信息技术知晓、信息技术应用、信息技术创新等能力；文化层面主要指数字公民应该了解数字世界中特有的文化、遵守其伦理规范、掌握其行为方式等，包括数字公民道德素养、数字公民责任意识、数字公民行为模式等要素。①

虽然不同的学者或机构各自提出了对数字公民内涵的不同理解，但这些定义却又有相同之处。从这些定义中，我们可以提取出数字公民的三个特征：拥有合法且合乎道德的行为准则——使用信息技术的基本准则；拥有高效使用信息技术的能力——进入数字世界的途径或媒介，涉及的现实问题有信息素养、互联网准入问题等；拥有充分参与数字世界的能力——充分参与现实与虚拟的社会活动、政治活动和政府活动，且高效地解决遇到的问题。归纳起来，无论数字公民的概念如何界定，它所指代的内涵大体一致，即作为信息时代的公民，如何恰当地、负责地使用各种信息技术，以参与社会活动，促进社会发展。

9.2.3 数字公民教育的标准

面对纷繁复杂的互联网世界，如果没有一个标准化的教育体系将很难支撑教育发展，所以世界各国都是从数字公民教育的标准开始着手研究。英国从 20 世纪 90 年代就开始研究数字公民教育，试图制定一套合格的数字公民教育的标准或要素。美国制定的国家教育技术标准中给出了数字公民的标准，1998 年，美国国际教育技术协会率先发布了《国家教育技术标准：学生标准》，指明了在信息技术时代学生应该掌握的知识和技能；该协会又于 2000 年和 2002 年先后推出了《国家教育技术标准：教师标准》和《国家教育技术标准：管理者标准》等，分别指出了教师和管理者在信息时代就技术使用方面应掌握的知识和技能；2007 年又对这些标准进行了更新，数字公民教育首次作为一项知识和技能写入其中，更加凸显了其发展迅速和重要作用；2016 年再次对学生标准进行了更新，数字公民教育的标准更加细化。

① 张立新，张小艳. 2015. 论数字原住民向数字公民转化. 中国电化教育，(10)：11-15.

美国国际教育技术协会 2016 版的学生标准中的数字公民教育主要体现在以下几个方面。

1）学生能管理好自己的数字身份，并能意识到他们的行动在数字世界存在的持久性；

2）学生在使用技术的时候要采用积极、安全、合法、有道德的行为，包括利用网络设备进行社交也是一样；

3）学生对使用和分享知识产权的权利和义务表现出理解和尊重；

4）学生管理自身的个人数据，以维护数字隐私和安全，并意识到数据收集技术能用于在线跟踪。

同时，美国国家教育技术标准的教师标准和管理者标准中对数字公民教育也进行了细致的说明，教师标准中的数字公民教育主要体现在以下几个方面。

1）倡导、示范并教授如何安全、合法、合乎伦理地使用数字信息技术，包括尊重版权、知识产权及合法的文档来源；

2）通过以学习者为中心的策略强调学习者多样化的需求，提供合理的数字工具资源的入口；

3）促进和形成在与技术信息使用过程中相关的权责意识；

4）通过与不同文化的同事、学生利用数字交流协作工具形成文化上互通理解和全球意识。

管理者标准中的数字公民教育主要体现在以下几个方面。

1）确保数字工具和资源的合法使用，以满足所有学习者的需求；

2）促进、示范并制定安全、合法、道德地使用数字信息技术的政策；

3）促进、形成与数字技术使用相关的责任意识；

4）促进文化共享与发展，并且在使用现代沟通协作工具中将文化植入全球范围中。

全球数字公民基金会提出，信息时代的数字公民应该具备信息通晓能力。信息通晓能力的内涵十分丰富，它不局限于简单的信息技术使用和技能层面，而是对公民参与信息社会的活动提出了更高的要求。具体来讲，信息通晓能力包含提问、习得、分析、应用、评估等五种能力，每种能力的具体内涵如表 9-1 所示。信息通晓能力的提出体现了数字公民教育对人才培养的要求，即培养具备计算思维、批判性思维、创新能力、协作能力、沟通能力的 21 世纪人才。

表 9-1　信息通晓能力分类及内涵

分类	内涵
提问	理解问题，确定问题的关键词，形成探索性的问题，头脑风暴，了解伦理问题，深度聆听，广泛查阅，批判性表达，过滤信息，分享个人知识和经验等
习得	确定信息来源，明确获得信息所需的技能，浏览、扫描、搜索资源，优先确定搜索策略，记录笔记，过滤信息等
分析	组织、总结信息，筛选有用信息，区分客观信息和主观信息，评估信息的时效性，判别信息的真实性等
应用	将信息转化为知识和智慧，在实践中应用知识，创造产品和项目
评估	反思问题的解决过程，发现优势和不足，内化、迁移到新的学习中

需要指出的是：数字公民教育是一个不断发展的过程，随着数字技术持续而深刻地改变人类社会生活，有关数字公民教育的标准也必然会随着时代的发展不断更新，但其核心是一以贯之的，即以培养信息时代的合格数字公民为目的，要求数字公民具备全球意识、法律意识和合理、合法、合规地使用技术的数字公民意识。从这一追求中，我们可以看到，数字公民教育是对传统公民教育的深化、升华与发展，体现了数字时代对公民教育的新要求。在这一意义上，我们也可以认为，数字公民教育不仅是信息时代公民教育的一个重要组成部分，而且是最能够体现时代精神的一部分。

9.2.4　数字公民教育的要素

关于数字公民教育的要素，Mike Ribble 的《学校中的数字公民教育》（*Digital Citizenship in Schools*）是目前学术界比较认可的著作，该书总结归纳了数字公民教育九大要素，如表 9-2 所示。

表 9-2　数字公民教育的九要素名称、核心问题及阐释[①]

要素名称	核心问题	问题	关键词汇	概念阐释
数字准入	是否所有的学生都有机会参与数字社会?	社会经济地位，特殊需要，物理位置	数字鸿沟、技术准入、数字公平等	主要指充分参与社会中的各种数字信息；对于数字公民教育而言，其以朝着人人平等的数字准入机会而努力为起点，以让所有人享有充分参与数字技术和信息的机会是所有数字公民的目标

① Ribble M. 2011. Digital citizenship in schools（2nd Edition）. Texas：International Society for Technology in Education.

续表

要素名称	核心问题	问题	关键词汇	概念阐释
数字商务	学生是否拥有在数字世界进行买卖的知识和保护意识？	在线购物/销售	网络购物、网络诈骗、信用安全等	主要指商品的电子化买卖。在信息时代，数字商务（如网上购物）已成为人们生活中必不可少的一部分，数字公民需要详细了解关于网络交易的方方面面，谨防网上诈骗等潜在危险
数字通信	学生是否理解丰富多样的数字沟通方法，并知道哪一个最合适自己？	数字通信方法，恶毒网站	数字选择、通信礼仪、社交网络等	主要指信息的电子交换（如发邮件、借助在线平台发信息）。数字革命最重要的变革之一就是人们沟通交流更加便捷，数字通信的教育需侧重于面对日益多元化的沟通手段和方式时应该如何应对、如何选择的内容
数字素养	学生有时间学习关于电子技术的知识，并与他人分享这些知识吗？	技术/在线教育	技术教育、在线教育、第二次数字鸿沟等	主要指技术及技术使用的教与学。 数字公民应具备以下的特点：能随时随地学习；当新的技术出现时，能快速而准确地掌握它、使用它；并且具备较高的信息素养和技能
数字礼仪	学生在使用数字技术时会考虑他人的情况吗？	礼貌和尊重他人，欺凌	技术礼仪、网络礼仪、文化尊重等	主要指技术使用的行为标准。数字公民应在使用技术之前学习数字礼仪，而不是在出现问题之后再制定使用规则或禁止某项技术的使用
数字法律	学生是否意识到管理数字技术使用的法律（规则、政策）？	数字法律/政策	知识产权、版权保护、信息传播等	主要指行为和举措的法律责任。数字法律涉及社会范围内的技术伦理，包括知识版权和著作权保护等，是数字公民必备的素质之一
数字权责	学生是否准备好保护他人的权利，并准备捍卫自己的数字权利？	在校内外的技术责任，引用来源和请求许可	数字权益、技术规则、数字责任等	主要指在数字世界里每个人的自由与应履行的责任。每个数字公民都享有使用技术和资源的自由，但同时也要遵守一些规则，包括规章制度和法律条款等
数字健康	学生在使用数字技术时，会考虑其对自身（身心健康）的危险吗？	沉迷数字技术和视频游戏，人类工效学	技术成瘾、网络成瘾、身心健康等	主要指数字技术世界中的身心健康。数字技术时代引发了许多健康问题，其不仅包括身体健康问题，还有网络成瘾等心理健康问题
数字安全	学生在保护他人资料的同时，也会花时间保护自己的信息吗？	硬件/互联网保护，个人安全	技术保护、隐私保护、危机意识等	主要指自我保护的预防措施。作为负责任的数字公民，我们必须保护好自己和他人的信息，避免受到外界破坏或伤害

上述这九个要素是紧密联系、互相交织的，他们随着时代发展而同步发展。因此，Mike Ribble 将这九个要素整合成三个维度，分别是尊重（respect）、教育（educate）、保护（protect）。每个维度均包含三个要素，就形成了数字公民教育的 REP 理念（图 9-1）。

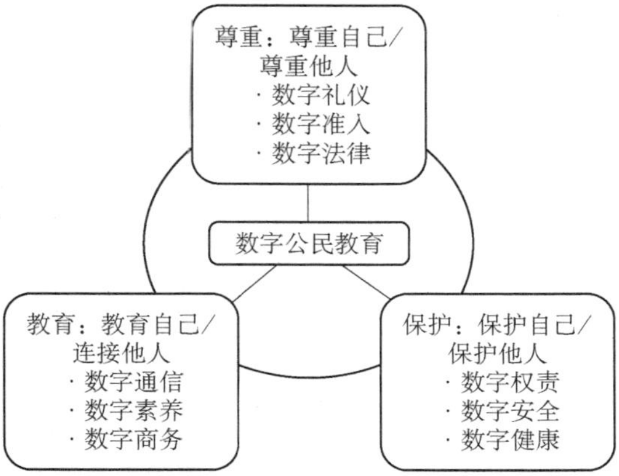

图 9-1　数字公民教育的 REP 理念

俞思瑾等通过文献分析认为，国内对数字公民教育的探讨还局限在数字鸿沟和数字素养等方面，缺乏对数字公民意识、数字礼仪、数字权责等方面的关注与探索，基础理论研究薄弱；高质量数字公民教育资源的有效供给严重不足，相关课程体系不完善，需双管齐下，从理论与实践上探讨数字公民教育，指导相关教育工作的开展。[①]同时，该研究团队认为，数字公民教育是个社会问题，光靠学校教育还不够，还需要借助全社会的力量，因此，施教者还应包括父母、教师、管理者、社区、企业、研究者等，而这些施教者要有施教的资格，自身必须也是合格的数字公民，能安全、负责任和合乎道德地使用技术，即每个人既是施教者也是受教育者，相互学习，相互促进，共同进步。

9.3　教育改革进程中的数字公民教育发展

2013 年，《中共中央关于全面深化改革若干重大问题的决定》进一步明确提出了“深化教育领域综合改革”的任务。我国教育改革与发展进入了新的历史阶段。放眼国内，教育公平和均衡发展再次成为热门话题和重点任务；放眼国际，教育

① 俞思瑾，郑云翔，杨浩，等. 2018. 国际数字公民教育研究的现状、热点及前沿. 开放教育研究，24（6）：49-59.

国际化成为大势所趋。如何在深化教育领域综合改革进程中，紧紧抓住教育公平与教育国际化这两大主题，成为促进我国数字公民教育创新发展面临的关键课题。此外，由计算机和互联网为代表的信息技术正引发着教育系统的全面变革。大数据分析开启了全新的数据统计分析模式；微课、慕课、翻转课堂等最新发展态势彰显了信息时代教育理念和教学模式的变化，创客运动驱动的创客教育则方兴未艾。所有这一切均表明，我国已全面进入教育信息化纵深发展的新阶段，也让数字公民教育的创新发展迎来了新机遇。为此，我们结合我国教育信息化进程中的热点和焦点问题，尝试分析新时期数字公民教育创新发展的路径与方略。

9.3.1　数字公民教育与大数据分析

随着教育信息化的稳步推进，教育大数据也变成了一个热点话题。大数据是以容量大、类型多、存取速度快、应用价值高为主要特征的数据集合，正快速发展为对数量巨大、来源分散、格式多样的数据进行采集、存储和关联分析，以从中发现新知识、创造新价值、提升新能力的新一代信息技术和服务业态。其高效和优势似乎无可替代。然而，和所有的信息技术一样，大数据也有其两面性，在种种优势背后，还存在着有关隐私、信息伦理和数据所有权问题的争议。比如，Kord Davis 在《大数据的伦理：平衡风险与创新》(*Ethics of Big Data*: *Balancing Risk and Innovation*）一书中探讨了大数据伦理的几个因素，分别包括身份、隐私、所有权和名誉，也强调了平衡大数据创新和潜在风险的重要性。[①]从数字公民教育的角度来分析大数据可能带来的潜在风险，可以帮助我们趋利去弊，更好地开发和应用大数据分析技术，进一步促进教育信息化的快速发展，并为数字公民教育营造良好的环境，提供有力的支撑。

就数字公民的身份和隐私而言，大数据时代存在着身份盗用和隐私泄漏的隐患。由于互联网上私人信息的易得性，身份盗用事件频发。各种公共记录搜索引擎和数据库也成为网络犯罪的元凶。这就要求数字公民必须具备数字权责意识和数字法律意识，不实施身份盗用和窥探他人隐私行为；同时还要具备数字安全意识，注意保护好自己的身份信息和隐私不受侵犯。就数字公民的所有权和名誉而言，大数据的获取和应用可能导致侵权和名誉侵害。越来越多的公司企业依赖数据挖掘技术，致力于对本行业领域数据进行深度加工，并搭建起相关数据库为公司的商业决策提供依据，但正因为它所具有的空前巨大的发掘、监控和跟踪能力，

① Davis K. 2012. Ethics of big data：Balancing risk and innovation. Sebastopol：O'Reilly Media：16-18.

相关数据及基于该数据搭建起的数据库面临的侵权风险便日益加剧，网络环境下的侵权方式也显得更加便利和多样。同时，有意或无意的名誉侵害案件也时有发生。这就要求我们在数字公民教育中不断加强数字权责和数字法律教育，提高大数据从业人员的版权保护和名誉保护意识，避免侵犯他人知识产权、损害他人名誉的行为发生。除此之外，由于数据来源的差异，海量的大数据中可能存在一些虚假信息或者误导信息，这就要求数字公民具备良好的数字素养，学会对信息的来源和真实性进行辨别，从而批判性地思考和加以利用。

从积极的方面来讲，大数据也为我们推进数字公民教育提供了强大的技术支撑。例如，就支持学生的学习来说，基于对包括学习者基本情况、学习目标、动机水平、认知风格、学习需要等在内的数据的收集与分析，我们可以有针对性地为其主动推送个性化的学习资源与针对性的支持服务，而不再笼统地把所有学习内容进行打包，通过教科书的形式提供给学习者。[①]就支持教学这一环节来说，我们可以利用大数据分析，为教师提供关于教学的重要且及时的信息，使他们能够有效地对自己的教学过程进行调节，对学生的学习进行干预。就管理层面而言，基于对各种基础数据的深度挖掘，我们可以把数字公民教育教学的管理与决策推进到一个更加科学化的层面上，从而极大提高各种教育资源配置的精准程度，提升资源应用的实际效能。当然，我们必须时刻谨记的是，在利用大数据技术推进数字公民教育的过程中如何使这种创新技术的应用符合伦理规范，避免各种数据的误用和滥用。这本身也应该成为数字公民教育的重要内容之一。

9.3.2 数字公民教育与新兴教学方式

信息技术在教育领域不断扩散，使教育不断更新和变革。信息技术与教育深度融合的最直接成果，体现在教育教学方式的转变上。近年来，在这一过程中涌现出来的诸如微课、慕课、翻转课堂和创客，就是教育理念创新和教学模式改革的最佳范例。微课是短小、精悍的在线教学视频，能很好地满足学习者自定步调的个性化学习，既可查漏补缺又能强化巩固知识，是课堂学习的重要补充。慕课有助于优质教育资源的广泛共享，能够促进教育公平和学习型社会建设，有利于国际化和信息化教育生态的形成。而创客则强调行动、分享与合作，并注重与新科技手段结合，已逐渐发展为跨学科创新能力培养的新途径，正塑造着一种新的

① Siemens G，Long P. 2001. Penetrating the fog：Analytics in learning and education. EDUCAUSE Review，46（5）：31-40.

教育文化。这些新兴的教育教学理念与模式一方面为我们推进数字公民教育提供了新途径，另一方面也需要以高质量的数字公民教育作为基础支撑。因此，在推进教育教学模式改革的过程中，需要结合数字公民教育的实际情况进行综合考量，同时也只有全面提升数字公民教育的质量与水平，创新性的教育教学改革才能取得更好效果。

微课和慕课都是教育信息化过程中产生的教学资源和教学平台，可以让学习者突破时间、空间和数量的限制，更加便捷、自由地学习。然而，这些教学资源和教学形式对教师和学生也提出了新的要求，要想更好地利用这些资源和平台，让更多人得以畅享它们带来的切实便利，数字公民教育就需要在数字准入、数字素养和数字健康三个方面更进一步。由于微课和慕课是在线的教学资源和平台，教师和学校必须保证学习者具有充分的数字准入机会和较高的数字素养水平，只有这样才能够让各种优质的资源和平台切实发挥应有的效能。从学习者的角度来讲，他们只有具备基本的数字准入机会和数字素养水平，才能够更加充分地接入和使用这些资源和平台，促进自己的学习，并在这一过程中不断成长为合格的数字公民。最后，学生、教师和学校在开发和利用这些资源和平台时，应该注意数字健康问题，一方面避免过度使用或依赖造成身体健康问题，同时也应营造积极、健康的学习环境，保证师生的数字健康。

翻转课堂是在信息化环境中，教师提供以教学视频为主要形式的学习资源，学生在上课前完成对教学视频等学习资源的观看和学习，师生在课堂上一起完成作业答疑、协作探究和互动交流等活动的新型教学模式。这一新兴教学模式的开发和推广，也对数字公民教育提出了新要求。总体而言，在翻转课堂这一教学模式中，因教学重心的前移，教师和学生需要具备更高水平的数字素养与能力。我们认为，除了必备的数字准入和数字素养之外，要想组织成功、有效的基于翻转课堂模式的教学，教师和学生还需具备数字通信能力，保证课堂内外、线上线下的及时、有效沟通，以评估和巩固教学效果。同时，教师还需特别注意知识版权和所有权等数字法律方面的问题，即在准备课堂内外、线上线下的学习视频和资源时，不可直接照抄照搬或者挪用他人已有资源。如需引用，需注明来源或出处等，避免引发版权纠纷。

创客教育所提倡的学习者亦是创造者，把学习过程作为创造过程，利用不同的工具特别是数字信息技术，将不同的想法变成现实等，与现代教育理念十分吻合。[①]但同时也给学生、教师、学校乃至整个社会的数字公民教育提出了更高的要

---

① 杨效哲，任友群. 2015. 数字化时代的 STEM 教育与创客教育. 开放教育研究，(5)：35-39.

求和挑战。创客教育应是教育信息化发展到较高阶段的教育模式和教育形态，就目前我国教育发展的状况来看，并非所有学校和环境都已准备好迎接创客教育的挑战，3D打印等新技术对许多偏远地区而言还仅仅只是一个概念而已。这就要求社会和学校为师生提供相对公平、充分的数字准入机会，创造更加安全、健康的教学环境。仅仅就这一点来说，我们都还有很长的路要走。与此同时，创客教育“边做边学”的理念要求作为教育主体的教师和学生需具备较高的数字素养和技能，可以熟练动手操作和运用有关技术进行实践创新。但实际上，并非所有人都是理想的动手主义者，有些人天生动手能力较弱，不善于“边做边学”，如何让他们成为创客也是一大挑战。因此，创客教育的实施和普及需要在提高整个社会数字准入度的同时，应思考如何兼顾不同层次的数字公民，让创客教学活动更具灵活性、多样性和普适性，才能够保证创客教育真正落到实处，稳步良性发展。

9.3.3 数字公民教育与教育公平

教育公平是社会公平的重要基础。《国家中长期教育改革和发展规划纲要（2010—2020年）》中明确指出，“教育公平的关键是机会公平，基本要求是保障公民依法享有受教育的权利，重点是促进义务教育均衡发展和扶持困难群体，根本措施是合理配置教育资源，向农村地区、边远贫困地区和民族地区倾斜，加快缩小教育差距”。与教育公平相对应的概念是“数字鸿沟”。传统意义上认为数字鸿沟即信息鸿沟，是指“信息富有者和信息贫困者之间的鸿沟”，差距主要体现在信息掌握的多少。NTIA于1999年在名为《在网络中落伍：定义数字鸿沟》的报告中将数字鸿沟定义为“一个在那些拥有信息时代的工具的人以及那些未曾拥有者之间存在的鸿沟”[①]。这里的数字鸿沟体现了当代信息技术领域中对信息工具拥有程度上存在的差距现象，主要体现在数字公民教育中的数字准入层面。

教育信息化对促进义务教育均衡发展和实现教育公平具有重要而深远的意义，信息技术的发展和普及可以填补数字鸿沟，促进教育公平。然而，随着新兴信息技术的不断发展，一些新的数字鸿沟现象正在出现。例如，相比于传统的因数字准入差距而带来的数字鸿沟而言，技术使用层面的差距会影响对信息技术使用的有效性差异，从而导致第二层次数字鸿沟，即“数字素养鸿沟”。数字素养鸿沟是指在同等数字接入条件下对信息技术使用等技能层面掌握的差距。[②]相较于传统的

① 转引自：郭庆光. 1999. 传播学教程. 北京：中国人民大学出版社：120.

② Stern M-J. 2010. Inequality in the internet age: A twenty-first century dilemma. Sociological Inquiry,（1）: 28-33.

数字鸿沟而言，第二层次的数字鸿沟已超越了对是否拥有电脑和是否能够接入互联网等数字准入层面的关注，而更多强调因计算机或上网技能差异而导致的数字素养鸿沟。这种数字素养鸿沟比数字准入鸿沟更难弥合，可能会越来越深，是已有的社会不公在数字化生存时代的反映，如果不小心应对，可能会导致已有的社会不公进一步加剧。

但值得注意的是，从数字公民教育的九个因素来看，我国目前通过信息化促进教育公平的现行政策和实践主要还是加强数字准入层面，通过扩大教育技术和资源的覆盖面，着力于填补“数字准入鸿沟”。举例说来，西部农村一些中小学校通过国家教育信息化“三通两平台”的投入和建设，其信息技术基础设施和资源已可以与大城市中小学校媲美，硬件等数字准入层面的鸿沟已经或正在弥合。然而在现实中，许多中小学师生并不具备有效使用信息技术的知识和技能，使得许多硬件成为摆设，造成资源浪费。为此，在利用信息技术促进教育公平的道路上，我们既要加大资源的投入和覆盖，以弥补数字准入层面的数字鸿沟；又要同步注重师生和相关弱势人群的数字能力的培养和数字素养的提高，以避免第二层次数字鸿沟的加剧，从而真正实现教育公平。在这一过程中，尤其需要警惕“数字难民”的出现，即那些“数字移民”在向数字化生存环境融入的过程中，因数字准入鸿沟和数字素养鸿沟难以跨越，而导致融入失败，最终沦为数字难民。

9.3.4 数字公民教育与教育国际化

信息化与全球化是21世纪影响人类社会生活最重要的两股时代潮流，而且有合流的趋势。在这种背景下，借助于信息技术的广泛应用，各种信息资源和人力资源在世界范围内的跨国家、跨地区流动成为新常态。目前，这种新常态已渗透到教育领域，各种教育要素自发地在国际间流动，以寻求教育资源的优化配置。世界各国之间的教育交流日益频繁，合作日益紧密，同时竞争也更加激烈，形成了教育国际化发展的大趋势。教育国际化的本质，归根到底就是在社会信息化、经济全球化、贸易自由化的大背景下，各国都想充分利用“国内”和“国际”两个教育市场，通过信息技术手段优化配置本国的教育资源和要素，抢占世界教育的制高点，培养出在国际上有竞争力的高素质人才，为本国的国家利益服务。而其客观结果，则是让教育成为一个全球性的知识产业，如在大型开放在线课程运动中涌现出来的以 Coursera 等为代表的在线教育公司面向全球提供教育服务，便是其中最有力的例证。

置身教育国际化大环境中的数字公民是国际化的数字公民。这在数字公民教育领域有着特别需要注意的方面，即教育国际化一方面推动了各种优质教育资源在全球范围内的流动与优化配置，另一方面也不断催生新一代全球化的数字公民。为此，在教育国际化的大背景下，数字公民教育应注意数字接入、数字通信和数字素养的培养，使其精通社交媒体，分享所长，管理自己的数字足迹；应培养数字公民的数字商务和数字法律意识，使其了解数字权责，保证知晓搜索和分享伦理；应关注数字健康和数字安全，使其安全、健康地在数字化社会中生存；同时应注重数字礼仪，使其理解全球不同国家和地区之间的文化差异，从而做到对人友善，具备国际眼光与全球意识，包容和尊重他人的文化。此外，只有通过系统的数字公民教育，培养合格的全球数字公民，教育国际化才能真正实现预计目标，切实全面提高教育质量，实现教育现代化。对于我国来说，利用当代通信和协作工具示范、推动、培养学生的跨文化理解和全球意识，使其成为全球化时代合格的数字公民，是非常关键的。而其中面临的最为重大之挑战，则是在开放的全球化的教育中，在各种不同文明和文化的理解与冲突日显活跃的大背景下，如何让学生利用数字信息技术，通过跨文化、跨地域的沟通交流来理解和认同他人的先进教育理念和经验，同时坚持引导和传承我国的文化精华和传统优秀价值。

9.4 数字公民教育的实践案例

9.4.1 常识媒体的数字公民教育

常识媒体（Common Sense Media）是一家美国的非营利教育机构，与哈佛大学教育学院的“Project Zero”合作，共同设计和开发了系列数字公民教育大纲和课程资源，以帮助孩子更好地适应信息时代。为了提升媒体和科技对孩子的正面影响，该机构为教师、家长和决策者提供更加公正的信息、可靠的建议和最新的工具。其中，针对教师的教学板块提供了关于数字公民素养的相关教学计划、教学内容、课上活动、课后评价和拓展资源。

数字公民素养课程覆盖 12 年的基础教育，主要包含八个主题：网络安全、隐私与保护、关系和交流、网络霸凌、数字足迹和数字名誉、自身形象及识别、信息识别、创新和产权保护。课程的网页截图如图 9-2 所示。其中，隐私与保护、信息识别作为最重要的两个主题，贯穿了整个数字公民素养课程的始终。除了对各个主题的界定，网站还提供教师可以使用的各种资源，从课程教案、视频资源、交互课件到作业习题、学习游戏和教室内可以使用的海报等。

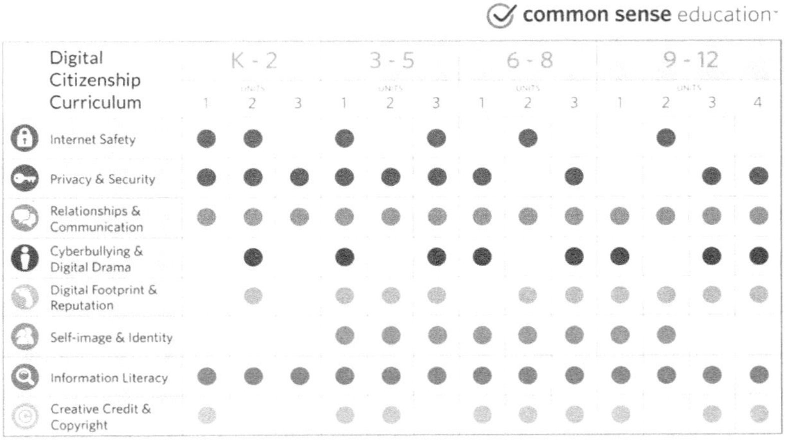

图 9-2　常识媒体的数字公民教育课程

为了提高学生学习的参与度，常识媒体设计和开发了一款名为《数字护照》（Digital Passport）的多语言游戏（图 9-3）。这款屡获殊荣的游戏针对小学 3—5 年级的学生设计，可以解决当今数字世界中孩子们面临的关键问题。《数字护照》一共包含 6 个游戏，每个游戏针对一个学习模块，与学习者的互动时长约 20 分钟。学生必须完成全部 6 场比赛的所有游戏，才能获得数字护照证书。

图 9-3　《数字护照》系列游戏界面（截图）

此外，常识媒体还提供了数字公民教育相关的系列认证项目，包括教师认证、学校认证和学区认证。获得教师或学校认证徽章是其致力于实施和发展数字公民课程的象征。一个学区内如果有75%以上的学校都具备常识媒体学校认证徽章，即可申请成为常识媒体学区，以便更加有效地在整个学区内整合和发展数字公民教育。

9.4.2 谷歌的数字公民教育

2017年，谷歌启动了名为“畅享互联网”（Be Internet Awesome）教育计划，旨在教导儿童如何在网络世界中保障自己的安全，让他们能够真正独立地，以健康的方式使用网络。Be Internet Awesome教育计划的学习内容包括五个方面：①保持警觉。学会分辨网络信息的真假，以及鉴别网站和信息来源的真实性。②谨慎分享。学习如何通过尊重和保护隐私和个人信息，树立正面的网络形象。了解什么样的个人信息应该保密，每个人的隐私权应该怎样得到尊重，个人隐私泄露会带来怎样严重的后果。③注重隐私。理解个人隐私的重要性，学习如何保护个人信息和设备的安全。④保持友善。理解正面网络形象的意义，学会通过网络表达善意，应对负面情绪和骚扰，抵制网络霸凌。⑤敢于质疑。了解在哪种情况下适合提出疑问、大胆发声，在哪种情况下要敢于举报，并向信任的人寻求帮助。

谷歌致力于让学校和教育工作者共同参与、设计并传播“畅享互联网”教育计划的理念和资源。针对家庭，该教育计划发布了《Be Internet Awesome家庭指南》，提供了大量的工具和资源，以使其在日常生活中更容易融入和实践良好的数字习惯；针对教师，“畅享互联网”与iKeepSafe合作开发了教授数字安全基础知识所需的教学工具和方法。此外，为了帮助孩子们更加身临其境的学习系列课程，“畅享互联网”教育计划中还包含一个名为Interland的免费在线游戏。在这个由四块陆地组成的虚拟世界中，孩子们与黑客、网络钓鱼者、过度分享者和欺凌者作斗争，练习成为优秀数字公民所需的技能。游戏界面如图9-4所示。

图 9-4　Interland 在线游戏界面（截图）

9.4.3　美国国际教育技术协会的数字公民教育

美国国际教育技术协会不仅针对教师、管理者和学生制定和更新数字公民教育的标准，同时也推出系列课程资源和平台以加速推动数字公民的培养进程。

以在线课程为例，该协会为数字公民教育相关人员提供了一系列培训和学习课程，如“数字公民教育：普通课程”“数字公民教育：管理者课程”“数字公民教育：指导课程”“数字公民教育：教师课程”“数字公民教育：学生课程”“数字公民教育：连通课程”“数字公民在行动”等。协会认为数字公民不仅仅意味着在线安全，赋予他们可以在技术与人文交汇处解决重要道德问题的能力才是数字公民应具备的核心素养。

协会网站上最新上线的“数字公民在行动”在线课程，由 Kristen Mattson 博士创建并讲授，于 2021 年 2 月开课，总时长为 15 小时。“数字公民在行动”课程主要面向教师（K-12，任何科目）、教育技术人员及相关管理者。该课程旨在帮助教育工作者在了解数字公民教育的内涵和发展现状上，灵活的将数字公民课程整合到现有的课程中，并掌握正确的数字公民教育能力，以指导学生积极的、有责任感的融入在线社区活动中。

此外，协会还针对数字公民教育设计和开发了系列海报，学校和相关教育机构可在官网下载并使用。图 9-5 中右侧的海报罗列了协会对数字公民教育要素的理解，即：①包容的心态。开放地聆听不同的观点和意见，在网络上与人互动时应有足够的尊重他人和共情能力。②正确评估信息。对于电子媒体上传播的信息，要评估他们的准确性、有效性和观点的平衡。③公民参与意识。科技和电子媒介其实也是公民参与的一种手段，是用来解决问题、维护社区（无论是实体还是虚拟）的一股力量。④保持平衡。合理分配好线上线下的时间和活动。⑤时刻保持警醒。注意自己在网络上的一言一行，知道什么是安全的行为，同时也为别人创造一个安全的网络环境和空间。

图 9-5　协会网站提供的可供学校下载使用的数字公民教育海报

第10章
信息时代的学习者技能要求

21世纪人类社会已经迈入了信息时代，对人才的要求也发生了巨大变化，人类需要为所生存的时代而学习。未来社会不是用知识去就业，而是用技能去创造工作。教育者需要不断地升级21世纪的必备技能，以更好地辅助学习者为未来做准备。目前，世界各国的教育部门都在积极探索并制定与之国情相匹配的信息时代的学习者技能要求。本章主要围绕美国21世纪技能框架的内涵和要素，从创新的课程体系、教学策略及学习环境等方面详细论述教育改革及21世纪技能的培养，以期为我国教育事业的发展提供一定的参考。

10.1 学习者技能发展的背景

人们常用最具代表性的生产工具来代表一个历史时期，并据此将人类文明划分为石器时代、青铜时代、铁器时代、蒸汽时代、电气时代和信息时代，在信息时代最具有代表性的生产工具和资源就是信息。信息时代的到来对人才培养、尤其是对信息素养提出了新的要求。

10.1.1 人力市场的新需求

信息时代的社会发展和知识传播的速度是史无前例的，带来了个人生存技能以及社会对于人才需求的巨大变化。经济全球化以及通信技术的发展持续改变着人们的工作、生活和学习方式，造就了当今的知识型社会，知识呈爆炸性增长，人们需要不断地更新知识和能力以便适应新的社会需求。美国前教育部长 Richard Riley 曾表示，2010 年最迫切需要的 10 种工作在 2004 年还没出现。我们必须加强训练学生以保证他们毕业后能够投入目前还不存在的工作、使用根本还未发明的科技、解决我们从未想象过的问题。

社会对人才的需求正在快速变化着。Robert Reich 专门探讨了信息技术发展对于工作类型的新要求，认为很多重复性体力劳动的工作将被代替，但是强调沟通能力、解决问题能力以及信息调控能力的专业型以及脑力型服务需求将会增长①；Frank Levy 和 Richard Murnane 认为，信息技术的快速发展使得很多工作不再仅仅是信息的交换，而是对信息的独特理解②；英国广播公司基于剑桥大学研究者 Michael Osborne 和 Carl Frey 的数据体系分析了 365 种职业在未来的“被淘汰概率”，发现那些无需天赋、经由训练即可掌握的技能，以及大量的重复性劳动很有

① Reich R. 1991. The work of nations：Preparing ourselves for the 21st century capitalism. New York：Vintage Books：535-538.

② Levy F，Murnane R-J. 2004. The new division of labor：How computers are creating the next job market. Princeton：Princeton University Press：77-78.

可能被机器替代。虽然我们无法完全预测以后什么职业会被机器所替代，但是幸运的是具有以下三类技能要求的工作被机器取代的可能性非常小：一是社交能力、协商能力，以及艺术；二是同情心以及对他人真心实意的扶助和关切；三是创意和审美。也就是说，在自我意识、抽象思维、情感交流、直觉判断、跨领域推理、创新思维、艺术设计等领域，人工智能目前仍然是无法胜任的，因此面对智能时代的挑战，教育的功能已经由简单的知识传递转向多元化能力的培养。①

Lee Harvey 从个体和机构的角度来认识技能需求，认为个体技能为毕业生获得一份工作应具有的技能和特质、机构技能与教育机构毕业生的实际绩效水平相关。②个体特质是工作特点的一部分，包括灵活性、适应能力以及解决问题能力。对此，学生需要具有分析和解决问题的能力和技巧，能够沟通想法和信息，能够计划和组织活动，能够与他人协作；具有自信、勤奋、乐观、自尊的精神，充分使用个人的长处；具有一些与工作相关的技能，能够理解工作环境，选择职业和培训；在使用新技术（主要为通信技术）的过程中表现得自信、富有创新和成效，理解技术对社会的作用。也有研究者提出，在传统的读、写、算能力的基础上，满足社会需求的 21 世纪技能还应包括领导力、数字素养、解决问题能力和沟通能力。③

10.1.2　知识社会的新挑战

信息技术发展深度影响着社会的各个方面，导致了学习者技能期望的变化，学习者需要具有更加全面的能力素养以适应未来的社会需要。

“信息爆炸”时代需要人们具有更加全面的信息意识。互联网技术和社交媒体技术的发展使得信息的生产、传播速度和规模达到空前的水平，没有了传统时间和空间阻隔，整个世界被罩于一张巨大的信息网之下，每个人都有机会获得巨量的信息资源。然而，汹涌而来的信息轰炸常常使人无所适从，从浩如烟海的信息海洋中迅速而准确地获取自己最需要的信息并避开可能造成伤害的不良信息变得非常困难。中国人民大学新闻学教授陈力丹曾这样评价：“现在是新闻最多的时代，也是新闻最差的时代……我们似乎更容易看见‘真相’，但追究真相更难。我

① 赵慧勤，王兆雪，张天云. 2019. 面向智能时代“4C 能力”培养的创客课程设计与开发——基于 STEAM 理念的实施路径. 远程教育杂志，37（1）：106-114.

② Harvey L. 2001. Defining and measuring employability. Quality in Higher Education，7（2）：97-109.

③ Economist Intelligence Unit. 2015. Driving the skills agenda：Preparing students for the future. London：The Economist Intelligence Unit Limited.

们已经生活在一个全民新闻时代了，人人都可以发布新闻，但事实的真相反而难以辨别了。”①因此在信息时代，人们不仅需要具有一双慧眼去发现有用的信息，还需要擦亮眼睛去辨别可能乘虚而入的有害信息。

信息时代对沟通和协作能力的需求不断增强。互联网技术的发展拉近了人与人之间的距离，网络社交圈不仅广泛并具有持续扩张的潜力。微信、Facebook、Twitter 等社交媒体的出现更是将个人社交圈从国内扩大至国际，从单一文化交流走向多元文化交流。社交媒体让人与人之间的交流更加开放、迅捷和多样化，打破陌生人界限成为轻而易举的事，新闻、观点、情感、价值观的传递影响面更广，感染力更强，思维的碰撞更激烈。在信息社会，人们需要掌握的人际沟通技巧不仅仅包括技术手段方面，更重要的是在思维层面，尤其是在需要恰当地处理观点冲突时。如何将自己的观点准确、有效地传递给合适的对象并取得较好的效果是体现个人沟通能力的重要标志。因此，沟通能力在个人工作、生活和学习中发挥着重要作用。与沟通相辅相成的协作是在目标实施过程中，部门与部门之间、个人与个人之间的协调与配合。在信息时代，协作的范围和深度前所未有，涉及的领域越来越广，特别是在经济全球化的趋势下，社会分工成为工作的常态，协作更是跨越了国界，成为新世纪人才的必要技能。

创新是信息时代制胜法宝。信息时代数据和技术得到了大范围的共享，学科之间和行业之间呈现出交叉融合的趋势，各种新事物不断出现，人工智能、物联网、大数据、云计算、3D 打印等成为了新一代信息技术的代表，信息技术对产业变革的促进作用显而易见。一场全新的智能化科技革命正在兴起，而创新就是这场科技革命的根本。信息社会的发展既为创新创造了便利条件，也为个体创新带来了挑战。人们可以更加便捷地获取进行创新所需要的信息和知识，同时也表明创新竞争更加激励，略微落后一步就可能前功尽弃、错失先机。以智能化为特征的工业 4.0 时代已经来临，不管是企业还是个人，创新都是发展的原动力。

知识社会中工作类型的持续变化对教育提出了新的挑战，教育需要帮助年轻人为目前并不存在的工作做好准备。科学技术日新月异、网络信息瞬息万变的今天，传统教育最重视的 3R 能力已经无法满足信息社会和劳动力市场对于劳动者能力的需求，信息获取、沟通协作、创新创造等能力已经成为个人和团队成功的重要因素，此类能力通常被称作 21 世纪能力或 21 世纪技能。这些能力是横向的，即它并不与特定领域直接相连，而是与多个领域相关；同时，这些能力又是多维的，涵盖了知识、技能和态度等多个维度，与处理复杂问题和不可预测形势的高阶技能和行为相关。随着知识社会对能力要求关注度的提升，世界各地的学校和

① 陈力丹.（2016-04-26）. 现在是新闻最多，也是新闻最差的时代. https://www.lanjinger.com/d/1415.

教育系统都在号召修改课程体系，掀起了 21 世纪技能运动，例如，1992 年澳大利亚提出的七项关键能力，以有效参与发展中的工作形态与工作组织；1996 年 UNESCO 提出终身学习四大支柱（2003 年修订为五大支柱）以适应社会的快速变迁；2002 年美国修订了 ESEA 法案，以迎接信息社会对人才需求的变化；2005 年欧盟提出终身学习八项关键能力，以满足个人在知识社会中的自我实现、社会融入及就业需求。[①]此外，新加坡、日本、韩国等国家和地区也在积极推动 21 世纪技能教育改革。这些改革并不是对现有教学内容和目标进行简单的替换，而是需要对课程体系的核心进行重新定义。

10.2　美国 21 世纪技能的框架

信息技术革命首先发生在美国，美国的信息社会人才培养活动开展时间较早，而且效果明显，影响巨大。在这一部分，我们将以美国 21 世纪技能发展为样本，梳理 21 世纪技能框架体系，为其他国家教育信息化人才标准和培养体系提供借鉴和支持。

10.2.1　框架提出的历史背景

教育一直是美国政府重点关注的问题，通过不断地提出、更新和优化与教育相关的法案来确保学校教育符合当前社会发展的需要。"问责"（accountability）是美国教育领域长期占主导地位的话题，旨在厘清不同的教育利益相关者需要承担哪些责任，这也是美国教育政策制定的重要基础。为了提高教育质量并促进教育公平，建立完善的教育问责体系一直都是美国立法者、教育者、家长和其他利益相关者共同关心的重要问题。1965 年，为了提高来自低收入家庭和弱势群体家庭学生的学业成就，时任美国总统的林登·约翰逊签署了执行近 40 年的《初等和中等教育法案》（ESEA），作为美国中小学教育的纲领性法律文件。[②]该法案初衷是

---

① 黄子璎.（2010-11-15）. 从 3R 到 4C：浅谈 21 世纪技能的发展与趋势. http://newsletter.teldap.tw/news/NewsContent.php?nid=4112&lid=466.

② 杨秀治. 2017. 从《不让一个孩子掉队法案》到《每个学生都成功法案》：美国中小学教育问责体系的演变. 外国教育研究，（5）：18-25.

通过联邦政府的投资，为大量贫困学生提供与白人中等阶层一样的教育机会；然而，30多年过去，学生的受教育机会和学业表现仍然存在着较大的差异。对此，2002年1月，美国总统布什签署了修订后的ESEA法案，即《不让一个孩子掉队法案》(NCLB)，该法案对联邦9万余所公立学校产生了巨大的影响。NCLB推行"适当年度进步"计划（AYP），要求全美所有的3—8年级学生必须参加数学和阅读年度考试，高中阶段也参加一次考试。每年的考试结果要对照当年度的预定进步率进行评价，看是否达到目标。

经过十多年的推行，NCLB贯彻严格、标准统一的学业测试考试制度对于提升美国中小学生的学习质量所产生的积极作用不可否认。例如，从2000年到2015年，国家教育进展评估考试四年级学生的数学不及格率从35%降到了18%，这意味着大量孩子的数学基础水平都有了很大程度的提高。[①]尽管如此，NCLB仍然存在诸多的争议，一方面因为AYP的要求过于苛刻，许多州增加平时测试的次数以提高参加统一测试时的熟练程度，很多学校延长课时或进行课后的补习活动，甚至有些州刻意降低了学业标准以控制未能达标的学校数量，这些都加重了学生和学校的负担。[②]另一方面，NCLB过度依赖于标准化考试，对数学和阅读的过度强调削弱了课程体系的综合性，迫使学校减少了在社会研究、外语、艺术等非考试课程上面花费的时间。[③]这些现象表明，NCLB已经无法实现当初预期所要达到的目标，严苛的"共同核心标准"和问责制对美国基础教育产生了较大的负面影响。

2015年12月10日，美国总统奥巴马签署了《每个学生都成功法案》(ESSA)，以此取代NCLB法案。新法案规定：确保各个州设立高标准以帮助高中毕业生为大学和职业生涯做好准备；维持问责制，保证当学生落后时，州政府能够分配资源帮助他们以及学校获得进步，尤其是那些表现最差的5%学校、高辍学率学校以及挣扎中的弱势学生群体；给予州和当地决策者根据实际自行制定学校发展系统的权力；保留年度考试但减少繁重的、不必要的考试，从而为学生和教师减负，确保标准化考试既不影响教学，又能为家长和教师提供必要信息；为更多的儿童提供高质量的学前教育；为测试有潜力的实践提供新的资源，推广能够带来更好机遇和成效的策略。ESSA体现了"权力下放"的理念，联邦政府把大部分权力交予各州和学区，有利于因地制宜制定更加合理的教学政策。从NCLB到ESSA的过渡，一方面是为了减少问责制的弊端，制定更切实际的教育目标；另一方面也

---

① 薛博文，孔涵涵. 2017. 美国基础教育新变革：从NCLB到ESSA. 现代教育科学，(1)：145-149.

② 郝理想，吴芳. 2017. 美国教育问责制的转向研究——以《不让一个孩子掉队法》和《每个学生成功法》为例. 中国教育学刊，(1)：45-49.

③ Klein A. (2015-04-10). No Child Left Behind: An Overview. https://www.edweek.org/ew/section/multimedia/no-child-left-behind-overview-definition-summary.html.

是为了调整教育的方向，避免数学和阅读之外的重要能力被边缘化，造成未来人才能力结构的畸形。正如奥巴马政府所强调的："我们必须确保我们正在做一项更好的工作，帮助我们所有的学生去掌握批判性思维、适应能力、协作能力、解决问题能力和创新能力，而这些是过去学校所遵循的设计基础无法达到的。"①

10.2.2 P21 学习框架

在着力解决教育公平和教育质量问题的时候，美国也在积极探索新时代学生的能力素质结构。为了满足 21 世纪劳动力市场的需求，2002 年由美国全国教育协会、美国教育部、美国在线时代华纳基金会、苹果电脑公司、微软公司等倡导成立了一个非营利性组织"21 世纪技能联盟"（Partnership for 21st Century Learning，P21）。2018 年 11 月，P21 联盟加入了美国的全国性非营利机构 Battelle for Kids 的合作网络，旨在通过与学校系统和社区协作来推广面向 21 世纪的学习。P21 联盟最终制定了基础教育"21 世纪学习框架"（Framework for 21st Century Learning，P21 学习框架），如图 10-1 所示。该框架确定了 21 世纪学习必须涵盖的技能，包括核心科目和 21 世纪主题，学习和创新技能，信息、媒体和技术技能，生活和职业技能四个方面（表 10-1）。

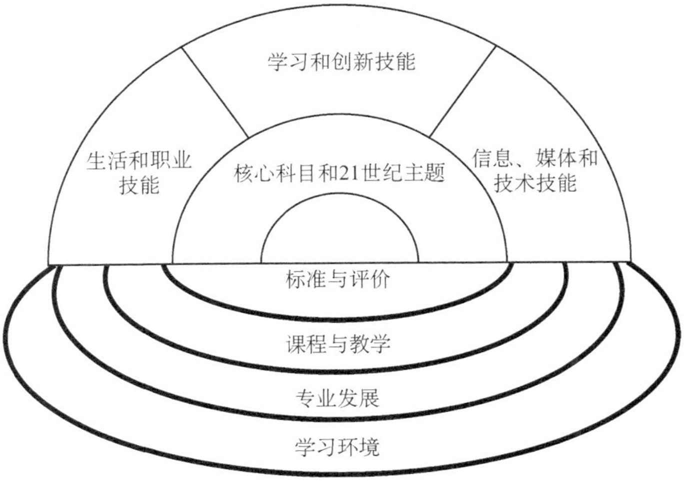

图 10-1　P21 学习框架

① White House Report.（2015-12-10）. The Every Student Succeeds Act. https://obamawhitehouse.archives.gov/the-press-office/2015/12/10/white-house-report-every-student-succeeds-act.

表 10-1 P21 学习框架的具体描述[①]

维度	描述
核心科目和21世纪主题	掌握核心科目和21世纪主题对于学生的成功来说非常重要。核心科目包括：英语、阅读、语言艺术、世界语言、文艺、数学、经济、科学、地理、历史、政体和公民教育。 此外，学校必须通过在核心科目中融入21世纪跨学科主题来促进对学术内容的高层次理解，这些主题包括：全球意识；金融、经济、商务以及企业家素质；公民素养；健康素养；环境素养
学习和创新技能	学习和创新技能决定了学生是否能够为当今世界日益复杂的生活和工作环境做好准备，这些技能包括：创造与创新；批判性思维与问题解决；沟通交流；协作
信息、媒体和技术技能	当前我们生活在一个技术和媒体驱动的环境，信息资源丰富，技术工具更迭迅速，人们需要进行空前规模的协作并作出个人贡献。卓有成效的公民和劳动者必须能够展示一系列的功能性和批判性思维技能，如：信息素养；媒体素养；ICT素养
生活和职业技能	当今的学生需要发展思维技能、学科知识以及社交和情感能力以穿梭在复杂的生活和工作环境中。21世纪的生活和职业技能包括：灵活性和适应性；主动性和自我引导；社交和跨文化能力；生产能力和责任心；领导力和责任力

10.2.3 4C 能力的解读

在蒸汽时代和电气时代，学习者的核心能力体现在读写算的3R能力上。在信息时代，基于传统的3R教育已经无法满足社会需求，新时代对学习者的能力培养与课程体系等提出了新的要求，即学习者需具有4C能力以成为合格的协作者、沟通者、创造者和批判思维者。[②]P21学习框架中，最为重要的是学习与创新技能（即4C能力）：沟通（communication）；协作（collaboration）；批判性思维（critical thinking）；创新（creativity）。这些技能已经得到美国国家部门和领导人的认可和支持。2016年1月，美国众议院成员创立了一个21世纪技能小组，将4C能力的培养目标推广实施到学校、学区和专业发展课程中。奥巴马政府在美国盖茨基金会的协助下，大力在全美进行教育改革，推广CCSS以及STEM教育，希望通过

① Partnership for 21st Century Learning.（2019-09-30）. Framework for 21st Century Learning. http://static.battelleforkids.org/documents/p21/P21_Framework_Brief.pdf.

② Kivunja C. 2015. Exploring the pedagogical meaning and implications of the 4Cs “Super Skills” for the 21st century through Bruner’s 5E lenses of knowledge construction to improve pedagogies of the new learning paradigm. Creative Education，6（2）：224-239.

这些变革帮助学生提升 4C 能力。[①]

10.2.3.1 批判性思维能力

批判性思维可以简单地定义成具有目的性的思维，或者是利用推理形成观点的思维方式。批判性思维可以指个人利用一系列认知过程技能，属于分析、评价、建构等高阶思维。还有机构将批判性思维定义为积极和熟练地将通过观察、经历、反思、推理或交流获得的信息进行概念化、应用、分析、综合和评估的理性思考过程。[②]在信息纷繁芜杂的时代，具有批判性思维是保持思维独立性的必要因素。

批判性思维能力是一种清晰、理性、开放的思维，折射着利用现有能力、事实和数据去解决问题的能力。具有批判性思维和解决问题能力的学生能够利用自己学到的和读到的信息去做出正确的判断和决策，能够进行合乎形势的演绎和推理，能够分析复杂系统并判定事物间的相互作用。批判性思维能力的重要性得到了人们的一致认可，2008 年澳大利亚教育理事会制订了关于澳大利亚教育目标的《墨尔本宣言》，所有理事会成员一致同意批判性思维的培养需要纳入澳大利亚的课程体系。

批判性思维能力的培养旨在让学生能够对事实、现象和观点提出疑问并做出恰当的推理和判断。批判性思维能力并没有学科的限制，是一种基础性的高阶思维能力。具有批判性思维的学生能够更加深入地思考并通过多种方法解决不熟悉的问题，这一点在数字经济、知识经济的当今世界极其重要，因为人们需要持开放和理性的态度去应对新的问题，这也是创建和谐社会的需要。

10.2.3.2 沟通能力

沟通技能是职场人员必须掌握的技能，因为他们需要就各种类型的信息，如情感、想法、感受、期望、指令、态度和知识等，进行相互交流。良好的沟通技巧能够帮助学生在未来生活和工作中获得成功。学生需要习得的常见沟通技巧包括主动倾听、学术和正式语言的使用、非言语交流、有效写作、演讲，以及利用推理和证据进行辩论的能力等。沟通意味着理解和分享观点，工业时代强调的是言辞恰当、阅读流畅以及书写准确，但 21 世纪要求毕业生具有更加深入和广泛的沟通技能，以成为文化多样的信息时代的合格参与者。

21 世纪不同文化之间的交流日益密切，这使得有效沟通能力比过去更加重要，

---

① 做更好的父母.（2019-01-21）. PBL 与未来核心素养 4C 能力的关系？https://www.jianshu.com/p/fa95a8a07bf7.

② The Foundation for Critical Thinking.（2019-10-02）. Defining Critical Thinking. http://www.criticalthinking.org/pages/defining-critical-thinking/766.

特别是随着全球化的发展，一个团队往往由不同学科背景、不同知识结构、不同特长，甚至是不同文化背景的人组成，沟通能力成为信息时代知识交叉与融合的桥梁和纽带，沟通是否顺畅和有效是团队目标能否实现的前提。学生应当能够有效使用口头、书面和非言语交流技巧来清晰地表达想法和观点，能够有效倾听并理解语义，包括知识、价值观、态度和意图，能够通过沟通进行传达、教导、动员和劝说，能够使用多种媒体和技术在不同的环境下进行有效交流。

10.2.3.3 协作能力

协作可以简单定义为在团队中与他人一起工作以达到共同的目标。协作往往涉及头脑风暴、目标设置、团队决策、分派任务、评估、领导、时间管理、冲突解决和团队组建等活动。有效协作能够对团队成员产生显著的积极效应，协作能力是信息时代发挥群体力量的重要保障。在知识交叉融合的今天，一个工作团队的成员往往具有不同的专长和分工，协作的意义不仅仅在于分工完成工作，更在于相互支持，共同出谋划策解决问题。

“三个臭皮匠，顶个诸葛亮”，协作能够弥补个体的不足，充分发挥群体的合力，达到 1+1>2 的效果。通过协作，团队成员才能在相互依赖和信任的基础上各展所长，建立共同愿景，提高团队的综合竞争力，进而实现团队的共同目标。①在经济全球化和文化多元的当今世界，社会各方面的国际合作与交流日益广泛深入，跨文化交流已成为常态，协作已经超越了国界，重要性愈加明显，也更有利于发挥人类群体力量、共创和谐世界。

10.2.3.4 创新能力

创新涉及想象和提出新想法的能力，在解决问题过程中往往需要进行创新。创新和创造是人类生存的基础，正如 Edward De Bono 说的：“毫无疑问，创新是人类最为重要的资源。没有创新，就不会有进步，我们将永远重复相同的范式。”②在通信技术的驱动下，知识共享达到了前所未有的高度，新事物在很短时间就能够在全世界迅速普及，知识、技术、产品等方面的优势往往转瞬即逝，唯有不断创新才能保证个人和团队始终处于不败之地。

创新需要人们突破常规，从点滴线索中去发现新的增长点。在学科交叉融合日益明显的今天，创新需要跳出学科限制，在知识象牙塔之外去寻求新的领域，运用新思路、新方法去解决新问题。创新能力的培养决定着一个国家的命运，正

---

① 赵慧勤，王兆雪，张天云. 2019. 面向智能时代“4C 能力”培养的创客课程设计与开发——基于 STEAM 理念的实施路径. 远程教育杂志，37（1）：106-114.

② De Bono E. 1995. Serious creativity. Journal for Quality and Participation，18（5）：12-18.

如习近平总书记所指出的："我们必须把创新作为引领发展的第一动力，把人才作为支撑发展的第一资源，把创新摆在国家发展全局的核心位置，不断推进理论创新、制度创新、科技创新、文化创新等各方面创新，让创新贯穿党和国家一切工作，让创新在全社会蔚然成风。"①

10.3　21 世纪技能的培养

10.3.1　教育改革与 21 世纪技能

以 4C 能力为核心的 21 世纪技能的提出是社会和科技发展的必然结果，体现了教育与时俱进的重要特征。4C 能力培养的本质是高阶思维培养，也是决定学生在未来社会是否具有竞争力的关键因素。然而，4C 能力的培养也对原有的教育系统提出了新的更高要求，需要整个教育系统从课程体系、教学环境、教学方法、教学手段、评价体系等方面作出全面的改革以适应新的培养任务。4C 能力是一种跨学科的通用高阶能力，将对一代人及一个国家未来的综合竞争力产生深刻影响，相应的教育改革不能只进行简单的修补，而是需要一种新的教育范式。

Joke Voogt 和 Natalie P. Roblin 对不同的 21 世纪技能框架进行了分析，对技能框架在学校和国家层面的实施提出了几点建议：第一，对这些能力必须进行操作定义，以明确对不同年龄层次的学生在知识、技能和态度方面的期望是什么；第二，核心课程和核心能力之间需要具有清晰的联系，跨学科主题应当得到重视并且随当前社会问题动态变化；第三，与信息和通信技术相关的能力素养（包括信息素养、信息通信技能以及技术素养）应当内嵌于 21 世纪技能以及核心课程；第四，正式和非正式教育环境在习得 21 世纪技能中的作用应当得到重视，需要制定连接校内校外学习的策略；第五，有必要制定国家层面能够清晰定义 21 世纪技能的框架，同时制定支持和管理框架执行和评价的策略。②Jim Greenlaw 认为，对于

---

① 习近平.（2015-10-29）. 在党的十八届五中全会第二次全体会议上的讲话（节选）. http://www.qstheory.cn/dukan/2020-06/04/c_1126073270.htm.

② Voogt J，Roblin N-P. 2012. A comparative analysis of international frameworks for 21st century competences：Implications for national curriculum policies. Journal of Curriculum Studies，44（3）：299-321.

协作、批判性思维和创新能力的培养，我们不能简单地纸上谈兵，而是要求教育者持续地为学生精心设计挑战性学习任务，将已知的、有效的传统教学法与21世纪学习机遇结合起来。[①]

对于如何实施21世纪技能框架，世界各国重点关注五个方面：①在课程中整合21世纪技能。大部分国家一致认为21世纪技能培养需要进行重大的课程改革，目前提出了三种主要的21世纪技能课程整合方法。一是成立新的学科，或在传统学科中将其作为新的内容加入到现有课程体系之中；二是将其作为跨学科的通用技能整合至所有学科课程之中；三是变革学校课程的传统结构，将21世纪技能作为新课程的一部分。②从直接教学转向探究性学习方法。传统的讲授式直接教学有利于学生对学科知识的表层掌握，但不利于知识的深层理解和应用，因此需要以学生为中心，灵活采用基于问题的学习、基于项目的学习、合作性学习和体验式学习等探究性方法来帮助学生获得高阶技能。③促进针对21世纪技能的教师专业发展。教师是学习过程中的关键因素，21世纪技能的培养给教师带来了巨大的挑战，教师不仅需要自身对21世纪技能有准确的理解，还需要探索在各门学科课程中整合这些技能的方法，并掌握不同的教学策略和评价程序。④加强多方利益相关者的参与。21世纪技能是面向社会、面向市场、面向生存、面向未来的技能。教育从业者并不具有足够的视野去审视这些技能，还需要来自社会/企业的视角去决定如何进行教育改革以满足人才培养的需求。因此，21世纪技能培养需要各方利益相关者同学校合作，加强沟通与交流，在理念和实践方面达成共识。⑤制定新的评价方式。21世纪技能是高阶的复杂技能，传统的考试方式难以进行准确测量，需要开发新的评价体系。新评价体系难点在于21世纪技能并不是相互独立且具有清晰界限，而是相互关联的，技能水平需要在真实的、复杂的任务情境中才能表现出来，这样的任务需要进行跨学科的精心设计。[②]

10.3.2 整合创新的课程体系

10.3.2.1 课程体系改革需求

Phillip C. Schlechty 提出，美国的教育系统存在根本上的问题，即太少的学生获得了必要的学术能力，太多的学生离开学校时没有掌握在21世纪生存所需

---

① Greenlaw J. 2015. Deconstructing the metanarrative of the 21st century skills movement. Educational Philosophy and Theory，47（9）：894-903.

② 邓莉，彭正梅. 2019. 培养具有全球竞争力的人才——基于全球21世纪技能运动的考察. 湖南师范大学教育科学学报，18（2）：94-104.

要的技能、态度和思维习惯。[①]Marc Prensky 持有相似的观点，认为传统教学模式是造成很多美国高中出现大量学生辍学问题的根源。这一论断得到了其他一些人的认同。[②]Frank Kelly 等提出，问题在于世界变了而学校却没变，得益于新型电子工具的强大功能，教育之外的世界已经不再局限于以泰勒流水线为标志的大规模生产理念，向在线数字世界的突然变迁使得这一经历不再与当今的学生相关。[③]Charles M. Reigeluth 等也呼吁学校从“工业范式”转向以学生为中心的“信息时代范式”，学校必须针对 21 世纪技能做出相应的课程体系改变。[④]

美国学校管理者和企业主管对 21 世纪劳动力需要具有的创新能力构成进行了一项调查排序，调查报告显示 85%的雇主无法招聘到具有创新能力的员工，问题体现在创新能力最重要的五个方面：发现问题、发现新的行为模式或新的行动组合、整合不同学科的知识、形成新的想法，以及处理不确定性；学校主管认为排名前五的问题为：解决问题、整合不同学科的知识、发现新的行为模式或新的行为组合、作品具有原创性和创新性，以及向他人传达新的想法。[⑤]另一项全美的调查显示，99%的参与者相信培养 21 世纪技能对于未来成功是重要的，80%的人相信 21 世纪学生需要掌握的技能与 20 年前的是不一样的，66%的人相信学生想要成功仅仅学习读写算和科学是不够的。这些调查结果与当前强调基本能力和阅读、算术能力教学情况形成了鲜明的对比，因此很多机构呼吁将 21 世纪能力融入课程体系。[⑥]Tony Wagner 访谈了几百位商业、非营利、慈善和教育领域的领军人物，整理了七种学生必须掌握的技巧以支撑他们在未来职业生涯中能够生存下去，包括批判性思维和问题解决、协作和领导力、灵活性和适应性、主动性和创业精神、有效口头和书面交流能力、获取和分析信息能力、好奇心和想象力，同时他认为这些技能的培养需要融入每一天、每个年级、每个课堂的学术内容教学中去。[⑦]

---

① Schlechty P-C. 1997. Inventing better schools: An action plan for educational reform. San Francisco: Jossey-Bass Publishers：xi-xii.

② Prensky M. 2001. Digital natives，digital immigrants Part 1. On the Horizon，9（5）：1-6.

③ Kelly F-S，McCain T，Jukes I. 2009. Teaching the digital generation：No more cookie-cutter high schools. Los Angeles：Corwin Press：12.

④ Reigeluth C-M，Carr-Chellman A，Beabout B，et al. 2009. Creating shared visions of the future for K-12 education：A systematic transformation process for a learner-centered paradigm//Moller L，Huett J-B，Harvey D-M. Learning and instructional technologies for the 21st century. Boston：Springer：1-19.

⑤ Lichtenberg J，Woock C，Wright M. 2008. Ready to innovate：Are educators and executives aligned on the creative readiness of the U. S. workforce?（Report No. R-1424-08-KF）. New York：The Conference Board，Americans for the Arts，American Association of School Administrators.

⑥ Gut D-M. 2011. Integrating 21st century skills into the curriculum //Wan G，Gut D M. Bringing schools into the 21st century. Dordrecht：Springer：137-157.

⑦ Wagner T. 2008. Rigor redefined. Educational Leadership，66（2）：20-24.

10.3.2.2 STEM 教育

21 世纪技能的培养需要新的课程体系，而 STEM 教育正是很多学校和机构诉诸实践的一项重要尝试。STEM 这一概念发源于 20 世纪 90 年代。2001 年美国国家科学基金会的教育与人力资源部主任 Judith Ramaley 首次使用 STEM 缩写后，便被各种层次的教育改革项目、政策和实践所采用。2007 年，繁荣 21 世纪全球经济委员会（Committee on Prospering in the Global Economy of the 21st Century）在《迎击风暴：为了更辉煌的经济未来而激活并调动美国》（*Rising Above the Gathering Storm: Energizing and Employing America for a Brighter Economic Future*）报告中使用了 STEM 一词来呼吁培养更具竞争力的未来人才。

STEM 教育提倡将科学、技术、工程和数学这些独立学科看作一个整体，进行整合学科的教学。[①]STEM 素养包括概念理解、程序性技能，以及处理相关的个人、社会和全球事务的能力，涉及学科与四个相互交叉和补充的成分，具体是指：获得科学、技术、工程和数学知识并利用这些知识去发现问题、获取新知识和处理相关事务；理解 STEM 学科作为人类从事探究、设计和分析工作形式的特征；认识到 STEM 学科如何塑造我们的物质、心智和文化世界；作为关心的、热情的和建设性的公民利用 STEM 思维去处理事务。[②]目前这一教育理念已经从美国传遍世界各国。

STEM 的创新思维培养依赖于打破学科的边界。大多数科学和数学领域的杰出思想家都是跨学科的创新思维者，他们往往深受一种兴趣的影响，如音乐、艺术等。基于此，融合艺术（Arts）的 STEM 教育也逐渐出现了，被称为 STEAM 教育。[③]也有学校和机构将机器人（Robotics）融入 STEM 或 STEAM 教育，成为 STREAM 教育。比如，作为 P21 的示范学校，社区特许学校采用了 STREAM 教育模式，将科学、技术、机器人、工程、艺术和数学融合进所有的 K-12 课程和学习环境中。[④]其中，学生在科学模块通过实践性、互动性的科学实验和活动进行“做中学”，如利用望远镜进行探索发现；在技术模块将技术嵌入所有学科的每一堂课，如 iPad 和 3D 打印机的使用；在机器人模块将基本概念整合至初中学习，为高中

---

① Breiner J-M，Harkness S-S，Johnson C-C，et al. 2012. What is STEM? A discussion about conceptions of STEM in education and partnerships. School Science and Mathematics，112（1）：3-11.

② Bybee R-W. 2010. Advancing STEM education：A 2020 vision. Technology and Engineering Teacher，70（1）：30-35.

③ Henriksen D. 2014. Full STEAM ahead：Creativity in excellent STEM teaching practices. The STEAM Journal，1（2）：15.

④ 邓莉，彭正梅. 2017. 美国学校如何落实 21 世纪技能——21 世纪学习示范学校研究. 外国教育研究，44(9)：51-71.

机器人项目学习打好基础；在工程模块通过真实的项目习得概念、学以致用、扩展经验，如小学阶段乐高的使用；艺术模块使用专业设备和技术创造高质量的产品，如使用高清摄像机和演播室来进行电影制作；数学模块从基本的数学课程扩展至特定的数学相关项目，如计算机编程。

创客教育是 STEM 教育的重要手段，强调“做中学”，注重培养学生的创新思维和创造能力。创客教育不以基础知识的传授为主，但在创造的过程中，会运用到数学、物理、化学，甚至艺术等多学科知识。①创客教育的内涵是创新、实践、合作与共享，这与 21 世纪 4C 核心能力的培养要求不谋而合。②先进信息技术支持下的创客教育能够真正让学习者依据个人兴趣主动参加多种创意制作活动，并在这一过程中努力解决各类疑难问题，最终通过网络平台把所思与所得分享给协作团体，并以此彰显其能动性与个性化形象。由此，学习者的主体性与能动性将真正得到释放，既是知识消费者，也是知识的创作者和积极生产者，传统课堂教学中“我思故我在”的学习转变为“我参与故我在”的新景象。③创客教育秉承 STEM 教育的理念，强调学科的融合和利用跨界思维去解决问题。因此，应将跨界思维应用于创客课程的设计与开发，以跨界知识为主要内容构建主题式课程，实现多学科深度融合；以小组合作的形式开展课程活动，实现知识的共享和交流；为课程构建开放式创客空间，提供知识产生的良好环境；以多元化的产出为目标进行学习效果评价。④

目前国内创客教育多数面向学校之外的培训课堂，但创客教育走向校本化课程已经具备了一定的政策支持、理论框架和实践经验，学校完全可以开发具有一定前瞻性和开拓性的创客教育类校本课程。开设创客教育课程需要坚持以下几项原则：对创新、求变精神的追求，改变当前只注重基础知识的掌握而忽视创新、创造等核心素养能力培养的现状；交流与协作是体系运转的支撑与保障，既需要课程设计利益相关者之间的交流协作，也需要将此作为创客课程的核心理念之一；基于草根性的自下而上的运思路径，发挥学校每位老师的积极性、主动性和创造性，而不是将他们看作被动的执行者；教师观念、角色、要求转变的一致性，教师从知识的传授者变为课堂的设计者、组织者、管理者和促进者；学生主体地位

① 祝智庭，孙妍妍. 2015. 创客教育：信息技术使能的创新教育实践场. 中国电化教育，(1)：14-21.

② 张茂聪，刘信阳，张晨萤，等. 2016. 创客教育：本质、功能及现实反思. 现代教育技术，(2)：14-19.

③ 陈荣，郑旭东. 2019. 人的不完备性及其超越：创客教育何以推动教育变革与创新. 现代远程教育研究，31 (5)：39-45.

④ 赵慧勤，王兆雪，张天云. 2019. 面向智能时代“4C 能力”培养的创客课程设计与开发——基于 STEAM 理念的实施路径. 远程教育杂志，37 (1)：106-114.

的共同转变，培养具有独立人格、创新能力、分享合作意识等核心素养的人才。①

10.3.3 多样适配的教学策略

将 21 世纪技能融入课程内容依赖于教师在课堂上采取的教学策略。教师必须认识到，21 世纪技能并不是额外的一门课，而是融入整个课程体系的技能。②在宏观教学策略方面，Charles Kivunja 提出采用“5E 教学模式”的思路来培养 21 世纪技能中的 4C 能力，并列举了不同维度的学习活动，其中参与（engage）维度注重促使学生最大化地参与主动学习活动；探索（explore）维度注重为学生提供支架和指导以鼓励他们探索新的领域；解释（explanation）维度注重向学生阐释他们陌生的或难以自行理解的观点和概念以扩大他们的知识面；精解（elaboration）维度注重给学生在更加复杂的领域扩展认知经历的机会；评估（evaluation）维度注重让学生关注自己当前的表现是否达到学习目标以及如何能够获得进步。③Anna Rosefsky Saavedra 和 V. Darleen Opfer 提出了在教学中培养 21 世纪技能的九个原则：课程内容与学生的真实生活相关、进行跨学科教学、培养低阶和高阶思维技巧、鼓励学以致用、教会学生如何进行学习、直接消除学生的错误理解、将团队协作本身看作是一种学习成果、充分利用技术来支持学习、培养创新能力。④

也有学者对课堂层面的具体教学策略提出看法。Nancy Walser 和 Peter W. Cookson 推荐使用学生主导的苏格拉底研讨法，让学生自己主导对学习过的书本、纪录片、文件进行讨论。这些讨论能够在任何知识领域展开，甚至可以跨越课程的界限，对学生的评价基于他们的参与表现，如澄清观点、质疑他人、添加评论、利用参考材料支持本人立场、分享个人经历、联系时事等。⑤⑥Judy H. Helm 等提倡采用 21 世纪“学习栖息地”，一种包括非传统和户外空间的灵活的学习场地。例如，可以使用地图软件来学习海拔、经纬度、比例尺等知识，可以结合社区环

---

① 李忠. 2018. 创客教育类校本课程的开发. 教学与管理，(22)：37-40.

② Larson L-C，Miller T-N. 2011. 21st century skills：Prepare students for the future. Kappa Delta Pi Record，47（3）：121-123.

③ Kivunja C. 2015. Exploring the pedagogical meaning and implications of the 4Cs “super skills” for the 21st century through Bruner’s 5E lenses of knowledge construction to improve pedagogies of the new learning paradigm. Creative Education，6（2）：224-239.

④ Saavedra A-R，Opfer V-D. 2012. Learning 21st-century skills requires 21st-century teaching. Phi Delta Kappan，94（2）：8-13.

⑤ Walser N. 2008. Teaching 21st century skills. Harvard Education Letter，24（5）：1-3.

⑥ Cookson P-W. 2009. What would Socrates say? Educational Leadership，67（1）：8-14.

境情况来学习环保知识，还可以通过参观工厂来了解产品的制造原理和过程。[①]在培养 21 世纪技能过程中，跨课程的学习主题和项目需要来自多个知识领域的老师进行协作教学，需要综合考虑一系列的学业标准并让学生参与探索现实世界中的问题。Kristina J. Kaufman 认为，融合 21 世纪技能的课堂应当是真实可靠的、有意义的、启发创新的和关注学生的，能够激发学生的参与热情，能够提供使用技术的机会；同时，她提出了 21 种培养 21 世纪技能的教学方法，表 10-2 节选了其中与 4C 能力相关的部分方法。[②]

表 10-2　Kaufman 提出的 4C 技能的训练方法（节选）

21 世纪技能	训练方法
创新与创造技能	·学生绘制、拼贴、演示或编辑自己制作的一件作品（如一段视频） ·学生通过剧情表演和角色扮演来表达观点和概念 ·学生参与课后由志愿者或教学人员牵头的兴趣活动和动手活动（如哲学、朗诵、机器人制作以及社区艺术） ·让学生参与建立创新思维定式的活动 ·联想：学生探索跨越学科和概念的联系 ·质疑：教师提出连续疑问；学生提出疑问并进行探究 ·观察：学生观看学伴、教师、特邀演讲人以及其他人的做法，观察作品和概念的案例（如视频和其他人工制品）
	·联络：学生从专家和领域领袖人物处寻找信息，课后与其他同学一起协作 ·实验：学生通过实验检验观点，进行拆解和重建 ·学生搭建用来向同学讲解概念的游戏
批判性思维与问题解决技能	·学生进入虚拟环境（如 River City），查看需要解决问题，提出检验假设，分析、描述结果，并提出建议 ·学生在一天中担任一段时间的教师角色 ·学生分析当前国内外面临的问题（如全球变暖问题、国家债务问题），并研究和讨论可能的解决办法和成功的障碍 ·学生基于已有的剧情进行分析，比如基于某次历史事件进行评估，思考是否存在可替代的行动方案
沟通技能	·学生作为新闻广播的成员就特定的话题进行调查、写作和拍摄 ·利用通信软件与作家、科学家等讨论与研究相关的问题和兴趣
协作技能	·学生就喜欢的电子书进行讨论，在 Wiki 或班级网站上发布读后感，针对其他同学的阅读产出撰写评论性反馈并与学伴们进行讨论 ·学生们通过 Web 2.0 工具进行项目协作，进行反馈、讨论、作品展示等

制定教学策略需要考虑信息技术的支持。在数字时代，学生必须学会使用与日常生活和工作密切相关的信息工具。他们生活在一个信息爆炸的时代，既难以

① Helm J-H，Turckes S，Hinton K. 2010. A habitat for 21st century learning. Educational Leadership，67（7）：66-69.

② Kaufman K-J. 2013. 21 ways to 21st century skills：Why students need them and ideas for practical implementation. Kappa Delta Pi Record，49（2）：78-83.

选择，也充满了机遇。教师可以将学生带入世界、把世界带入课堂，创造让学生进行协作交互的机会。对此，教育者需要通过互联网将 Web 2.0 与 21 世纪技能联系起来。①Dianne Gut 认为，很多现有的课堂活动通过合理利用技术资源，能够满足 21 世纪技能培养的需要，比如使用模拟软件、社交软件、博客、公共广播系统来模拟现实问题的处理，进行跨文化交流，撰写反思日志，发表评论，进行角色扮演，分享和管理信息等。②

面向 21 世纪技能的教学策略也需要考虑具体国情。邓莉认为，在我国培养 21 世纪技能需要充分发挥探究式教学法和直接教学法的优点。要把探究性学习转变为探究性教学，把探究性学习的原则和要素直接体现在教学中；教师要掌握探究技能，善于从问题出发，演示探究性学习的过程；教师要学会管控探究性教学，善于管理学生和课堂时间等，善于引导学生进行探究性学习；开设独立的探究课，避免与直接教学相冲突，如各学科教师每学期合作发起一个探究性项目；为偏好探究性学习的学生开设更多的探究项目；调整评价方式和内容，融入更多的形成性评价，并拓宽评价内容，涵盖学科知识和 21 世纪技能。③

10.3.4 技术丰富的学习环境

21 世纪技能的培养离不开信息技术的支持。一方面技术促进学习（technology-enhanced learning）已经是不可避免的时代趋势，技术合理利用于学习的正面作用已经得到大量研究的证明；另一方面，21 世纪技能本身就包括了与信息技术相关的项目，比如信息素养、媒体素养、信息通信技术素养等，这些能力的提升不可避免地需要信息化环境的支持。

P21 设立了几十所 21 世纪学习示范学校，分布于全美不同学区。以宾夕法尼亚州的南里海学区（Southern Lehigh School District）为例，该学区通过“蓝项目”（Project Blue）实施 1 ∶ 1 苹果电脑计划，为所有学生创造了一个泛在数字化学习环境，以培养学生熟练的 21 世纪技能。利用信息技术支撑学习，通过技术来学习、教学和评价，是美国 P21 示范学校的典型特征。技术作为关键手段变革了课堂教学，示范学校课堂是翻转课堂，学生在教师的指导下，学会如何使用、分析

① Tucker S-Y. 2014. Transforming pedagogies：Integrating 21st century skills and web 2.0 technology. Turkish Online Journal of Distance Education，15（1）：166-173.

② Gut D-M. 2011. Integrating 21st century skills into the curriculum//Wan G，Gut D-M. Bringing schools into the 21st century. Dordrecht：Springer：137-157.

③ 邓莉. 2017. 如何在教学上落实 21 世纪技能：探究性学习及其反思和启示. 教育发展研究，（8）：77-84.

和评价信息，并培养创新能力，而读、写、算技能则由学生在网络上完成学习。同时，技术促进了学生之间、教师之间、家校之间的合作与交流，例如，学生通过谷歌文档在各自电脑上共同完成一份作业，通过任务分工、合作和成果讨论与共享来共同达到学习目标。①

Susan Lee Zimlich 通过分析 6 名阿拉巴马教师的教学设计，发现教师的态度和教学经验、可用的技术设备和支持、信息技术整合学科的教学方法以及学生以小组形式学习参与是利用信息技术推动学生 21 世纪技能发展的四个核心要素。②这也表明了信息化的教学环境和融合信息技术的教学过程对于培养 21 世纪技能至关重要。

李葆萍等基于 P21 的 21 世纪技能框架，对深圳某区 20 名教师的信息化教学方法和学生通用核心技能培养水平进行分析，结果发现不同的教室环境中通用核心技能的培养存在着显著差异，未来教室（智慧教室）更有利于教师对学生通用核心技能的培养。该研究团队认为未来教室配备了智能移动终端、云平台等丰富的技术，能够塑造出更为个性化和扁平化的教室生态环境，师生有机会在平等的技术环境下共同设计和开展学习活动，从而产生与传统多媒体教室不同的教学设计和学习体验。未来教室影响到教师对创新信息化教学方法的选择，可以贯穿整个教学过程并引发深度学习，架设从学习环境到学习技能习得之间的桥梁。③

信息技术已经对教育产生了全方位的影响，但就我国目前的应用情况看，仍有巨大的潜能需要去挖掘。第一，在软硬件设备上，教育资源配置的均衡问题需要进一步解决；第二，教师对于技术进入课堂仍存在着排斥心理，需要迈开更大的步子；第三，教师对于技术如何应用于教学仍缺乏必要的知识，需要进行操作层面之外更深层次的培训；第四，传统的课程体系需要进行修改，适当打破学科界限以适应 21 世纪技能的培养；第五，学校的管理体制需要进行改革以满足信息化教学以及 21 世纪技能培养的新特点，尤其是在课堂组织和评价方面。

21 世纪技能体系的构建和相应培养体系的提出，为培养符合信息社会需求的人才奠定了坚实的基础。随着网络技术的发展，人们越来越多地涉入网络生活中，并可能会产生道德恐慌等新的问题，网络中的公民行为准则教育即数字公民教育开始进入到人们的视野中。

---

① 邓莉，彭正梅. 2017. 美国学校如何落实 21 世纪技能——21 世纪学习示范学校研究. 外国教育研究，44(9)：51-71.

② Zimlich S-L. 2015. Using technology in gifted and talented education classrooms: The teachers' perspective. Journal of Information Technology Education Innovations in Practice，14（1）：101-124.

③ 李葆萍，陈晨，万海鹏. 2017. 未来教室环境中学生核心技能评估研究. 中国电化教育，（7）：20-25，41.